Über den Autor

Karin Fruth

Wer steckt hinter der Person, die das Buch geschrieben hat? Hier ist Platz dafür! ... Lorem ipsum dolor sit amet, consectetuer adipiscing elit. Aenean commodo ligula eget dolor. Aenean massa. Cum sociis natoque penatibus et magnis dis parturient montes, nascetur ridiculus mus. Donec quam felis, ultricies nec, pellentesque eu, pretium quis, sem. Nulla consequat massa quis enim.

Platz für deine Widmung: Lorem ipsum dolor sit amet, consetetur sadipscing elitr, sed diam nonumy eirmod tempor invidunt ut labore et dolore magna aliquyam erat, sed diam voluptua. At vero eos et accusam et justo duo dolores et ea rebum. Stet clita kasd gubergren, no sea takimata sanctus est Lorem ipsum dolor sit amet. Lorem ipsum dolor sit amet, consetetur sadipscing elitr, sed diam nonumy eirmod tempor invidunt ut labore et dolore magna aliquyam erat, sed diam voluptua. At vero eos et accusam et justo duo dolores et ea rebum. Stet clita kasd gubergren, no sea takimata sanctus est Lorem ipsum dolor sit amet.

Karin Fruth

Asche - nur Asche

Erinnerungen an einen vielgeliebten Vater

© 2022 Karin Fruth

Buchsatz von tredition, erstellt mit dem tredition Designer

Verlagslabel: TRAdeART

ISBN Softcover: 978-3-347-57123-5
ISBN Hardcover: 978-3-347-57124-2

Druck und Distribution im Auftrag des Autors:
tredition GmbH, Halenreie 40-44, 22359 Hamburg, Germany

Das Werk, einschließlich seiner Teile, ist urheberrechtlich geschützt. Für die Inhalte ist der Autor verantwortlich. Jede Verwertung ist ohne seine Zustimmung unzulässig. Die Publikation und Verbreitung erfolgen im Auftrag des Autors, zu erreichen unter: tredition GmbH, Abteilung "Impressumservice", Halenreie 40-44, 22359 Hamburg, Deutschland.

Asche- nur Asche

Papas letzter Anruf war irgendwie anders gewesen, so bedrückt klang er am Telefon. So kannte ich ihn gar nicht, denn früher war er immer guter Laune gewesen und nichts konnte ihn umwerfen. „Bitte komm so schnell wie möglich nach Hause, ich muss ganz dringend etwas Wichtiges mit dir besprechen, und das geht nicht so einfach am Telefon. Es ist wirklich sehr dringend, denn sonst hätte ich bestimmt nicht bei dir angerufen," sagte er leise.

Meinen flapsigen Einwand, ob er denn vergessen hätte, dass ich gerade in Münster lebe und studiere, beantwortete er lapidar, das wüsste er schließlich, und ob ich ihn etwa für bekloppt oder senil halten würde. Er meinte es schon ganz genauso, dass er mir dringend etwas sehr Wichtiges zu sagen hätte, und das ginge nun mal nicht am Telefon, sondern nur persönlich. Und dann hatte er einfach so aufgelegt und ließ mich mit meinen aufgewühlten Gefühlen total allein.

Da musste zu Hause bestimmt irgendetwas schlimmes passiert sein, und langsam wuchs in mir die Sorge. Na gut, in der letzten Zeit lebte er allein, Mama war schon seit acht Jahren ausgezogen, und im Augenblick hatte er auch keine Freundin, aber was besagte das schon? Das konnte es doch wohl nicht sein, nee, da musste bestimmt irgendetwas schlimmeres dahinter stecken. Ob er wohl krank geworden sein.

Langsam wurde ich nervös, nun hielt mich nichts mehr an der Uni. Sofort rannte ich zum Bahnhof und nahm den nächsten IC nach Köln. Vom Hauptbahnhof stieg ich direkt in ein Taxi und fuhr zum Hahnwald, zu unserem Haus.

Nach nur zwei Stunden war ich in Rekordzeit zu Hause angekommen, ich klingelte Sturm, aber niemand öffnete. Na, das war mal wieder typisch, erst großes Theater machen und dann nicht zu Hause sein. Zum Glück hatte ich von früher noch meinen Haustürschlüssel dabei, ich fand ihn sogar ziemlich schnell in meinem Rucksack.

Im Hausflur wunderte ich mich über die Stille, und sogar auf mein Rufen antwortete er nicht. Nur die Tür zu seinem Arbeitszimmer stand weit offen. „Hallo Papa, da bin ich. Los, schieß los, was hast du auf dem Herzen? Was hast du mir denn so Dringendes zu sagen?" Aber er antwortete nicht, er saß wie immer an seinem Schreibtisch und sah mit weit offenen Augen zum Fenster in den Garten hinaus, aber er lebte nicht mehr.

Ich war zu spät gekommen, mein Vater war tot, ich war fassungslos, und mein Entsetzen steigerte sich immer weiter, als ich dies nach und nach begriff. wieso konnte er nun einfach so tot sein? Einfach so ab ins Nirwana zu verschwinden, und das ohne jede Vorwarnung, das war verdammt unfair. Wir hatten doch gerade noch letzten Monat seinen 64. Geburtstag gefeiert, mit allen Studenten, und da war doch der Riesen-Skandal mit seiner neuesten Flamme gewesen. Und da war er so fit und strahlend und so lustig wie immer, nein, das konnte doch gar nicht sein. Papa, das kannst du doch nicht machen, einfach so abzuhauen.

Ich sah mich um, alles war da wie immer, penibel und ordentlich sortiert. Aber da bemerkte ich zwei Dinge, die irgendwie nicht auf seinen Schreibtisch gehörten. Da stand ein halbvolles Glas, ich schnupperte daran, es war Retsina, merkwürdig und ziemlich ungewöhnlich. Und daneben stand ein gerahmtes Foto. Als ich es in die Hand nahm, staunte ich. Das war ja ich, auf unserer ersten gemeinsamen Fahrt mit dem „Klausi", meiner neuen Mini-Heimat auf Rädern. Klausi war nämlich ein zu einem Campingbus umgebauter Transporter. Da war ich gerade mal 11 Jahre alt gewesen, und das Foto war irgendwo in Griechenland aufgenommen worden, aber ich erinnerte mich noch ganz genau daran.

Papa, ach mein lieber Papa, Mann, du bist gemein, einfach so ohne mich ins Nirwana abzuhauen. Oder bist du tatsächlich beim lieben Gott und den tausend Engelein und guckst jetzt auf mich runter? Bitte gib mir eine Antwort, bitte. Und was soll ich jetzt ohne dich tun? Meine Tränen stürzten aus den Augen und nun konnte ich mit dem Heulen einfach nicht mehr aufhören.

Ich war völlig fertig, in meiner Verzweiflung rannte ich aus seinem Arbeitszimmer und knallte die Tür zu. Zum Glück gab es noch mein altes Kinderzimmer im ersten Stock. Es roch zwar muffig und ungelüftet, darum stieß ich die Fenster auf, dass sie klirrten, fiel ins Bett und heulte und heulte und heulte mir die Augen aus dem Kopf.

Warum klingelte im Flur andauernd das Telefon, und warum hatte er den Anrufbeantworter bloß ausgestellt? Ich musste irgendwas unternehmen, sonst würde dieses dämliche Telefon niemals Ruhe geben. Ob ich einfach nur den Stecker ziehe, dann wäre erst mal Ruhe. Aber dazu konnte ich mich einfach nicht aufraffen.

Da unten im Arbeitszimmer saß mein Vater, und der war jetzt tot. Aus – Ende – vorbei, und ich konnte ihm noch nicht einmal richtig auf Wiedersehen sagen. Nun war mir klar, warum er noch einmal so dringend mit mir sprechen wollte. Er hatte es wohl irgendwie vorher gefühlt, dass er bald sterben müsste. War das nicht sonderbar, wieso wusste er es vorher? Trotzdem, irgendwie war ich sauer auf ihn, dass er sich einfach so aus dem Staub gemacht hatte. Ich war gerade mal 22 Jahre alt, und mit dem Tod hatte ich noch nie irgendetwas zu tun gehabt.

Aber was muss man eigentlich tun, wenn jemand tot ist? Sofort fiel mir meine Mutter ein, die lebte in Zürich, aber trotzdem musste ich die wohl zuerst mal anrufen. Die beiden lebten zwar seit acht Jahren getrennt, sie waren also nicht geschieden. Ja, die muss sich jetzt um das alles kümmern.

Als ich schniefend und heulend bei ihr anrief, klang ihre Stimme ganz schrill am Telefon, sie war eigentlich gar nicht betroffen, sondern ziemlich cool und sachlich. „Komm, Laura, du bist doch erwachsen und ein tapferes Mädchen, du warst doch nie eine Heulsuse gewesen. Eigentlich hattest du doch gar nicht mehr so viel mit deinem Vater zu tun, oder? Du warst doch von zu Hause ausgezogen und bist jetzt eine emanzipierte junge Frau, du schaffst das mit der Beerdigung bestimmt schon allein, da bin ich ganz sicher.

Wie stellst du dir das vor, dass ich jetzt einfach so nach Köln kommen soll? Glaub mir, ich kann ausgerechnet jetzt kann ich dummerweise hier nicht weg, außerdem habe ich hier so viele Verpflichtungen mit meiner Mama, denn sie braucht mich jeden Tag, und das kannst du mir ruhig glauben. bar trotzdem, ich kann es immer noch nicht glauben. Und der Papa ist wirklich richtig tot?"

„Ja, ich habe ihn gerade eben in seinem Arbeitszimmer gefunden, er saß einfach so in seinem Arbeitssessel und sah hinaus in den Garten. Er hatte mich kurz vorher noch angerufen, und gesagt, dass ich schnell kommen sollte, aber er hatte mir nicht gesagt, warum. Warum ist das passiert, warum nur? Er war doch noch viel zu jung zum Sterben, er hatte doch noch so viel vor, " heulte ich los.

„Na ja, die Vorhaben sind ja allgemein bekannt gewesen. Fakt ist doch, dass er mal wieder eine neue Freundin hatte, die hatte sogar ein Kind von ihm, stell dir mal vor. Und seine eigentliche Familie stand für ihn doch immer ganz hintenan. Also, meine liebe Laura, jetzt beruhige dich doch erst mal, und nun erzähl mir das alles noch mal von Anfang an. Was hast du denn bis jetzt in dieser Sache unternommen? Was, noch gar nichts? Du weißt nicht, wie so eine Beerdigung funktioniert?

Dann rufst du zuerst mal das Bestattungsunternehmen Pilartz an, die hatten sich damals um die Beerdigung der Tante Kathrinchen gekümmert. Die werden dir bestimmt weiterhelfen, das sind nämlich Profis. Mit deren Hilfe kommst du bestimmt auch alleine mit allem klar. Aber zur Beerdigung werde ich ganz bestimmt kommen, gib mir ruhig später noch den Beerdigungstermin durch. Oder, besser, ich melde mich morgen früh noch einmal bei dir, erst dann werde ich sehen, ob ich hier weg kann oder nicht. Tschüssie und Kopf hoch, du schaffst das schon." Klick….. tuuuut…. tuut……

Das Gespräch war schnell zu Ende. Typisch Mutter, nie hatte sie richtig Zeit für mich, und nun wollte sie sogar mit dem Tod ihres Mannes nichts zu tun haben. Immer ließ sie mich in den wichtigsten Situationen allein, und ich fühlte mich mal wieder vollkommen hilflos wie ein kleines Kind. Aber was hatte ich eigentlich von ihr erwartet? Ich hatte sie mindestens zwei Jahre nicht mehr gesehen, und wenn ich richtig drüber nachdachte, dann vermisste ich sie überhaupt nicht. Und jetzt sitzt nebenan mein toter Vater, und ich bin mal wieder ganz allein mit allem Schlamassel. Wie soll ich das nur schaffen? Mein lieber Papa, was hast du mir bloß angetan, einfach so zu sterben?

Das Telefonat mit dem Bestatter war einfach, kurz und bündig, ja, sie würden sich selbstverständlich sofort um alles kümmern, ich brauchte nur meine Adresse anzugeben und danach auf ihren Besuch zu warten, es würde auch nicht lange dauern. Sie würden auch den Arzt bestellen, der den Tod meines Vaters beglaubigen müsste, erst dann könnten sie tätig werden.

Und nun sitze ich grübelnd am Küchentisch, eine Wespe hat sich verflogen und sirrt böse am Fensterglas, aber ich will ihr nicht raushelfen. Die Türklingel schrillt plötzlich aufdringlich laut, ich zucke erschrocken zusammen, das ist der bestellte Arzt, er muss vor der Beerdigung einen Totenschein ausfüllen. Seine Diagnose steht auf einem gelben Zettel mit grünem Durchschlag: Plötzlicher Herztod. Mit 62 Jahren plötzlicher Herztod. Das Formular lässt er achtlos auf dem Küchentisch liegen, die Tür klappt zu und er ist verschwunden. Es ist wieder still, ich bin wieder allein und versinke in Traurigkeit.

Wieder klingelt es nervtötend an der Haustür, zwei schwarzgekleidete Männer vom Bestattungsinstitut stehen vor der Tür. Die beiden Herren waren sehr freundlich, geduldig und hilfsbereit erklärten sie mir den ganzen amtlichen Ablauf, was hätte ich nur ohne sie getan? Nur, wo hat mein Vater seine Urkunden und Dokumente aufbewahrt? Keine Ahnung. Ich hatte noch nie etwas mit dem Tod zu tun gehabt und auch mein Vater hatte nie mit mir über seinen Tod gesprochen. Daher kannte ich auch seinen letzten Willen nicht, und von einem Testament wusste ich auch nichts. Nun musste ich alles für ihn bei der Beerdigung alles ganz allein entscheiden. Schließlich fragten sie mich nach einem Familiengrab, er war ja schließlich Professor gewesen, und bei der Villa wären wir ja schließlich auch nicht arm.

Nein, ich wusste von keinem Familiengrab, und ob er wirklich bei Tante Kathrinchen in ihrem Grab beerdigt werden wollte? Eigentlich wollte ich für meinen Vater gar kein Grab irgendwo in der dunklen Erde auf einem traurigen Friedhof. Ob ich dann als Alternative lieber eine Urne in einem Friedewald bestatten wollte? Nein, dann wurde er doch verbrannt, und hinterher war es doch wieder mit der Urne dasselbe wie auf einem Friedhof, er würde in der dunklen Erde landen und den Regenwürmern Gesellschaft leisten.

Dann gab es als Alternative noch die Seebestattung. Dies gefiel mir schon viel besser, denn mein Vater war früher mal als junger Mann bei der Marine gewesen. Aber so etwas kostet ziemlich viel Geld, nur weil dann der Kapitän des Schiffes eine Rede halten würde? Also wollte ich auch keine Seebestattung, und das hätte er bestimmt auch nicht gewollt.

Vielleicht sollte man ihn doch verbrennen, das würde ihm bestimmt nichts ausmachen, denn er hatte viele buddhistische Bücher gelesen und daher einen Zugang zur buddhistischen Religion. Und ich dachte an die vielen alten indischen Sagen, die er mir immer vorgelesen hatte, dass in den Flammen die Seele befreit ins Nirwana schweben würde. Am liebsten hätte ich eine Urne, die ich zuerst einmal zu Hause aufbewahren würde.

Die Bestatter waren zuerst entsetzt, dann erschrocken, aber als ich nicht mit meinen Argumenten nachließ, fanden sie meine Idee eigentlich gar nicht so schlecht. Sie klärten mich aber auf, dass dieses Vorhaben offiziell in Europa und ganz besonders in Deutschland verboten war, es gäbe schließlich eine Friedhofsordnung, an die sich alle in Deutschland zu halten hätten. Im Ausland wäre das etwas anderes, da müsste ich mich selbst im Internet um Informationen bemühen.

Wir kamen schließlich zu folgender Vereinbarung: Eine schlichte Kremierung in den Niederlanden, nur ich werde dabei sein, und am Schluss kann ich die Urne mit nach Hause nehmen, um sie später nach meinen eigenen Wünschen beisetzen zu lassen, das ist dort nämlich erlaubt. Sie würden sich um alles kümmern, kein Problem.

Einer der Herren hatte sogar rein zufällig einen Prospekt mit einer Einladung zum Tag der offenen Tür im Krematorium dabei, der heute und morgen im Westerwald stattfinden würde. Man könnte ganz leicht mit Zug und Bus hinkommen. Ich sollte ruhig mal hinfahren, es mir in Ruhe überlegen und danach meinen Entschluss ihnen baldmöglichst mitteilen.

Am Schluss unterschrieb ich eine Kosten-Anerkenntnis über 2800 Euro, wie ich die begleichen wollte, war mir in dem Moment noch völlig gleichgültig, darum werde ich mich ganz bestimmt später kümmern.

Die beiden schwarzen Herren verschwanden mit dem Toten und der Bahre im Treppenhaus. Mir war keine Zeit mehr geblieben, endgültig von ihm Abschied nehmen, ich wollte meinen Vater viel lieber so in Erinnerung behalten, wie er zuletzt als Lebender gewesen war.

Als ich die Haustür schließe, sehe ich, wie die Nachbarin gegenüber neugierig durch die Hecke glupscht. Ach, was die über eine spätere Beerdigung denken, ist mir total egal, ich werde denen einfach sagen, dass er im Grab seiner Eltern in Passau beerdigt wird, und das ist zum Glück für die Nachbarn weit genug weg, um nicht an der Beerdigung teilzunehmen.

Was für ein gruseliger Gedanke, dass mein lieber Papa nun ein paar Tage in der Kühlung des Bestattungsinstitutes liegt, bis er erst in einigen Tagen die letzte Reise nach Holland in die Flammen unternimmt. Am Schluss wirst du als Asche in einer Urne wieder bei mir zu Hause zurückkehren.

Weißt du was, mein lieber Papa, ich habe eine grandiose Idee. Wir beide werden noch einmal genau wie früher gemeinsam nach Griechenland reisen. Und dann wird deine Asche in Olympia, Mykene und Dion verstreut werden. Dort wirst du dann für immer den olympischen Göttern nahe sein. Ja, dieser Gedanke war für mich sehr tröstlich.

Trotzdem waren für mich die Gedanken an Friedhof und Tod immer mit dem uralten Melaten-Friedhof eng verbunden, und der war nur ein paar hundert Meter von meinem Elternhaus entfernt. Ich war nur ein einziges Mal mit meinem Vater dort gewesen, am Grab von Millowitsch, der war am 20. September 1999 gestorben. Das gefiel mir überhaupt nicht, der Grabstein war so glatt und viereckig und total langweilig.

Manchmal ging ich dort mit meinem Kindermädchen Marga hin – natürlich heimlich –, um Blumen zum Grab ihrer Mutter zu bringen. Sie kniete dann vor dem kleinen Erdhügel und betete, und ich ging dabei auf Zehenspitzen unter den Blumen und den Grabsteinen herum, schaute mir die merkwürdig fremden, schönen Engel an, die rundlichen Babys mit ausgebreiteten Flügeln, die großen, gütig blickenden Frauen in wehenden Gewändern, die mit fromm geneigten Köpfen und freundlich geöffneten Armen über manchen Gräbern wachten.

„Das ist die Madonna", erklärte Marga feierlich. „Die Mutter unseres Herrn." Ich nickte, voller Scheu über diese plötzliche Nähe zu einem Gott, von dem ich nur eine ganz nebelhafte Vorstellung hatte, weil wir nie in die Kirche gegangen waren. Daher war dieser Friedhof für mich voller unerklärlicher Geheimnisse und aufregender Abenteuer. Ich wusste, dass unter dem Marmor und den Blumen Tote lagen, aber die waren freundliche, gütige Wesen, die hier unter der Erdoberfläche ihr ganz gewöhnliches, geschäftiges Menschenleben führten. Marga erklärte mir, dass ihre Körper verfaulten, und dass die Würmer sie langsam bis auf die Knochen abnagten.

Wenn Marga, die sich für Begräbnisse begeisterte, eine besonders lebhafte Beschreibung einer schönen Leiche lieferte, dann träumte ich nachher, dass ich die Toten in ihren unterirdischen Gemächern besuchen würde. Steif lagen sie in ihren Särgen, aber ich redete mit ihnen; aber dann sah ich, wie ihre Körper in den grauen Totenhemden zerfielen, es schüttelte mich vor Entsetzen über die Masse der sich windenden Würmer; ich hasste Würmer, und die armen Toten, die sich ja nicht mehr wehren konnten, taten mir schrecklich leid.

Mein Vater bemerkte natürlich bald, womit sich meine Gedanken beschäftigten, und er ging daran, ein bildendes Element einzubauen, indem er mir vorsichtig erklärte, wie nützlich die Würmer waren, weil sie die Erde durchwühlten und damit den Blumen und Früchten beim Wachsen halfen. Die Vorstellung, dass sich ein Toter hinterher in eine wunderschöne Blume verwandelte, regte meine Phantasie nur noch mehr an. Gab es denn wirklich Totenblumen, oder lagen etwa unter jeder Blume ein Toter?

Und was ist mit dem lieben Gott? Gibt es den denn wirklich? Mein Papa sagte immer ja, denn er würde ihn persönlich kennen. Manchmal hätte er ihn im Stadtwald am Flaschencontainer oder im Bio-Markt gesehen und er hätte mit ihm gemeinsam auf einer Parkbank am Kanal gesessen, wo er aus einer Thermoskanne Kaffee getrunken und mit seinem Brot die Enten gefüttert hätte.

Einmal hatte er ihm lachend erzählt, dass er mehr als sechs Milliarden Jahre gebraucht hätte, bis er sich zum Urknall entschließen konnte. "Was für eine anstrengende Grübelei!", rief er. "Und dann das hier, was für ein trauriges Ergebnis!" sagte er kopfschüttelnd, und sein langer, weißer Bart wehte im Wind.

„Und wie sieht der liebe Gott denn genau aus? Was hatte er an, und warum glaubst du, dass er wirklich der Liebe Gott gewesen war?" Wollte ich dann neugierig von ihm wissen.

„Also, Gott ist ein älterer Herr, etwa zwanzig Milliarden Jahre alt, er trägt einen langen weißen Rauschebart, mit einem schmalen, scharf konturierten Gesicht, die weißen, immer noch vollen Haare sind vielleicht einen Tick zu lang, irgendwie hat er einen müden Zug um die alten (aber doch wachen) Augen. Er trägt einen älteren grauen Wollmantel, und riesige russische Pelzstiefel, ach ja, und alte speckige Lederhandschuhe, jedenfalls im Winter.

Nein, Gott ist nicht stolz auf das, was er bisher geschaffen hat, bekannte er freimütig, und manchmal hätte er sogar die Übersicht verloren, und viele Dinge wären viel zu kompliziert und manches seiner Schöpfung wäre sogar schlichtweg überflüssig gewesen.

„Was meint er denn damit?" fragte ich mit großen Augen.

„Da ist zum Beispiel der Schmetterling! Er war wirklich gut in Form, als er den Schmetterling machte. Dann aber wollte er im Gegenzug auch etwas richtig Fieses erschaffen und darum erschuf er die Wespe. Weißt du, was Wespen mit den Raupen von Schmetterlingen tun? Sie machen sie bewegungsunfähig, sie töten sie nicht, nein denn sie lähmen sie nur mit Stichen von chirurgischer Präzision.

„Das ist aber wirklich gemein, und warum machen sie das denn?"

„Damit sie ihre Eier auf ihnen ablegen können und damit der Wespennachwuchs nach dem Schlüpfen sofort frisches Fleisch vorfindet. Verstehst du? Die Wespenkinder fressen ein lebendes Wesen langsam auf!" Dabei starrte er zu Boden, als ob dort irgendetwas seltsames verborgen wäre.

„Dann ist Gott ja gleichzeitig gut und gemein, warum hat er denn sowas dummes zugelassen? Was die Wespe tut, ist einerseits sehr böse. Aber andererseits sorgt sie doch perfekt für ihren Nachwuchs, der hat doch gleich was zu fressen, wenn er auf die Welt kommt. Du weißt doch selbst, wie das ist, wenn man fürchterlichen Hunger hat, die Larven gehorchen doch nur ihrem Instinkt."

„Er hätte aber die Wespe trotzdem nicht machen sollen, denn aus dieser Raupe soll doch später ein wunderschöner Schmetterling schlüpfen, und wenn die Larve dann tot ist, dann kann auch kein neuer Schmetterling mehr rauskommen. Blöd eigentlich, dieser liebe Gott, der weiß wirklich manchmal nicht, was er will."

Und nach einer langen Pause sagte er leise zu mir: „Gott kann niemand ganz verstehen. Keiner weiß, welche Verantwortung es bedeutet, Gott zu sein. Warum hat er nur das menschliche Leben so konstruiert, wie er es getan hatte, es also mit der Geburt beginnen zu lassen, und dann so viele verschiedene Menschen entstehen zu lassen, schwarze, braune, gelbe, weiße, und jeder einzelne besteht aus einer Anhäufung von Wissen, Können, Gefühl, Hunger und Durst. Ein Mensch ist manchmal so kompliziert, er hat so viele Fähigkeiten, Zartheit, Witz, und trotzdem ist sein Blut immer rot. Egal welche Hautfarbe er hat."

„Aber warum lässt Gott es dann zu, dass dann menschliches Leben einfach brutal ausgelöscht wird, und Unfälle, Krieg und Verbrechen passieren? Ob Gott wirklich jeden kennt, alles sieht und auf jeden aufpasst? Aber dann hat er doch nicht richtig aufgepasst, dem dürfte sowas schreckliches doch nicht passieren? Warum ist das so? Papa, das musst du Gott das nächste Mal sagen, wenn du ihn triffst, dass er besser auf seine Sachen aufpassen muss, oder etwa nicht?"

„Der kann doch nicht überall gleichzeitig sein. Und außerdem hat er immer eine ganze Kompanie Schutzengel, die überall auf der Erde für ihn unterwegs sind." Und dann lenkte er mich immer mit einer lustigen Frage ab: „Wenn ein Baby auf die Welt kommt, ist es meistens 50 cm lang. Dann wächst es und wird immer größer, nach drei Monaten ist es 70 cm lang, dann wäre es also 30 Monate später schon 2,50 m groß. Und wie groß ist es, wenn es 10 Jahre alt ist?"

„Aber Papa, das ist doch Quatsch, so ein Kind ist doch keine 2,50 m groß, und kein Kind wird später ein Riese werden. Wie macht das der liebe Gott eigentlich, wann sagt er stopp?"

„Kein Baum wächst in den Himmel, und wenn du noch mehr fragst, dann wirst du trotzdem immer größer und größer werden. Denk doch mal an das Märchen von Pinocchio, dessen Nase wurde immer länger, wenn er gelogen hatte." Und dann lachte er wie ein Spitzbube, weil er mich mal wieder vollkommen durcheinander gebracht hatte.

Ach mein lieber Papa. Nun sitze ich tatenlos in der Küche, und ich habe seltsamerweise noch nicht mal Hunger. Die Stille im Haus wächst zu einem Monster, und die Wespe nervt immer noch am Fenster. Ich raffe mich auf, und mit einem Handtuch wird sie endlich hinaus expediert. Nun ist überall nur noch Totenstille in einem Haus, das sich plötzlich so furchtbar fremd anfühlt. Wie soll das alles jetzt nur weitergehen? Ich fühle mich plötzlich wie ausgebrannt und so furchtbar allein.

„Ach mein lieber Papa, warum hast du das nur gemacht, warum bist du einfach so ins Nirwana abgehauen, ohne mit mir vorher noch mal vernünftig zu reden?" Es ist so furchtbar traurig, aber in diesem Hause wird kein Papa mehr antworten, von alten Zeiten reden, mir Geschichten erzählen, sich streiten, trinken, fernsehen, nerven, und ewig nörgelnd seine Brille suchen, die dann meistens auf seiner Nase saß.

Im Süden verhängt man alle Fenster und Spiegel, wenn jemand gestorben ist. Ich möchte plötzlich das Gegenteil tun, alle Fenster weit aufreißen, alle Bett- und Krankenwäsche in einen Sack stopfen und verbrennen, und erst mal das ganze Haus putzen. Aber ich kam nicht weit, schon im Schlafzimmer überkam mich das heulende Elend, da liegt noch seine Lieblingsjacke auf dem Stuhl. Sie riecht sogar noch nach ihm, nein, die kann ich nicht so einfach wegwerfen. Im Arbeitszimmer ist es dasselbe, da liegt noch seine Lesebrille, darunter das aufgeschlagene Buch von Heinrich Heine, die Geschichte von Atta Troll, dem Problembären, darin hatte er zuletzt gelesen.

In der Küche ist es auch nicht viel besser, denn auf der Spüle stehen zwei benutzte Weingläser und daneben ein halber Krug Rotwein. Im Bad stehen zwei Zahnbürsten im Becher, aber er brauchte doch nur eine, oder? Ob hier zuletzt wohl eine Frau bei ihm gewesen war? Ob ich die wohl kannte? Seltsam, im Schlafzimmer war nichts Verdächtiges zu erkennen gewesen, auch kein typischer Geruch nach einer Frau oder irgendein zurückgebliebenes Kleidungsstück.

Plötzlich wird mir alles viel zu viel, ich muss hier raus, ich halte es hier einfach nicht mehr aus. Draußen geht gerade die Sonne unter, in renne einfach los, immer weiter in Richtung Rhein, unterwegs begegnen mir kaum Menschen, nur die Straßenbahn Linie 1 fährt pünktlich alle fünf Minuten an mir vorbei.

In der Abenddämmerung bin ich unten am Rhein angekommen, ich laufe immer weiter in Richtung Norden, durch die neuen Kranhäuser, bis ich endlich irgendwo im Grünen bin, dort sitze ich bis Mitternacht und grübele vor mich hin. Was wäre, wenn ich mich jetzt einfach da reinfallen lassen würde, ein bisschen Wasser schlucken, und Aus und Ende forever. Nein, das geht überhaupt nicht, das wäre ein viel zu gruseliger Tod, dazu wäre ich viel zu feige. Ich war doch noch viel zu jung, ich musste mich doch um die Beerdigung meines Vaters kümmern.

Ich springe auf und gehe hastig weiter, dann bleibe ich erschrocken stehen. Direkt neben mir huscht eine riesengroße Ratte und verschwindet eilig in der Kanalisation, igitt, die war ja mindestens so groß wie ein Terrier gewesen. Dann höre ich plötzlich heiseres Hundegebell direkt vor mir, tatsächlich, da wühlt eine ganze Hundemeute in einem umgestürzten Müllcontainer herum, so dass sich schon der ganze Müll über die Straßen verteilt hat. Sie scheinen tatsächlich so furchtbar hungrig zu sein, dass sie mich gar nicht beachten. Ja, so ein Straßenköterleben ist wirklich hart, und ich dachte immer, dass es nur im Süden so hungrige Tiere gibt.

Ich gehe weiter und bleibe schließlich ziemlich ratlos unter der Deutzer Rheinbrücke stehen. Über mir rasen die Autos mit hoher Geschwindigkeit, ich stolpere über das Pflaster, der Boden ist sandig, hier unten wächst nichts mehr, nur zerbrochene Flaschen und Unmengen Müll. Plötzlich raschelt etwas direkt hinter mir, ich erstarre in Panik, das war bestimmt kein Tier, das konnte nur ein Mensch sein, der hinter mir unter die Brücke schlich, ob das wohl ein Penner war? Ich trete leise hinter einen Pfeiler, direkt vor mir tappt ein Mann unbeholfen hin und her, zum Glück entdeckte er mich nicht. Umständlich steigt er in einen großen Pappkarton, der wie zufällig daliegt, rollt sich zusammen und klappt einfach den Deckel über sich zu und ist verschwunden. „Na, dann gute Nacht." Denke ich nur noch matt und klettere auf der anderen Seite der Brücke wieder nach oben.

Oben auf der Brücke angekommen, weiß ich einfach nicht mehr weiter, ich kann nur noch weinen, weinen, weinen. Um Glück hält direkt neben mir ein Taxi an, ich steige einfach ein und sage die Adresse, zum Glück spricht der Fahrer nicht allzu viel, er scheint auch ziemlich müde zu sein. Die Uhr am Neumarkt zeigt drei Uhr nachts, seltsam, wie die Zeit vergeht. Die Zeit schläft, niemand ist unterwegs, und nun beginnt es auch noch leise zu regnen.

Ich betrete das totenstille Haus, nun ich bin ganz allein. Was soll ich jetzt nun machen? An schlafen ist einfach nicht zu denken. Also hole ich den halben Krug Wein aus der Küche, spüle ein Glas und setze mich an seinen Schreibtisch. Seltsam, dass ich das früher noch nie getan hatte, denn er war immer sehr eigen mit seinen persönlichen Dingen.

Vorsichtig ziehe ich die oberste Schreibtischschublade auf. Dort liegen seine Herz- und Blutdruck-Medikamente, das Insulinbesteck und das Messgerät. In der Schublade drunter liegen die Schreibgeräte, ein Lineal und ein Taschenrechner, alles ganz exakt ausgerichtet.

In der untersten Schublade liegen zwei unbezahlte Rechnungen, ein paar Kontoauszüge hat er penibel auf einen Lochstreifen geheftet, und ganz oben drauf liegt ein viereckiger, dunkelbrauner Briefumschlag. Ratlos halte ich ihn in der Hand, mit seiner krakeligen Schrift hat er oben drauf „Testament" geschrieben. Wann mag er das wohl geschrieben haben? Das würde ja bedeuten, dass er bald sterben würde. Ob er darüber wohl mit mir sprechen wollte? Ich öffnete das Kuvert, was stand da auf dem beiliegenden Briefbogen? Es war kaum leserlich geschrieben.

„Testament von Martin Schleifer, geboren am 22.02.1944 in Köln.

Alle Unterlagen wurden bei Dr. Maximilian Rehbein hinterlegt."

Darunter war ein Siegel und der Stempel des Notars „Dr. Maximilian Rehbein" mit einem Aktenzeichen deutlich zu sehen.

Na, dann würde ich eben morgen früh einen Termin bei diesem Notar vereinbaren, und der würde mir bestimmt Aufschluss über Papas letzte Wünsche geben. Darunter hatte er seine krakelige, kaum entzifferbare Unterschrift gesetzt, und ein Datum, das war gerade mal fünf Tage alt.

Was mag nur in diesem verflixten Testament stehen? Ob er wirklich vorher noch mit mir darüber reden wollte? Meine Augen wurden plötzlich feucht, also wusste er schon seit fünf Tagen, dass er bald sterben würde. Wie kann man das einfach vorher so wissen? Oder vielleicht hatte er seinen Tod selbst herbeigeführt? Aber auf dem Totenschein steht doch – Herzversagen? Dieser Arzt konnte sich doch nicht geirrt haben, oder etwa doch? Vielleicht hatte er sich doch selber umgebracht, aber das war vollkommen unmöglich. Mein Vater war doch ein so lebenslustiger Mensch, das würde er bestimmt niemals tun. Morgen früh werde ich mehr darüber wissen, was dieses geheimnisvolle Testament enthält.

Vielleicht habe ich ja dieses Haus von ihm geerbt? Und was hat dann meine Mutter geerbt? Sie würde ganz bestimmt nicht mehr nach Köln umziehen wollen, die hat doch in Zürich ihre eigene Familie zu versorgen, und die haben dort schon ein riesengroßes Haus. Aber was will ich denn mit so einem riesengroßen Haus im Hahnwald anfangen, das ist doch viel zu groß für mich allein. Verkaufen? Niemals, keiner verkauft sein Haus, in dem er aufgewachsen ist.

Und wie soll es denn überhaupt jetzt mit mir und meinem Leben weiter gehen? Und was erwarte ich eigentlich von der Zukunft? Ich studiere jetzt im dritten Semester Ethnologie in Münster, mit dem Schwerpunkt „Neu-Guinea". Ja, ich habe ja noch nicht mal einen festen Freund, der hier langfristig bei mir mit einziehen könnte. Und Vaters viele Bücher und die schweren Eichenmöbel, sie drücken mir schon jetzt aufs Gemüt. Ach, ich werde alles am besten so lassen, wie es ist, später kann ich immer noch alles ändern, dachte ich, fiel todmüde in mein Bett und war sofort eingeschlafen.

Draußen wird es langsam dämmerig und die Sonne geht rosa auf. Mann, ich habe total schlecht geschlafen, immer wieder bin ich aufgewacht. Nun ist es gerade fünf Uhr früh, aber zum Glück ist diese schreckliche Nacht vorbei, dachte ich, als ich todmüde in die Küche schlich, um mir einen Tee zu kochen. Die Tageszeitung ist auch schon da, für mich ist es immer ein Miraculum, wann wer das wohl machte, denn der musste ja noch viel früher als ich aufgestanden sein.

Viel Lust zum Zeitunglesen hatte ich nicht, denn es rasten mir zu viele Gedanken durch den Kopf. Ach, mein lieber Papa, ich mag gar nicht daran denken, dass du jetzt irgendwo in einer eisig kalten Kühlschublade rumliegst und mausetot bist. Nein, du bist in Wirklichkeit noch hier in dieser Wohnung, alles riecht noch nach dir, alles gehört noch dir, denn hier warst du immer mein Papa und der Chef vom ganzen und du wirst es für mich auch immer bleiben. Da liegt deine alte, verbeulte taubenblaue Strickjacke, in die ich mich immer gekuschelt hatte, wenn ich mal traurig war und wenn du mich getröstet hattest.

Die freundlichen Bestatter hatten mir gestern nahegelegt, dass ich als allererstes sofort die Personalabteilung der Universität informieren müsste, um dort den Sterbefall meines Vaters anzuzeigen. Zum Glück fand ich seine Personalakte sofort, sie lag in der Schublade links unten. Die Gehaltsabrechnungen der letzten beiden Jahre waren exakt abgeheftet. Ich staunte, denn das war ja monatlich eine ganz schöne Summe, die er da für seinen Job ausgezahlt bekam. Zum Glück hatte ich meinen Laptop dabei, und die Mail an die Personalabteilung war schnell erledigt.

Nun konnte ich das nächste Projekt zügig in Angriff nehmen. Für die Beerdigung wurden Personenstands-Dokumente benötigt, unter der Personalakte fand ich alle notwendigen Papiere griffbereit in einem dunkelgrünen altmodischen Stammbuch der Familie, die kann ich dann heute Nachmittag dem Bestattungsinstitut übergeben. Ich kramte weiter in den Schreibtisch-Schubladen, da lagen seine Geldbörse mit drei Scheckkarten, zum Glück waren auch 600 Euro Bargeld drin enthalten, und die würde ich bestimmt schon bald gebrauchen müssen. Danach würde ich sowieso mit dem Bankberater sprechen müssen.

Danach konnte ich den Notar Dr. Rehbein in den Gelben Seiten suchen, vielleicht verrät mir seine Adresse ja irgendetwas vorab? Komisch, im Branchenbuch stand er nicht, aber im Netz stand unter der Adresse der Dürener Straße 285 ein Dr. Marc-Sebastian Rehbein, vielleicht war das der Sohn von diesem Maximilian. Ein Anruf genügte, ja, Dr. Rehbein ist zuständig, und die Akte wurde schnell gefunden. Man hatte sie glücklicherweise gerade erst vor 10 Tagen aus dem Archiv geholt, erklärte mir die freundliche Sachbearbeiterin. Ein Termin war schnell ausgemacht, schon in drei Tagen, am Montagnachmittag, würde er das Testament eröffnen.

Vielleicht hat er mir das Haus vererbt. Es hängen so viele Erinnerungen an diesem Zuhause, ich war erst vier Jahre alt gewesen, als wir hier einzogen, und ich habe fast mein ganzes Leben in diesem Haus verbracht. Ich hatte ein großes Kinderzimmer im ersten Stock, rosa Blümchentapeten, vollgestopft mit Steiff-Tieren, und später hingen an den Wänden meine Teenie-Stars, für die ich damals schwärmte. Zum Glück hatten wir damals ein ziemlich großes Bett eingebaut, in dem ich sogar heute noch schlafen konnte.

Da war auch noch mein riesengroßer Kleiderschrank, der aus zwei Teilen bestand. Die linke Seite hatte ich mindestens seit meiner Kindheit nicht mehr geöffnet. Ach, da hingen sie noch alle, die vielen Kleidchen, mit denen ich wie ein Püppchen herausstaffiert worden war. Ach, die waren aber ziemlich niedlich. Und rechts lagen nur noch etwas Bettwäsche, zwei zu enge Jeans und zwei riesige Schlabberpullover.

Was sollte ich nun mit diesem angebrochenen Freitag anfangen? Ich konnte einfach nicht im Haus bleiben, ich muss mich unbedingt ablenken, aber wie nur? Telefonate und Gespräche über Papas Tod konnte ich jetzt einfach nicht ertragen. Zurück nach Münster und so tun, als ob nichts gewesen wäre, nein, das käme auch nicht in Frage. Eine Entschuldigungsmail war schnell geschrieben, und da auf dem Küchentisch lag immer noch der Prospekt vom Tag der offenen Tür im Rhein-Taunus-Krematorium in Dachsenhausen.

Also den Rechner aufgeklappt, tatsächlich da ist die Homepage des Krematoriums, ein Lageplan, man fährt also bis Lahnstein mit dem Zug, danach weiter mit dem Reisebus, die haben für diesen Tag der offenen Tür sogar einen Extra-Einsatzbus organisiert. Langsam keimen Zweifel auf, soll ich da wirklich hinfahren? Ach was, warum eigentlich nicht, vielleicht kann das ganz lustig werden?

Nach zwei Stunden steige ich aus dem Bummelzug, Lahnstein-Hauptbahnhof, und tatsächlich, da steht ein Minibus mit der Aufschrift „Krematorium". Ich erwische gerade noch den letzten Platz zwischen beige-gewandeten plus 60-igern, die sich aufgeregt die Nasen an den Scheiben plattdrücken.

Der Minibus stoppt direkt neben einem Partyzelt ein Riesen-Grill, von dem verführerisch die Bratwürste mit gerösteten Zwiebeln duften, die in Brötchen gestopft auf die hungrige Masse warten. Hinten springen juchzend und kreischend die Kids durch die Hüpfburg.

Im Partyzelt spielt die Band „It never rains in Süd-California", der Organisator ist Klaus Gal, ein ehemaliger evangelischer Pfarrer mit seiner Band „Rock am Stock" organisiert er Tanzfeste im Alter von 70 – 93 Jahren, mit Rollator oder Stock stolpern sie durch die Gegend, begleitet von den Schlagern Helene Fischers und Nana Mouskouri.

Da winkt ein uniformierter Angestellter, es wird eine stündliche Führung durch das Krematorium durchgeführt. Dazu spielt die Band Update moderne Kirchenlieder. „Ja, ja, so eine Einäscherung scheint ein lukratives Geschäft zu sein. „So eine Einäscherung kostet ungefähr 500 Euro, und die Nachfrage ist ziemlich groß. Gerade wird ein neuer Ofen gebaut, damit können jetzt Menschen bis 450 kg verbrannt werden. In einem guten Monat machen wir bis zu 200 Leichen, wenn es gut läuft.

Hier ist das Auffangbecken der verbrannten Toten, die in eine Urne geschaufelt werden. Wir garantieren, dass wir niemals die Asche unserer Toten vermischen würden. An der Wand hängt ein großes Foto von Überresten, die nicht verbrannt werden können. Beckenknochen, künstliche Hüft- und Kniegelenke, es sieht aus wie moderne Kunst.

„Ja, es ist schon seltsam, wenn die Leute sich ein Auto kaufen, überlegen sie tagelang, aber wen sie bei ihrer Beerdigung dabeihaben wollen, planen sie nicht." resümiert eine ziemlich breitrahmige Frau, die am Stehtisch Kuchen mampft. „Wer geht denn heutzutage noch auf einen Friedhof? Über 50% der Deutschen lassen sich schon verbrennen, das ist sehr praktisch und effektiv."

Hungrig stelle ich mich in die Bratwurst-Schlange, es dauert nicht lange und mit einer doppelten Portion mache ich mich auf den Heimweg. Ja, alles hat meinen Entschluss bestätigt, dass mein Papa kremiert wird, ich werde mich selbst um seine Asche kümmern, das hatte ich ihm schließlich versprochen.

Zu Hause angekommen, blinkte der Anrufbeantworter wie wild. Acht Mal meine Mutter, einmal eine fremde Nummer auf dem Display. Einfach löschen, ich war nicht scharf auf die vielen sinnlosen Gesprächen mit meiner Mutter. Mein Ethnologie-Studium in Münster, in ihren Augen war das alles nur sinnloser Kram, außerdem machte ich in ihren Augen sowieso immer alles falsch.

Und mein Vater war in ihren Augen genauso ein schlimmer Finger, ein Hallodri und verludertes Subjekt mit seinen vielen Freundinnen. Wieso denn eigentlich? Er war eben ein sehr beliebter Professor bei seinen Studenten in der Universität, ein fröhlicher Rheinländer mit ewig guter Laune, und alle seine Studentinnen waren permanent in ihn verliebt. Er reiste durch die ganze Welt und betreute diverse Archäologie-Projekte, das bedeutete für uns oft ein Jahr Einsamkeit, aber das machte meiner Mutter eigentlich überhaupt nichts aus. Und ich war natürlich immer sehr stolz auf meinen Papa gewesen, aber ich vermisste ihn sehr.

Die beiden passten eben von Anfang an irgendwie nicht richtig zusammen, sie waren viel zu verschieden. Meine Mutter war ein blondes, ehrgeiziges Schweizer Mädel, wuchs wohlbehütet bei ihren Eltern in Zürich auf, und sie durfte damals ein Archäologie-Gastsemester in Köln machen. Sie wohnte bei einer Tante, und mein Vater war da gerade Doktorand an der Uni geworden. Die beiden verliebten sich sofort ineinander. Das Ganze blieb nicht folgenlos, und meine Ankunft machte ihrem Studium frühzeitig und endgültig einen Strich durch die Rechnung. Also heiraten die beiden schnellstens, und schon bald saß meine Mutter in einem winzigen Kölner Haushalt in der Südstadt.

Sie war immer sehr ehrgeizig gewesen, und sie brachte ein kleines Vermögen mit, mit dem sie nun nicht nur die kleine Familie gut ernährte, sondern auch ihren aufwändigen Lebensstil weiter führte. Sie hatte sich irgendwie ihr eigenes Leben eingerichtet, aber um auszubrechen oder etwas Eigenes zu machen, fehlte ihr entweder der Mut oder die Fantasie. Außerdem war ich ja da, und ich war ein ziemlich anstrengendes Kind. Erst richtig toll wurde es, als ich endlich laufen konnte, da hatte ich tausend tolle Ideen und immer Hummeln im Hintern.

1960 starb Vaters Lieblingstante Kathrinchen, von der hatte er diese alte Villa in Hahnwald geerbt, und wir zogen ein. Endlich war genug Platz für alle, und seitdem arrangierten wir uns alle irgendwie in Kathrinchen Villa. Das wichtigste für meinen Vater war sein großes Arbeitszimmer, in dem in das er sich immer öfter resigniert zurückzog, wenn meine Mutter mal wieder mit neuen Ideen anrückte, um endlich mal das Haus zu modernisieren, um neue Möbel, Teppiche und Lampen anzuschaffen.

Ja, sie setzte sogar eine Putzfrau zwei Mal in der Woche durch. Dann verbarrikadierte sich mein Vater vor ihrer

Putzwut, und sein Arbeitszimmer war tabu für alle. Egal, wieviel die Weiber grollten und drohten, seine wissenschaftlichen Arbeiten brachte ihm keiner mehr durcheinander.

Das ging so lange einigermaßen gut, bis Vaters erstes Techtelmechtel bekannt wurde. Meine Mutter war anfangs sehr geschockt, sie bekam einen Nervenzusammenbruch und stürzte in eine tiefe Krise. Ein Archäologie-Professor mit Affären mit Studentinnen, die von Jahr zu Jahr immer jünger wurden, so ein Verhalten war für sie unannehmbar und vollkommen unverzeihbar.

Nein, so etwas hielt sie einfach nicht mehr aus und darum kehrte sie total beleidigt in ihr Elternhaus am Züricher See zurück, wo sie seitdem mit ihrer alten Mutter und deren Cousine Clärchen lebte. Es war mir aber trotzdem immer unerklärlich geblieben, warum sich die beiden nie scheiden ließen.

Meine Mutter hatte sich sowieso nie viel um mich gekümmert, ich war für sie ein Statussymbol wie ein Kühlschrank gewesen, ich musste pflegeleicht sein, immer gut funktionieren und gut aussehen, und meine persönlichen Gefühle waren ihr sowieso immer total egal gewesen.

Mein Handy klingelt, einmal, zweimal, die Nummer auf dem Display ist ziemlich lang und mir vollkommen unbekannt. „Hallo, Laura, hier ist deine Mama. Meine Süße, ich kann dich doch nicht mit all den Sachen alleine lassen, du brauchst doch bestimmt kompetente Hilfe. Ich bin hier gerade auf dem Züricher Flughafen und mein Flieger geht in 20 Minuten. Ungefähr in einer Stunde bin ich bei dir in Köln. Hol mich doch bitte am Flughafen ab, ja? Tschüssie, bis gleich."

„Oh Gott, das fehlt mir gerade noch, meine Mutter im Anmarsch, damit hatte ich jetzt gar nicht mehr gerechnet. Auf einmal zeigt sie Verantwortungsgefühle für mich und ihren verstorbenen Ehemann? Oder ob sie nur Interesse an dem zu erwartenden Erben hatte? Ich weiß schon jetzt, dass wir mindestens nach 30 Minuten Krach bekommen werden, besonders dann, wenn ich ihr erzählen werde, dass ich alles so geregelt habe, dass es keine pompöse Beerdigung geben wird.

Der Flughafenbus war zum Glück nach 20 Minuten Fahrzeit da, und ich erreichte die Halle gerade, als eine Schlafzimmerstimme dämlich säuselte „Meine sehr geehrten Damen und Herren. Die Germanwings-Maschine von Zürich ist gerade auf Gate 4 gelandet. In wenigen Augenblicken beginnt das Checkout. Achtung: Gate 4 – in wenigen Augenblicken beginnt das Checkout für Reisende aus Zürich."

Bäh, diese Stimme klingt einfach falsch und widerlich, ich hasse diese Flughäfen mit ihrem falschen Glamour, daran werde ich mich wohl nie gewöhnen können. Und das musste ich alles nur ertragen, um meine blöde Mutter vom Flugzeug abzuholen. Ist es nicht schon schlimm genug, dass mein Vater, mein lieber, guter Papa, gerade gestorben ist? Ich hatte auch alleine alles mit der Beerdigung hinbekommen, dazu brauche ich die ganz bestimmt nicht, die macht alles nur noch schlimmer als es sowieso schon ist.

„Laura, Schätzchen, da bist du ja. Du weinst ja, komm in meine Arme, meine Kleine, ich werde dich trösten. Aber warum bist du denn nicht am Gepäckband? Dann muss ich ja meine Koffer abholen, da hast du wohl nicht richtig mitgedacht, oder? Mein Gott, wie siehst du denn aus? Du hast ja gar nichts Schwarzes an, und deine alten Jeans sind aber sehr unpassend, das musst du aber sofort ändern. Du bist doch schließlich die Tochter eines C5-Professors, da musst du schon etwas repräsentieren."

„Oh Gott, Mama, nun fang doch bloß nicht damit an, ich trage das, was ich immer trage, und ich werde das auch nicht so bald ändern." Sage ich traurig, und schaue meine Mutter verstohlen an. Oh Gott, die hat sich aber aufgebrezelt, überall nur schwarzer Tüll, sie trägt sogar ein passendes schwarzes Tüllhütchen mit einem schwarzen Schleier, das finde ich total peinlich. Ihre schwarzen hochhackigen Schuhe klappern vor mir auf dem Weg zum Gepäckband, dabei murmelt sie die ganze Zeit aufgeregt vor sich her.

„Mama, nun renn doch nicht so, ich bin so traurig über Papas Tod, ich kann mich noch gar nicht richtig damit abfinden."

„Ja, da hast du recht, meine Süße, wenn wir gleich zu Hause sind, besprechen wir alles von Anfang an. Wie und wo ist er denn gestorben? Im Krankenhaus? Soweit ich weiß, ist er doch nie richtig krank gewesen. Ach, zu Hause, und du hast ihn in seinem Arbeitszimmer am Schreibtisch gefunden?

Auf dem Totenschein steht „Plötzlicher Herztod", na, dann ist ja alles geklärt, ich dachte schon, er hätte sich was angetan, denn er war doch noch gar nicht so alt gewesen. So, da sind ja glücklicherweise meine Koffer, gibt es hier denn keine Gepäckkarre? Wo hast du denn dein Auto geparkt?"

„Aber Mama, ich habe gar kein Auto, ich bin Studentin, da brauche ich keins. Außerdem fährt der Flughafenbus alle 20 Minuten."

„Ach, wie umständlich, das vergesse ich immer, ich wüsste gar nicht, wie ich ohne Auto im Leben zurechtkommen könnte. Na, dann nehmen wir uns eben ein Taxi. Gibt es denn hier keinen Gepäckträger? Meine Koffer sind für mich doch viel zu schwer."

„Ach, nun komm schon, Mama, diese zwei Koffer können wir auch so tragen. Mein Gott, die sind ja wirklich schwer, hast du denn da Steine eingepackt?"

„Wieso, bis zur Beerdigung sind es doch mindestens drei Tage, da brauche ich schon einiges an Klamotten. Na, dann also raus zum Exit, da stehen wohl hoffentlich genug Taxis."

Der Taxifahrer ist zum Glück ziemlich einsilbig, dafür redet meine Mutter am Stück auf mich ein, wie sie die Beerdigung organisieren will, wie sie das Erbe regeln will, das Haus muss natürlich sofort verkauft werden. Ich lasse sie einfach reden und schalte die Ohren auf Durchzug, das hatte ich schon früher immer so gemacht. Und seltsamerweise regte ich mich auch nach fünf Minuten noch nicht mal auf.

Als das Taxi vorsichtig vor das Haus fährt, sehen wir zuerst nur viele Menschen, dann Berge von Kerzen und überall liegen Blumen auf dem Gehsteig. „Was ist denn hier los?"

fragt meine Mutter mit kreischender Stimme, und will sofort aus dem Taxi springen, um die Leute zu vertreiben.

„Hallo, gute Frau, Sie müssen noch bezahlen, und Ihre Koffer sind auch noch hinten drin. Das kostet 44,80, hoffentlich haben Sie genug Kleingeld dabei, denn ich kann nicht wechseln."

„Ach, Laura, ich habe gerade nur Schweizer Franken im Portemonnaie, wieso hast du denn kein Geld dabei? Gib ihm ruhig genug Trinkgeld, du bekommst es gleich von mir zurück. Mit einem Fünfziger zieht er zufrieden ab, und ich wundere mich nur über die Menschenmenge, die sich hier versammelt hat.

„Aber sag mal, was ist denn hier bloß los? Wo kommen denn auf einmal all die Menschen her? Hast du vielleicht eine Kundgebung organisiert, oder was soll das hier? Na, das werde ich bestimmt gleich rausbekommen. Hallo, Sie da, warum sind sie denn hier? Und was machen Sie denn da?"

„Guten Tag, wir sind Archäologie-Studenten aus Köln, und die Personalabteilung hat einen Aushang am Schwarzen Brett gemacht, dass unser Prof. plötzlich gestorben ist. Er war sehr beliebt bei uns Studenten, und darum haben wir uns spontan entschlossen, Kerzen und Blumen an seinem Haus vorbeizubringen. Ein Kondolenzbuch haben wir auch schon im Institut ausgelegt, und es haben sich schon viele Leute eingetragen. Wissen Sie schon, wann die Beerdigung ist? Wir werden alle dabei sein und sogar einen zünftigen Fackelzug für ihn organisieren." Sagt eine rothaarige Studentin mit verweinten Augen. Sie verstreut gerade eine Menge roter Rosen vor unserer Haustür.

Ich sehe mich erschüttert um, mit so viel Anteilnahme hatte ich nicht gerechnet. Hier sind ja mindestens 20 Studenten versammelt, ziemlich viele Frauen allen Alters, und alle weinen um meinen toten Vater. „Laura, nun sag den Studenten schon, dass das alles ja sehr nett und rührend ist, was sie da veranstalten, aber sie sollen uns bitte jetzt in Ruhe lassen, denn wir sind schließlich eine Trauerfamilie, und ich finde den ganzen Zinnober, den die hier veranstalten, ziemlich unnötig und total überflüssig."

„Aber Mama, man kann die trauernden Studenten doch nicht so einfach vertreiben, das fände ich sehr herzlos. Lass mich das lieber machen, ich werde schon die richtigen Worte finden, geh du einfach schon mal rein, du kennst dich ja schließlich aus."

„Ja, mach das mal, denn ich habe jetzt schon Kopfschmerzen, und ich brauche meine Ruhe. Außerdem muss ich mich etwas frisch machen, und umziehen muss ich mich auch noch. Ach, welches Zimmer hast du für mich vorbereitet? Du weißt ja, ich kann mit Lenor gespülte Bettwäsche nicht ausstehen."

„Aber Mama, wann hätte ich das denn machen sollen? Ich bin doch selber gerade erst gestern Abend hier angekommen, und du wolltest doch gestern doch noch gar nicht kommen."

„Aber ich kann dich doch mit dieser ganzen Geschichte nicht alleine lassen, außerdem muss ich doch die Beerdigung organisieren. Schick jetzt erst mal die Leute weg, ich glaube, ich nehme das Gästezimmer, das hat wenigstens ein eigenes Bad. Hast du etwas zu trinken im

Haus? Hunger habe ich noch nicht, ich hatte zum Glück gerade noch vor dem Flug gut gefrühstückt."

„So, Mama, mach, was du willst, aber ich werde erst mal mit den Leuten draußen reden und mich für ihr Mitgefühl bedanken. Den Studenten werde ich 100 Euro für die Ausschmückung und das Kondolenzbuch geben, dann kommen sie auch nicht mehr vor unser Haus, sondern gehen gleich dorthin trauern."

„Danke dir, mein Schatz, du bist schon so erwachsen, du bist mir wirklich eine große Hilfe. Bitte trag mir nur noch die Koffer rauf, dann kann ich mich schon mal frisch machen, und danach werde ich erst mal alles auspacken." Mann, geht die mir auf die Nerven, denke ich nur noch, verdrehe die Augen, schnappe ihre Koffer und lasse sie oben auf den Boden plumpsen.

„So, jetzt muss ich mich da unten um alles kümmern, und dann brauche ich mindestens erst mal zwei bis drei Stunden Zeit für mich." Sage ich ziemlich patzig, so dass sie mich nur noch erschrocken ansieht, aber das ist mir jetzt ziemlich egal.

Draußen vor der Tür haben die Studenten inzwischen ein Blumenmeer mit hunderten Kerzen auf dem Fußweg aufgebaut. Sie drängeln sie sich sofort um mich und fragen nach dem Beerdigungstermin und den Gründen für seinen plötzlichen Tod, und die meisten weinen tatsächlich, denn sie hatten ihn bestimmt sehr gerne gehabt.

Ich sage ihnen spontan, dass es in Köln keine Beerdigung geben wird, wir hätten eine Seebestattung in der Ägäis geplant, aber nur für den engsten Familienkreis. Der rothaarigen Studentin drücke ich 100 Euro für das Buch und Blumen in die Hand. Sie sagt mir spontan, dass sie gern alles organisieren würde, denn sie wäre schließlich im Augenblick die ihm am nahe stehendste gewesen. Sie würde den Bestattungswunsch meines Vaters gern vorne ins Kondolenzbuch schreiben. Ein großes Foto von ihm hatte sie von der letzten Preisverleihung, das würde sie vergrößern und dort aufhängen.

Befriedigt zieht die Gruppe ab, nun würde es wieder ruhig vor unserem Haus werden, und nur noch die vielen Blumen und Kerzen erinnern an den Toten, der gestern hier noch hier zu Hause gewesen war. Ich fühle geradezu die große Lücke, die er hinterlassen hatte. „Laura, mein Schatz, hast du denn gar keinen Whisky im Haus? Ich könnte nämlich dringend einen vertragen." Reißt mich Mamas zänkische Stimme aus meinen traurigen Gedanken.

„Mama, bitte sieh selbst mal nach, du weißt ja, wo er sonst immer steht. Ich mache mir eine Flasche Bier auf, vielleicht möchtest du auch ein Glas haben? Ich habe nämlich fürchterlichen Durst."

„Nein danke, Schätzchen, Bier ist so proletarisch, und außerdem macht es doch nur dick, ich habe gerade 15 Pfund abgenommen mit der Atkins Ananas-Diät, und diesen Erfolg will ich mir doch nicht gleich wieder ruinieren. Ja, hier stehen tatsächlich noch zwei angebrochene Flaschen Whisky im Vorratsschrank. Schade, dass keine Eiswürfel im Kühlschrank sind. Komm und setz dich zu mir, und dann erzählst du mir alles mal der Reihe nach, was du bisher unternommen hast."

„Also, mit der Firma Pilartz habe ich vereinbart, dass Papa in Holland eingeäschert wird, wir werden hinterher die

Asche in einer Urne nach Hause bekommen, genauso hat er es gewollt. Und die Asche werde ich dann nach Griechenland bringen und dort zerstreuen, wo er sich immer am wohlsten gefühlt hat. Den Leuten sagen wir, dass Papa eine Seebestattung in der Ägäis erhält, die nur im engsten Familienkreis erfolgen wird."

„Aber Laura, sowas ist doch gesetzlich verboten, nein, ich will eine richtige Beerdigung auf dem Melatenfriedhof, mit allem Pipapo, das mit der Asche musst du sofort wieder rückgängig machen. Er war doch schließlich ein C-3-Professor, das ist man der Uni und den ganzen Verwandten schuldig. Ich muss noch eine riesige Liste anfertigen, wen wir alles zur Beerdigung einladen werden, und hast du auch schon an eine Anzeige in der Zeitung gedacht? Mindestens eine halbe Seite müssen wir im Stadt-Anzeiger für die Wochenend-Ausgabe reservieren, die Kosten sind vollkommen egal.

Außerdem, hast du denn nie daran gedacht, später mal sein Grab zu pflegen und ihn dort zu besuchen, um mit ihm zu reden, wenn du mal Sorgen hast? Außerdem ist ein repräsentatives Grab auf dem Melatenfriedhof doch total wichtig für die Reputation der ganzen Familie. Außerdem sind in Tante Clärchens Grab noch drei offene Grabstätten, die für die Familie reserviert sind, die sind kostenlos und eine hatte ich davon für ihn reserviert. Mein Platz wäre dann noch frei, ich möchte lieber in Zürich beerdigt werden. Und die dritte Grabstelle ist natürlich für dich vorgesehen."

„Nein, das würde ich ganz furchtbar finden, außerdem wäre so eine Beerdigung bestimmt gegen seinen Willen gewesen, in Kathrinchen Grab zu vermodern. Nein, ich habe den Studenten vorhin gesagt, dass es eine

Seebestattung in der Ägäis geben würde, und das erschien ihnen irgendwie ganz logisch und vernünftig, er ist doch Archäologie-Professor und er hatte immer eine große Liebe für Griechenland. Aber er hat doch das Testament hinterlassen, vielleicht steht da etwas über seinen Beerdigungswunsch drin. Dann werden wir uns auch danach richten."

„Laura, Testament hin oder her, was sollen denn die Leute sagen? Das sieht ja ganz so aus, als ob wir uns keine vernünftige offizielle Beerdigung leisten könnten. Ich hatte da so an Kosten von mindestens 7000 Euro gedacht. Und das Haus wollte ich sowieso schon lange verkaufen, aber das hatte er ja früher immer abgelehnt. Was sollen wir denn mit diesem alten Kasten? Ach ja, das war auch einer der Gründe, warum ich schließlich hier ausgezogen bin. Dieses Köln fand ich immer so proletarisch, da lebt es sich in Zürich ganz anders, da ist ein viel besseres Publikum."

„Ach, und ich dachte immer, dass du damals wegen seiner vielen Frauengeschichten ausgezogen warst."

„Erinnre mich bloß nicht dran, das war doch die Hölle für mich. Du hast ja so recht, was hatte er mir nicht alles angetan. Schenk mir lieber noch einen Whisky ein, du solltest besser auch einen trinken. Meine Liebe, jetzt setz dich doch endlich mal hin, die ganze Zeit rennst du nur rum. Was hattest du gerade von einem Testament gesagt? Ist es hier im Haus? Kann ich es mal sehen? Was steht denn da drin? Hast du schon mal nachgesehen?"

„Nein, ich habe nur einen Umschlag mit der Adresse eines Notars gefunden, das Original -Testament liegt in der Kanzlei. Ich habe dort sogar schon einen Termin vereinbart.

Wenn du möchtest, können wir das morgen Nachmittag zusammen erledigen."

„Aber natürlich gehe ich mit, du bist vielleicht lustig, natürlich muss dein Vater angemessen begraben werden, aber hauptsächlich bin ich eigentlich wegen des Testamentes gekommen, das sollte doch so schnell wie möglich geklärt werden, oder etwa nicht?"

„Morgen um 14 Uhr werden wir mehr wissen." Typisch Mutter, dachte ich, wo Geld zu erwarten ist, da ist sie immer sofort ganz vorne mit dabei. An meinen Papa denkt sie schon gar nicht mehr, diese blöde widerwärtige Ziege.

„So, meine Liebe, ich ziehe mich jetzt zurück, denn ich habe noch unendlich viele Telefonate zu führen. Vielleicht bestellst du zwischendurch bei einem Caterer ein kleines Abendessen mit Salat, etwas Champagner, so etwa in ein bis zwei Stunden. Du machst das schon, meine Süße. Also bis gleich".

Caterer, Champagner, die kann mich mal, ich bin nicht ihr Dienstmädchen, das kann sie selber machen. Ausgerechnet ich soll für sie einen Caterer anrufen, sowas blödes kann auch nur meiner Mutter einfallen. Ohne Bescheid zu sagen, verlasse ich das Haus, ich brauche unbedingt frische Luft, denn meine Mutter zu ertragen, fällt mir furchtbar schwer. Zuerst werde ich gleich die nächste Frittenbude ansteuern, mir ist nach Gyros, Greek Salat und Pommes rot-weiß zumute, heiß, fettig und total ungesund.

Traurig stoppe ich schon an der Haustür ab, hunderte von Kerzen flackern auf dem Fußweg und im Vorgarten, überall liegen Berge voller Blumen, die Studenten müssen meinen Vater wirklich sehr gern gehabt haben, sonst hätten sie das hier nicht arrangiert.

Als sich die Nachbarin von der anderen Seite neugierig wie eine Katze anschleicht, verschwinde ich sofort und gehe schnell weiter, bloß nichts wie weg. Hoffentlich klingelt sie nicht gleich an der Haustür, das hoffe ich nur für meine Mutter, denn dann würde sie mir wirklich sehr leid tun. Die schafft es nämlich, geschlagene zwei Stunden am Stück zu quatschen.

Als ich voll beladen wieder das Haus betrete, ist es überall total dunkel, nirgendwo brennt Licht. Vielleicht habe ich Glück, und meine Mutter liegt schon im Bett und schläft. Tatsächlich, sie ist auf der Couch im Wohnzimmer eingeschlafen, die Whiskyflasche vor ihr ist fast leer geworden. Na, dann habe ich also wenigstens heute Abend Ruhe vor ihren endlosen Schwätzereien. Warum muss ausgerechnet diese Mutter so nervtötend sein? Aber wenn ich dann ihr Gesicht mit den vielen Falten sehe, tut sie mir trotzdem furchtbar leid. Man hat schließlich nur eine Mutter, und die kann man sich nicht aussuchen.

Zufrieden sitze ich in der Küche und verzehre das gesamte Frittenbudenmahl inklusiv ihrer Portion. Dann sinke ich auch total müde in mein Bett und schlafe ohne Magenschmerzen durch bis zum nächsten Morgen, dazu brauche ich keinen Whisky.

Am nächsten Morgen haben wir beide lange geschlafen, und ich war ziemlich verwirrt in meinem Kinderzimmer wach geworden. Demnächst müsste ich mir mal ein größeres Bett anschaffen, denn die Kinderzeit ist nun schon ziemlich lange vorbei, es müsste mindestens einen halben Meter länger sein.

Es war gerade 11 Uhr, als ich mit der Tüte mit den frischen Brötchen wieder zu Hause ankam. Meine Mutter saß ziemlich schweigsam am Frühstückstisch, aber das war ich ja an ihr gewöhnt. „Aspirin, hast du gar kein Aspirin?" hauchte sie dann plötzlich mit ersterbender Stimme. Nein, ich hatte kein Aspirin, nur schwarzer, heißer Kaffee ließ langsam ihre Kopfschmerzen vergessen und sie aufmuntern. Mit Mühe würgte sie ein halbes Brötchen herunter, aber ich hatte mir in der Zwischenzeit drei ganze Brötchen mit Marmelade hinter die Kiemen geschoben. Die Tageszeitung blätterte sie nur lustlos durch, aber die mitgebrachten Kitschzeitungen las sie mit verbissenem Vergnügen.

Am nächsten Nachmittag fuhr ich also mit meiner total aufgebrezelten Mutter zum Notar in der Dürener Straße 285 zu Dr. Marc-Sebastian Rehbein. Ein sehr junger Mann reichte uns freundlich die Hand und bat uns in sein Arbeitszimmer. Meine Mutter sah ihn nur abschätzend an und flüsterte: „Der ist doch viel zu jung für sowas, der hat doch bestimmt keinerlei Berufserfahrung."

„Setzen Sie sich bitte, Frau Schleifer, über meine Kompetenz brauchen Sie sich keine Sorgen zu machen, denn ich führe diese Kanzlei seit vier Jahren. Ich habe das Notariatswesen quasi mit der Muttermilch aufgesogen, denn mein Vater seligen Angedenkens hatte diese Kanzlei seit 25 Jahren geführt und schon als kleiner Junge wusste ich schon über die wichtigsten Fälle Bescheid, denn ich sollte ja immer in seine Fußstapfen treten. Und seit vier

Jahren habe ich schon eine Menge Erbschaften beurkundet und betreut.

So, zuerst mein herzliches Beileid, ich hatte Ihren Vater nur ein einziges Mal kennengelernt, und das war vor etwa drei Wochen. Er wollte damals das Alte Testament abändern, das er vor acht Jahren mit meinem Vater hier in der Kanzlei niedergelegt hatte. Wir hatten es extra aus dem Archiv holen müssen, und vor drei Wochen haben wir auf dieser Basis ein neues Testament verfasst. Ich habe es schon auf seine Gültigkeit geprüft, und es kann sofort in Kraft treten, wenn Sie die entsprechenden Nachweise beibringen."

„Aber warum hat er diese Änderung dann nicht mit meinem Einverständnis gemacht? Ich bin doch schließlich seine Ehefrau, das hätte ich doch bestimmt wissen müssen, und das hätte ich niemals zugelassen. Aber es ist doch ganz eindeutig klar, dass ich als Ehefrau die Alleinerbin bin, oder etwa nicht?" rief meine Mutter erbost mit ihrer kreischenden Stimme.

„Wie Sie sehen, ist das Testament noch versiegelt, und ich darf es erst öffnen, wenn Sie mir Ihre Pässe, bzw. den Personalausweis zeigen, mit dem Sie sich ausweisen können. Weiterhin brauche ich die Sterbeanzeige Ihres verstorbenen Gatten, erst danach kann ich offiziell das Testament eröffnen, den Umschlag öffnen, alles einsehen und es ihnen anschließend vorlesen."

„Das ist doch eine Unverschämtheit, Sie müssen mir schon glauben, dass ich Frau Hanni Schleifer, geb. Stämpfli, bin, meinen Schweizer Pass habe ich zu Hause gelassen. Laura, Schätzchen, hast du gerade mal deinen Ausweis dabei? Ach, das ist gut, und die Sterbeanzeige auch? Na, noch besser. Glauben Sie mir jetzt, dass ich Frau Schleifer bin, mein Mann war schließlich C-3 – Professor, wir sind stadtbekannte Persönlichkeiten. Also, kann ich jetzt endlich das Testament sehen? Ich muss doch schließlich sehen, was er mir hinterlassen hat. Viel Zeit habe ich nicht, denn ich muss mich schließlich noch um die ganze Beerdigung kümmern, das ist ganz schön viel Arbeit, glauben Sie mir."

„Sie können gern Ihre Passkopie morgen vorbeibringen. Also, weil Sie aus dem Ausland angereist sind, werde da mal eine Ausnahme machen. Das Siegel werde ich jetzt sofort in Ihrer beider Beisein erbrechen, sehen Sie, da drinnen liegt das unberührte Testament." Bedächtig zieht er einen starken Bogen Papier heraus, legt ihn vorsichtig vor sich auf den Schreibtisch und beginnt, laut und langsam vorzulesen.

„Testament von Martin Schleifer, geboren am 22.02.1950 in Köln, zuletzt wohnhaft Im Meisengrund 12, Köln-Hahnwald.

Hiermit setze ich meine Tochter Laura Mona Schleifer, geboren am 09. Februar 1990 in Köln, als Alleinerbin meines Vermögens ein. Sie wird den gesetzlichen Pflichtanteil an ihre Mutter Frau Hanni Schleifer auszahlen.

Haus und Grundstück Im Meisengrund 12 in Köln-Hahnwald sollen nicht verkauft werden, damit Lauras Ausbildung und Zukunft damit langfristig abgesichert wird. Ein aktuelles Gutachten zur Kostenermittlung des Hauses und des Grundstückes liegt vor, es wurde ebenfalls diesem Testament beigefügt.

Meine Ehefrau ist Hanni Schleifer, geborene Stämpfli, am 01.12.1949 in Zürich, wohnhaft jetzt in Zürich,

Regentenstraße 24. Wir leben seit 1996 getrennt, und sie wird ihren gesetzlichen Pflichtanteil an dem gemeinsamen Erbe aus dem Aktienpaket und dem Golddepot meines persönlichen Depots erhalten. Das Bankfach darf nur in Beisein des Notars und eines leitenden Mitarbeiters der Kölner Bank geöffnet werden, um den genauen Ist-Zustand festzustellen, da der Goldpreis der Einlagen täglich schwankt.

Weiterhin wünsche ich, dass meine Tochter Laura den verbleibenden Differenzbetrag aus dem Depot persönlich an folgende Personen als Erbe auszahlt:

1. Frau Loreen Wiesenthal, wohnhaft Klettenberggürtel 89 und ihrem Sohn Marwin, geb. am 20.10.2013

2. Frau Eleni Tilkeridou, wohnhaft: Kasos – GR - oder ihre direkten Nachkommen.

3. Saroj und Vinod (Zwillinge: geb. am 05. April 1981 in Myanmar) und ihre Pflegeeltern Merit und Panja, leben in Charoj, Katmandu – Nepal.

„Was, nun sollen auch noch alle diese Mätressen in der ganzen Welt mit ihren Bälgern etwas von uns erben, nein, das sehe ich ja gar nicht ein, so geht das nicht. Der ist ja wohl vollkommen verrückt geworden? Das werde ich juristisch anfechten, so geht das nicht, nein, nein, das akzeptiere ich niemals" kreischt meine Mutter mit knallrotem Gesicht. Das Ganze war mir so peinlich, dass ich auf meinem Stuhl beinahe unter den Tisch gerutscht wäre.

„Darf ich auch mal etwas fragen? Hat mein Vater denn im Testament nichts über einen eventuellen Beerdigungswunsch geschrieben?" frage ich ziemlich schüchtern.

„Doch, da am Schluss steht noch ein Satz: Lasst mich einäschern, von mir aus nach buddhistischem Brauch, denn allein schon der furchtbare Gedanke, irgendwo einsam auf einem Friedhof in der Erde zu vermodern und von den Würmern gefressen zu werden, und dann noch mit einem dicken Grabstein in Tante Kathrinchen Grab will ich nicht, denn das lässt mich gruseln.

Außerdem war die Stadt Köln nie meine richtige Heimat gewesen, und daran wird sich auch nach meinem Tode nichts ändern. Meine Asche soll dort sein, wo ich mich immer wohl gefühlt hatte, und meine Tochter Laura wird am besten wissen, wo diese Orte liegen.

Liebe Laura, bitte bring meine Asche zu den anderen Erbinnen und übergib sie ihnen feierlich mit einem Bargeldbetrag, denn dort bei ihnen war ich wirklich zu Hause gewesen, dort bei ihnen war meine wahre Familie. Sie können dann selbst entscheiden, was in ihrem Sinne damit zu tun ist. Dort ist mein letzter Wunsch bekannt.

Alle vorherig abgegebenen Testamente sind damit ungültig.

Köln, den 05.08 2019 – Martin Schleifer – Siegel etc."

„Aber das ist ja eine Unverschämtheit, das kann er doch nicht machen, ich bin schließlich die Ehefrau, und das Haus gehört außerdem mir ganz alleine. Laura, sag doch auch mal was. Wir sind ja schließlich noch nicht mal offiziell geschieden, und das ist immer noch so gut wie verheiratet, da kann er sowas doch nicht machen."

„Doch, das kann er, denn schließlich leben Sie schon lange nicht mehr zusammen. Sie werden Ihren Pflichtanteil zügig ausgezahlt bekommen. Und für die Zukunft Ihrer Tochter ist doch bestens gesorgt, sie kann die Villa vermieten oder selbst darin wohnen. Es muss Sie doch freuen, dass die Zukunft Ihrer Tochter so gut abgesichert ist."

„Nein, das freut mich überhaupt nicht, so geht das nicht, ich werde einen Gegenanwalt einschalten, der wird schon mein gutes Recht durchzusetzen wissen. So einfach lasse ich mich nicht abspeisen. Und seine ganzen Mätressen mit Geld versorgen, was sind das denn für üble Hugenotten-Sitten? Die Asche überall verstreuen, so ein Quatsch.

Ich bestehe auf einem standesgemäßen Begräbnis, das Haus und das ganze Erbe gehört mir, ich werde Laura schon angemessen auszahlen, das werden wir alles innerfamiliär abmachen, Laura, Schätzchen sag doch auch mal was. So geht das doch nicht."

„Frau Schleifer, damit werden Sie wohl auf Granit beißen, das Testament ist mit der Eröffnung durch mich soeben rechtskräftig geworden. Wenn Sie es anfechten wollten, können Sie das gerne tun, Ihr Einspruch hat jedoch nur aufschiebende Wirkung, aber am Endergebnis für Sie wird sich gar nichts ändern.

Denken Sie doch noch einmal in Ruhe über alles nach, das ist doch für Sie die beste Lösung, Sie bekommen sofort Ihr Erbe ausgezahlt, Sie brauchen sich um gar nichts mehr zu kümmern, und Sie können nach kurzer Zeit wieder zurück in die Schweiz fahren. Das Geld könnten wir Ihnen sogar in Kürze bar übergeben, wenn Sie es wünschen. Sie können es dort an Ihrem Schweizer Wohnort besten anlegen, das ist doch eine sehr gute Option, oder etwa nicht?"

„Sie stecken doch alle nur unter einer Decke, dieser Mistkerl, mich mit irgendeiner Mätresse da draußen in der Pampa gleichzustellen, so eine Unverschämtheit aber auch. Wir gehen jetzt, Sie werden noch von mir hören, das lasse ich mir nicht gefallen. Laura, komm, wir gehen, auf Wiedersehen."

„Nein, ich werde das Testament jetzt hier und sofort anerkennen. Ich bin nämlich damit einverstanden, denn seinen Beerdigungswunsch hatte ich eigentlich schon geahnt, denn ich kenne doch meinen Vater. Aber dass er sich in Köln hier bei mir nie richtig zu Hause gefühlt hatte, das macht mir schon zu schaffen. Komisch, und von seinen Frauen da draußen hatte ich noch nie etwas gehört."

„Mach, was du willst, aber ich werde jetzt sofort gehen, auf Wiedersehen, Sie werden von meinem Anwalt hören. Laura, wenn du jetzt nicht sofort kommst, sind wir für immer geschiedene Leute, dann will ich überhaupt nichts mehr mit dir zu tun haben."

„Mama, nun mach doch nicht so einen Aufstand, du bist ja total peinlich. Sei doch froh, dass Papa alles so in einem Testament festgelegt hat. Du wirst schon sehen, dass dein Anteil fair sein wird, denn er war immer anständig und fair gewesen, auch zu dir, der Papa, egal, wie du dich verhalten hattest, denn du hast ihn schließlich sitzen gelassen und bist einfach zurück in die Schweiz gezogen. Da waren wir dir ganz egal, ich übrigens auch, ich war nämlich noch ein kleines Kind gewesen, das hätte vielleicht eine Mutter gebrauchen können. Unter Geldsorgen hattest du doch bestimmt nie zu leiden gehabt."

„Ach, was weißt du denn schon von Geldangelegenheiten? Du bist ja sogar jetzt noch ein richtiges Kind. Und seine vielen Frauengeschichten auf der ganzen Welt sind mir immer schon schwer auf die Nerven gegangen. Wer weiß denn schon, welche Bastarde von ihm noch überall auf der Welt leben. Und was ist, wenn die alle hier antanzen und noch mehr erben wollen?"

„So Mama, jetzt reicht es, am besten, du fährst jetzt sofort nach Hause und rufst deinen Anwalt an, ich werde hier alles weitere in meinem Sinne regeln."

„Dann bestellen Sie mir sofort ein Taxi, aber Sie hören noch von mir." Schrie sie außer sich, und rannte mit knallrotem Kopf nach draußen, ohne sich zu verabschieden.

„Bleiben Sie ganz ruhig, Laura, das Testament ist rechtskräftig, Ihre Mutter kann es anfechten, sie wird aber nichts damit erreichen, denn sie wird bestimmt fürstlich bedacht worden sein. Sie wird sich bis morgen ganz bestimmt wieder beruhigen. Machen wir morgen früh erst mal einen Termin bei der Bank, und dann werden wir Gewissheit haben, über welche Beträge wir genau reden. Es ist doch schließlich auch in meinem Interesse, denn auf der Basis der Höhe des Testamentes werde ich schließlich hinterher meine Honorarrechnung ausstellen." Sagt er gütig lächelnd und ich vertraute ihm sofort.

„Ich bin immer ohne meine Mutter klar gekommen, und vor 11 Jahren hatte sie einfach ihre Familie verlassen. Na gut, mein Vater war oft und lange Zeit im Ausland, und er hatte immer wieder da draußen eine Beziehung, denn er hatte ein großes Herz. Er erzählte ihr hinterher immer alles, aber meine Mutter machte immer ein Riesentheater draus.

Und dass er nun einige dieser Frauen auch in seinem Testament bedacht hatte, das überrascht mich auch total. Aber so war er eben, mein Vater, und nun ist er tot. Ach, er fehlt mir jetzt schon so," sagte ich und musste die aufkommenden Tränen runterschlucken.

„Das ist sicher hart für Sie, denn Väter haben oft ein ganz besonders gutes Verhältnis zu ihren Töchtern. Aber nun müssen Sie an Ihre eigene Zukunft denken. Und als nächsten müssen Sie an eine würdige Bestattung Ihres Vaters denken, das sind Sie ihm schuldig. Im Testament steht ja schon einiges darüber, werden Sie seinem Wunsch folgen?"

„Ganz bestimmt, ihn sollen nicht die Würmer fressen, aber für die Einäscherung und das Bestattungsunternehmen brauche ich bald 3.000 Euro, für die spätere Beisetzung werde ich mich später selbst kümmern, wie er es gewünscht hat. Ich habe schon einen festen Plan, was mit seiner Asche geschieht."

„Das ist jetzt Ihr Problem, ich werde sofort bei der Bank anrufen, die kann Ihnen das Geld sofort auszahlen, aber überweisen Sie lieber, dann haben Sie auch einen gültigen Nachweis für das Finanzamt. Und reden Sie noch einmal mit Ihrer Mutter, dass sie der Erbauseinandersetzung friedlich zustimmt, denn es geht ja schließlich auch um ihren Erbteil, und den soll sie sich hinterher nicht mit irgendwelchen Anwälten teilen müssen."

„Da haben Sie sicher recht, also noch einmal recht herzlichen Dank für alles." Dann verließ ich die Notariatspraxis, und unterwegs überlegte ich die ganze

Zeit, was ich wohl heute Abend essen wollte, aber es fiel mir einfach nichts gescheites ein.

Als ich ein paar Stunden später wieder nach Hause kam, war meine Mutter zwar immer noch da, aber sie hatte sich im Gästezimmer verbarrikadiert. Ich klopfte, aber sie wollte nicht mit mir reden. Na, dann also nicht, dachte ich erleichtert, und rief den nächsten Pizzadienst an, denn ich hatte den ganzen Tag noch nichts Vernünftiges gegessen.

Dort kannte man mich schon: 1 doppelte Pizza Hawaii – gemischter Salat -2 Fl. Kölsch. Damit zog ich hinterher in mein Kinderzimmer und hörte in voller Lautstärke Bruce Springsteen, bis meine Mutter an die Decke klopfte. Soll sie doch, das ist mir jetzt vollkommen egal.

Ja, mein lieber Papa, das ist nun der dritte Tag ohne dich, und du fehlst mir immer mehr. Einigermaßen satt und getröstet sank ich in mein Bett und schlief traumlos die ganze Nacht durch, denn ich war wirklich vollkommen fertig gewesen.

Am nächsten Morgen werkelte meine Mutter schon um acht Uhr früh in der Küche, sie benahm sich so neutral, als ob die hässliche Auseinandersetzung gestern gar nicht stattgefunden hätte. Ich holte Brötchen, und berichtete ihr vom Bank-Termin um 10 Uhr, an dem sie natürlich sofort teilnehmen wollte. Etwas schnippisch sagte sie dann doch, dass sie gestern lange mit ihrem Anwalt in der Schweiz telefoniert hätte, und sogar ihre Mutter hatte ihr geraten, das Erbe erst einmal anzutreten, vorbehaltlich natürlich, und einer Bargeldsumme zuzustimmen, wenn sie dann angemessen wäre.

Mir fiel ein Stein vom Herzen, dass sie jetzt in das Testament einwilligte. Als wir vor der Bank standen, sah ich im hellen Sonnenlicht unter ihrer dicken Schminke Schicht den zitternden Mundwinkel, die Krähenfüße um die Augen, auch ihre Haut ist ziemlich knitterig geworden, dabei war sie gerade erst 62 Jahre alt geworden. Plötzlich tat sie mir sehr leid, aber ich konnte ihr das nicht so zeigen, denn irgendwelche Mutter- und Tochterliebe hatte sie auch sonst nie zugelassen.

Nach zwei Stunden bei der Bank und einem erneuten langwierigen Notartermin hatte sie endlich die Gewissheit, dass sie testamentarisch fürstlich mit 670.000 Euro bedacht worden war. Jetzt strahlte ihr Gesicht und sie war sehr zufrieden mit dem Ergebnis. Gott sei Dank, die Last war ich los, und ich fühlte mich gleich schon viel besser.

Am nächsten Morgen verließ sie mich schon sehr früh, denn diesmal fuhr sie mit dem Zug zurück nach Zürich. Ihre persönliche Reisetasche war ziemlich umfangreich geworden, einen Teil der Erbsumme hatte sie sich gestern bei der Bank auszahlen lassen. Wie sie so viel Bargeld über die Grenze schmuggeln wollte, war mir völlig schleierhaft.

Beim Abschied versicherte sie mir tränenreich, dass ich ihr schreiben sollte, ich wäre ja schließlich immer noch ihre Tochter und sie wäre ja immer noch für mich verantwortlich. Ich könnte sie auch jederzeit in der Schweiz besuchen, Zürich wäre ja nicht aus der Welt, und ich wäre immer bei ihr willkommen. Sie würde mir gerne auch jederzeit gern beim Verkauf des alten Hauses helfen, sie hätte schließlich die besten Schweizer Anwälte in ihrem Bekanntenkreis.

Endlich war ich wieder allein zu Hause, und diese Stille tat mir sehr gut. Das ganze Ereignis musste ich erst mal verdauen. So langsam begriff ich, dass ich nun plötzlich und unerwartet eine reiche Frau geworden war, ich hatte ein eigenes Haus, und sogar ein dickes Bankkonto geerbt.

Ach ja, und drei Reisen standen mir noch bevor: 100.000 Euro und eine Urne muss ich drei fremden Frauen bringen, mit denen er wohl lange Zeit verbracht hatte, ohne dass wir, seine offizielle Familie, etwas davon gewusst hatten. Drei Namen, drei Schicksale, drei Beziehungen, aber wie und wo werde ich sie finden? Ob mein Vater wohl ein Tagebuch geführt hatte, aus dem alles hervorging? Wo mochte er das wohl versteckt haben? Ich kannte inzwischen alle Akten in diesem Haus, aber ich hatte bis jetzt nichts ähnliches gefunden. Im Testament stand der erste Name, Loreen Wiesenthal, Köln, Klettenberggürtel. Bei der würde ich mit meinen Recherchen anfangen, die würde ich bestimmt am leichtesten finden.

Am nächsten Morgen ging ich zum Archäologischen Institut und fragte nach der Adresse und der Telefonnummer von Loreen Wiesenthal. Ich wurde schnell fündig, denn diese Loreen war tatsächlich die rothaarige Studentin, die das Kondolenzbuch ausgelegt und die sich so rührend um die Blumen und alles gekümmert hatte. Sie saß in der Bibliothek und ich konnte sofort mit ihr reden. Sie war sehr freundlich und fing sofort zu weinen an, als ich sie auf meinen Vater ansprach.

Wir gingen ins Nachbarzimmer, dort lag immer noch das Kondolenzbuch, und es waren überwältigend viele Einträge, die wir so lange lasen, bis wir schließlich beide wie die Schlosshunde heulten. Die tausenden ausgedruckten Facebook- Infos und Mails aus aller Welt zeigten seine große Bekanntheit und Beliebtheit. Ja, mein Vater war immer eine beeindruckende und charmante Persönlichkeit mit einer großen Anziehung auf Frauen in der ganzen Welt gewesen, das wusste auch Loreen, trotzdem war sie niemals eifersüchtig gewesen, sondern eigentlich sogar etwas stolz darauf. Über mich und meine Mutter war sie ziemlich gut informiert, denn mein Papa hatte ihr schließlich versprochen, sie möglichst bald zu heiraten.

Ich fühlte mich mit Laureen fast geschwisterlich verbunden, also fuhren wir gemeinsam nach Hause, denn Laureen wollte gerne ein paar Tage bei mir wohnen. Erstaunlicherweise kannte sie sich sehr gut im Haus aus, dann war sie bestimmt schon öfter hier gewesen. Wir kochten uns ein paar Spaghetti mit Öl, Knoblauch und Kräutern, und tranken dazu eine Flasche Merlot aus dem Keller. Ich war bass erstaunt, als ich feststellte, dass dort mindestens 500 Flaschen der tollsten Weine lagerten. Was für ein Glück, dass ich nun Dank meines Vaters plötzlich auch noch ein beeindruckendes Weindepot geerbt hatte.

Nach dem Essen erzählte Laureen, dass ihre Beziehung fast drei Jahre gedauert hatte, sie war seine letzte Flamme gewesen. Ich fragte sie ziemlich böse, warum sie dann nie bemerkt hätte, dass er sich in der letzten Zeit irgendwie krank gefühlt hätte. „Der war doch nie krank gewesen. Ach, mein Hannes, er war so ein toller Mann. Wir wollten bald heiraten und für immer zusammenziehen, er wollte nur noch eine Kleinigkeit mit dem Haus hier regeln, und nun ist er tot, ach, ich kann es immer noch nicht fassen." Und schon wieder heulten wir um die Wette.

Als wir uns wieder einigermaßen beruhigt hatten, fragte ich Laureen, ob mein Vater wohl irgendwo hier im Haus ein Geheimfach gehabt hätte, denn ich wäre auf der Suche nach Vaters Tagebüchern gewesen. Sie nickte und begann schon wieder zu heulen. Sie zeigte auf den „Kleinen Pauly", ein dickes Nachschlagewerk, es verdeckte tatsächlich ein Geheimfach in Vaters Arbeitszimmer. „Die Schlüssel sind oben links, sie haben ein grünes Bändchen, gib sie mir mal rüber."

Laureen wusste sogar die Geheimnummer des Tresors, der sich mit einem leisen Klicken öffnen ließ. Drinnen lag ein oben auf einem Stapel Akten und verschiedenen Tagebüchern, ein hellblaues Fotoalbum, das sie vorsichtig hervorholte und öffnete. „Guck mal, hier sind die allerersten Fotos von meinem kleinen Marwin. Das ist meine Mama in Irland vor ihrem reetgedeckten Häuschen mit der knallrot gestrichenen Haustür. „Bed and breakfast" in Kilkenna, davon lebten wir, bis dein Vater vor drei Jahren zufällig bei uns auftauchte und übernachtete.

Er blieb zwei Wochen, hauptsächlich meinetwegen, denn wir waren sofort schwer verliebt. Und ich war gerade mal 18 Jahre alt geworden, Mann, so jung noch. Stell dir bloß mal vor, dass ich jetzt Witwe geworden wäre, und müsste schwarze Sachen tragen. Laura, ich habe meinen Liebling verloren, ich werde ihn nie mehr sehen und er kommt nie mehr zurück. Buhuhhuh."

„Mein Papa, warum nur warum?" heulte ich ebenso, aber irgendwie ging es nicht mehr so einfach, ich hatte endlich genug geheult und Laureen sollte endlich auch damit aufhören. „Komm, trink noch was, wo ist das denn?" fragte ich und zog das Fotoalbum zu mir herüber.

„Was? Ach so, das ist ein Foto von uns beiden am Meer in Irland. Kurz entschlossen ging ich schon nach einer Woche mit ihm als Gaststudentin nach Köln, ich wusste aber nicht, dass ich damals sofort schwanger geworden war. Er besorgte mir ein Appartement im Studentenwohnheim, ich schrieb mich einfach im Archäologischen Institut ein, und lernte parallel dazu Deutsch, aber das war gar nicht so einfach für mich.

Bei Marwins Geburt war ich kurz wieder zu Hause, aber dann kam ich wieder zurück nach Köln, der Kleine war bei meiner Mutter geblieben, es war damals das Beste, das hatten wir gemeinsam beschlossen. Ein Kind in dieser ungeklärten Situation, das wollte ich ihm nicht antun, das würde nur zu Tratsch und Klatsch führen

Ich war wie vor den Kopf geschlagen, nein Vater war also noch mit fast 60 Jahren Vater geworden, nicht zu fassen. Das würde also im Umkehrschluss bedeuten, dass ich nun einen kleinen Stiefbruder in Irland hätte, und das war nun wirklich ein seltsames Gefühl. In Lauras Handy waren viele Fotos gespeichert, es muss tatsächlich in Irland einen kleinen, dicken, rothaarigen Jungen mit himmelblauen Augen und vielen Sommersprossen geben. „Der ist aber süß, den muss ich unbedingt mal kennen lernen." Und gemeinsam beschlossen wir tränenreich, so bald wie möglich gemeinsam den kleinen Marwin und die Mama in Irland zu besuchen.

„Und wir wollten doch noch einmal ganz von vorne anfangen, endgültig zusammen ziehen, dann sollte ich den Kleinen nach Köln holen und das Studium aufgeben, und wir wollten schon bald eine richtig glückliche kleine Familie werden. Wir waren doch so glücklich gewesen, und plötzlich stirbt er, einfach so, ist das nicht furchtbar? Er müsste nur vorher noch ein paar Kleinigkeiten mit dem Haus regeln, sagte er noch letzte Woche zu mir. Ich kann es einfach nicht glauben, sowas."

Wieder heulten wir los wie die Schoßhunde und trösteten uns mit einer dritten und dann auch noch mit einer vierten Flasche Merlot, aber davon blieb mir gar kein Gedanke übrig.

Als wir am nächsten Morgen aufwachten, wunderten wir uns zuerst über die vielen Rotweinflaschen auf dem Wohnzimmerteppich, und wir fühlten uns dementsprechend. Aber nach einem ausgiebigen Frühstück mit Spiegeleiern waren wir wieder ganz die alten.

„Das Leben muss weitergehen, irgendwie… Außerdem muss diese ganze Heulerei mal ein Ende haben. Zuerst mal gibst du mir die Geheimnummer des Tresors im Institut und die Schlüssel, denn die anderen Akten waren ja sicher auch wichtig für ihn gewesen."

„Aber ich hab ihn gar nicht abgeschlossen, die Tür ist nur angelehnt und der Schlüssel steckt noch. Die Nummer ist: 234A5678. Die darfst du nirgendwo aufschreiben, sondern du musst sie dir sofort merken."

„Die ist doch ganz einfach, vielen Dank. Denk mal Loreen, wie fürstlich dich mein Vater bedacht und dich sogar in seinem Testament fürstlich bedacht, du hast 100.000 Euro und eine Urne mit seiner Asche geerbt. Das Geld liegt auf der Bank, und wenn du mir deine Bankverbindung gibst, kann dir das Notariat sofort den Betrag überweisen. Du brauchst dich nur mit deinem Pass oder Personalausweis auszuweisen, und wenn du willst, können wir sogar sofort hingehen und alles regeln."

„Was? 100.000? Soviel Geld habe ich noch nie auf einem Haufen gesehen, das ist für mich eine unvorstellbar hohe Summe. Aber das bringt mir meinen Liebsten einfach nicht mehr wieder zurück, er war so ein toller Mann. Laura, es kann doch nicht alles einfach so vorbei sein. Ich meine immer, wenn ich hier sitze, würde er gleich hereinkommen und mit mir reden wollen.

Was soll ich jetzt bloß machen, wenn er nicht mehr da ist. Soll ich weiter studieren oder verreisen oder……Mann, ich bin ja so traurig. Nur eins weiß ich ganz gewiss: So alleine kann ich hier nicht weiter leben, ich denke mal, ich werde wieder zu meiner Mutter und dem Kleinen Marwin nach Hause ziehen, dann könnten wir beide in Kilkenna ein kleines Ausflugs-Restaurant eröffnen, genug Startkapital habe ich ja jetzt dafür. Du bist jederzeit herzlich willkommen, wenn du uns irgendwann mal besuchen willst.

Ach, wir hatten doch noch so viel gemeinsam vor, in drei Monaten wollten wir zuerst nach Tahiti fliegen, danach wollten wir nach Peru in die Machu Piccu-Stätten, ich sollte bei Frau Professor Mercia dos Santos hospitieren, und nun ist alles so plötzlich vorbei. Wie konnte er mir das nur antun!" Und wieder heulten wir gemeinsam, das Ganze war aber auch allzu traurig.

Am Nachmittag kam das Bestattungsunternehmen und brachte fünf Urnen, fünf kleine braune einfache Tongefäße mit Deckel, in jedem lag Vaters Asche, nur ein Häufchen gräulicher Knochen war von ihm übriggeblieben. Eine übergab ich sofort Loreen, die sofort wieder zu heulen anfing. „Stell sie weg, ich will sie nicht, die ist mir viel zu gruselig. Mach damit, was du willst, aber ich werde sie nicht mitnehmen, niemals."

Als wir uns wieder etwas beruhigt hatten, sagte Laureen: „Weißt du was, Laura, ich habe mir gerade folgendes überlegt. Ich brauche die Kohle so schnell wie möglich, dann nehme ich mir eine Auszeit von der Uni und fahre zu meiner Mutter und zu meinem kleinen Marwin nach Hause. Ich muss einfach in Ruhe nachdenken, was und wie ich meine Zukunft gestalten werde. Dafür hast du doch sicher Verständnis, oder?"

Ich war überrascht und mir fiel ein Stein vom Herzen, so würde ich sie schnell wieder loswerden können, denn diese ganze Heulerei ging mir inzwischen ziemlich auf die Nerven.

„Klar, Laureen, das verstehe ich gut. Du gibst mir deine Bankverbindung und der Notar überweist sofort das Geld, das ist kein Problem. Schließlich haben wir alle mal in demselben Boot meines Vaters gesessen, er hat uns alle finanziell durchgezogen, oder etwa nicht? Er hat dir doch sicher auch die Wohnung bezahlt, oder etwa nicht?"

Darauf wollte sie einfach nicht antworten, aber ihre wahren Gefühle standen ihr im Gesicht geschrieben, denn sie setzte plötzlich einen ziemlich professionellen Gesichtsausdruck auf und meinte seelenruhig: „Weißt du was, Laura? Ich hätte die Kohle lieber gleich in bar, ich gehe doch sowieso ins Ausland, was nützt mir da Geld auf irgendeinem deutschen Konto? Kannst du vielleicht den Notar anrufen und ihm das sagen? Du würdest mir einen großen Gefallen damit tun. Dann wäre doch auch für dich die Angelegenheit endgültig erledigt und ich verschwinde aus deinem Leben."

Wir hatten Glück, der Notar konnte sofort einen Termin mit der Bank vereinbaren, Loreen bekam am nächsten Morgen einen dicken Umschlag mit dem Geld, quittierte es und verschwand hocherfreut aus meinem Leben. Die Urne wollte sie nicht mitnehmen, die sollte ich ruhig behalten und sie irgendwo in Köln angemessen beerdigen, was sollte sie auch in ihrer neuen Zukunft damit anfangen? Ihre Liebes- und Lebensgeschichte war schließlich mit dem Tod meines Vaters zu Ende gegangen. So, damit wäre der Fall Laureen für mich schon mal abgeschlossen und erledigt.

Oh, mein lieber Papa, wenn du jetzt ehrlich antworten könntest, wäre denn diese Laureen wirklich eine Frau für dein Leben gewesen? Oder war sie für dich nur ein Versuch, deine Jugend festzuhalten oder zurückzuholen? Ihr habt doch gar nicht zusammengepasst, sie ist doch ziemlich oberflächlich, und du warst immer ein Intellektueller mit so vielen Interessen. Vielleicht war sie ein Irrtum oder nur ein sexuelles Spielzeug für dich gewesen? Das weiß ja ich selber schon, dass man seine Jugend nicht für immer festhalten kann. Die hatte es nur auf deine Kohle und dein Renommee abgesehen.

„Worte, Worte, keine Taten, immer Geist und keinen Braten." Ein Spruch von Heinrich Heine, von Papa ganz besonders gern zitiert. Das heißt für mich aber auch: Ab in die nächste Frittenbude, um meinen Bärenhunger zu stillen, und alles andere wird sich später von selber finden.

Nach kurzer Zeit war ich wieder pappsatt zu Hause, aber trotzdem voller Tatendrang. Dies ist jetzt für immer mein eigenes Zuhause mit allem Drum und Dran, damit kann ich jetzt machen, was ich will. Jetzt war ich plötzlich frei, selbstständig und ganz unabhängig geworden, niemand kann mir mehr reinreden, ich kann tun und lassen, was ich will.

Das Telefon hatte ich glücklicherweise ausgeschaltet, auch den Anrufbeantworter, denn ich wollte meine Ruhe genießen, ohne lästige Anrufe von anderen Mit-Studentinnen, die sich irgendwo langweilten, die mich irgendwie vermisst hatten, und die vor allen Dingen unbedingt sofort jemanden zum Quatschen brauchten.

Jetzt war es gerade mal Mitte Mai, also mitten im Semester. Gerade erst vor zwei Jahren war ich nach Münster umgezogen, in eine vier Mädel- WG, und wir verstanden uns eigentlich ziemlich gut. Schade eigentlich, dort endgültig auszuziehen.

Warum sollte ich nicht jetzt sofort ein Freisemester nehmen? Es reizte mich viel zu sehr, sofort los zu reisen, um Papas anderen Frauen und deren Lebenswelten und kennenzulernen. Die Mail mit dem Antrag auf ein Freisemester war schnell geschrieben, nun hieß es nur noch abwarten. Hoffentlich würde die Genehmigung nicht allzu lange auf sich warten lassen.

Und wenn ich das ganze Ethnologie-Studium hinschmeißen würde? Besonders viel Freude machte es mir nicht, genauer gesagt, ich fand es inzwischen ziemlich langweilig und viel zu theoretisch, denn ein heiß begehrtes Reisestipendium bekäme man sowieso erst nach der Promotionsarbeit nach den 20. Semester. Und bis dahin nur dicke Bücher wälzen, Seminar-Arbeiten schreiben und Dia-Vorträge der anderen Studenten hören? Es hing mir jetzt schon zum Hals raus, so eine Zukunft ist doch todlangweilig, oder etwa nicht?

Nein, ich wollte einfach losfahren, Reisen in ferne Welten und fremde Menschen kennenlernen. Was für ein seltsames Gefühl, bald irgendwo in der Welt ein paar fremde Menschen kennenzulernen, vielleicht sogar meine Brüder und Schwestern, aber auch mit deren Müttern zu reden. Das wird bestimmt spannend werden, sie irgendwo da draußen zu finden. Ich musste nur noch die verdammten Tagebücher finden, ich weiß ganz genau, dass sie irgendwo vorhanden sind.

Plötzlich konnte ich es plötzlich kaum noch abwarten, bis meine große Reise um die Welt losgehen würde. Genug Kleingeld war ja Gott sei Dank vorhanden. Und ich hatte schließlich einen wichtigen Auftrag zu erledigen, ein Testament und eine Urne zu überbringen. Reisen, das war immer meine große Liebe gewesen.

Wie schade, dass ich keinen Klausi habe, denn so ein Reisemobilchen ist der optimale Urlaub. Vielleicht werde ich mir später mal einen anschaffen, selber ausbauen und dann eine Reise durch die ganze Welt machen. Aber allein traue ich mich nicht, es muss noch irgendjemand mit, sonst würde ich mich unterwegs zu einsam fühlen.

Aber wer weiß, was die Zukunft noch für mich bringen wird? Ich werde doch bestimmt nicht für immer alleine bleiben, oder? Mein lieber Papa, jetzt würdest du bestimmt über mich schmunzeln, und das hatte mich als Kind immer auf die Palme gebracht. „Du nimmst mich einfach nicht ernst," hatte ich böse gesagt, und deine Antwort war immer gewesen:

„Meine süße Kleine, du wirst bestimmt deinen Märchenprinzen finden, und dann wird dein lieber alter Papa nicht mehr die Nummer 1 in deinem Leben sein, auch wenn du dir das jetzt noch nicht vorstellen kannst. Ich werde schon dafür sorgen, dass er der Richtige für dich sein wird.

Buena Bona notte, bambino mio, alles was man will, das kann man nicht haben….." das war unser Kinderlied, wenn ich mal traurig war. Wieso musste ich ausgerechnet jetzt daran denken? Ach mein lieber Papa, meinst du denn wirklich, dass ich irgendwann mal genauso jemanden wie dich finden werde? Nee, das kann ich mir überhaupt nicht vorstellen, denn so jemanden wie dich hat es nur ein einziges Mal gegeben." Denke ich traurig.

Den Abend verbringe ich mit Papas dicker Wolljacke vor dem Fernsehapparat, und mit der täglichen Rotweinflasche aus Papas Depot, daran könnte ich mich glatt gewöhnen.

Na dann, gute Nacht, Papa, buona notte….bambino mio."

Der nächste Morgen brach mit überwältigendem Vogelgezwitscher und einem grandiosen Sonnenaufgang an. Ich stand barfuß in den inzwischen ziemlich verwilderten Garten und wunderte mich, warum ich ausgerechnet zu Hause immer so früh aufstehen wollte. In Münster konnte ich manchmal bis mittags schlafen, egal, ob es Sommer oder Winter war, aber hier gingen die Uhren anders, das fühlte ich ganz genau.

Heute war Sonntag, der 1. Juni, und mich durchblitzte eine erste Kindheitserinnerung an einen genauso schönen Sonntags-Sommermorgen wie heute, als das Sonnenlicht durch das Küchenfenster und die offenen Türen schien. Es breitete sich in wolkigen Seen auf dem roten Boden des Speisezimmers und glitzerte geheimnisvoll in den Spiegeln der Diele und in der Kristallvase auf dem Tisch.

In der Morgenstille klang ein Kirchenlied von der Kirche herüber, und man hörte die Glocken läuten. Dann durchströmte mich immer ein überwältigendes Sonntags-Gefühl von Frieden und Glück, dass ich am liebsten durchs Zimmer getanzt, gerufen und gesungen und das ganze Haus aufgeweckt hätte. Aber das wagte ich natürlich nie. Das morgendliche Schweigen am Sonntag durfte nicht gebrochen werden, bis meine Eltern aufwachten und ums Frühstück läuteten.

Für mich galt das gemeinsame Frühstück mit meinen Eltern sowieso nicht, denn nur der Gedanke an Essen genügte schon, dass es sofort wieder mit meiner Freude vorbei war, dass ich mich frustriert zur Wand drehte und hoffte, ich könnte sofort wieder einschlafen und damit den Gedanken an mein tägliches Frühstück vergessen, denn ich hasste Grießbrei aus tiefster Seele.

Weil meine Mutter fand, dass man Grießbrei am schnellsten und einfachsten in meinen unwilligen Mund schieben konnte, und dagegen half mein Betteln, Bitten und Würgen nicht das geringste. Um die Prozedur noch einfacher und schneller abzumachen, wurde ich sofort nach dem Aufwachen gefüttert, ja manchmal schon vorher, so dass mein erster Eindruck des Tages oft ein heißer Löffel war, der mir den Mund aufzwängte und klebrigen Brei hineinschob. Mürrisch lag ich daher in meinem Kinderbett und wartete auf das Unvermeidliche und hoffte aus ganzem Herzen, dass sofort irgendein schreckliches Unglück passieren würde, um mir dieses grausame Schicksal zu ersparen.

Jeden Morgen begrüßte mich mein neues Kindermädchen. „Na, mein Sonnenscheinchen", trällerte sie spöttisch, „schlecht gelaunt, sobald sie nur die Augen aufmacht, was bist du doch für ein undankbares Kind. Dankbar solltest du sein, dass du lauter so herrliche Sachen essen darfst – Millionen Kinder würden sich freuen, wenn sie jemals Grießbrei essen dürften. Gott wird dich schon noch einmal dafür strafen." Dafür hasste ich sie von Tag zu Tag mehr. Ihre Reden kannte ich alle auswendig, und ich hörte einfach nicht mehr zu, während der Grießbrei gnadenlos in mich hineingeschoben wurde.

Ach, wenn wir doch nur arm wären, wenn ich doch nur einmal hungern müsste, wie gern würde ich dann trockenes Brot und Kartoffeln essen, und nichts dazu. Wenn ich nur nicht fünfmal am Tag alle diese feinen, leicht verdaulichen Sachen essen müsste, die immer extra für mich gekocht wurden, seitdem ich mit zwei Jahren einmal sehr krank wurde, und seitdem als zart und anfällig galt und darum die Hälfte von dem, was alle anderen Leute aßen, nicht essen durfte.

Und das kam alles nur, weil ich ein einziges Mal heimlich massenhaft unreife Stachelbeeren gegessen hatte. Natürlich bekam ich davon in der Nacht furchtbare Bauchschmerzen. Meine Mutter raste mit mir voller Panik mit einem uralten Taxi in die Stadt ins nächste Krankenhaus. Das Auto rüttelte und knallte, der Motor schnaubte und hustete und knatterte, und wenn das Auto auf den Landstraßen in die Kurven ging, dann presste sie mich noch fester an sich. Ich war so voller Schmerz und Entsetzen wie nie wieder in meinem Leben.

Bis dahin war ich ein friedliches, einfaches Kind mit einem gesunden Appetit gewesen, das stundenlang spielen konnte und niemanden belästigte. Nach dieser Krankheit war alles anders, denn ich verwandelte mich in den darauffolgenden Monaten von einem stillen, freundlichen Kind in einen gereizten Tyrannen. So war nach einem Jahr aus einem glücklichen, rundlichen Watschelkind eine dünne, misstrauische Göre geworden, die sich beim Anblick fremder Leute sofort versteckte, stundenlang im Winkel schmollte, unter Alpträumen litt und sich vor Lärm und Dunkelheit fürchtete. Der Hausarzt dokterte so lange - und erfolglos - mit Diäten, Abführmitteln und Einläufen an mir herum, bis allein schon der Anblick eines weißen Kittels zu Panik- und Schreianfällen reichte.

Außerdem weigerte ich mich standhaft, solche Sachen zu essen, die gesund für mich waren, und bettelte stattdessen dauernd um „Erwachsenenessen", das mir, nach der festen Überzeugung meiner Mutter, auf der Stelle den Garaus gemacht hätte. Ich konnte machen, was ich wollte, ich wurde den verdammten Grießbrei nicht wieder los. Meine Empörung darüber konnte ich nur dadurch ausdrücken, dass ich das ganze Zeug immer wieder von mir gab, was man mir einflößte, und das tat ich denn auch mit Begeisterung und brachte dadurch die ganze Familie in den gleichen Zustand hilfloser Wut, in den sie mich vorher auch gebracht hatten.

Der Kampf ging so lange weiter, bis ich ungefähr ein Jahr später Scharlach bekam. Im ganzen Haus brach jetzt endgültig das Chaos aus. Eine ganze Reihe von verlässlichen, von Verwandten bestens empfohlenen Kinderfrauen hatten wir zu diesem Zeitpunkt schon verbraucht, eine nach der anderen waren sie entweder von selbst gegangen oder aber entlassen worden, weil sie nicht imstande waren, mich zum Grießbrei-Essen zu zwingen.

Und ausgerechnet da erschien plötzlich Marga. Ich sehe sie noch vor mir, wie sie schüchtern hereinkam, und sie war genauso klein und sauber und adrett wie meine Oma, sie hatte rotbraune Locken, freundliche grüne Augen und Sommersprossen auf ihrem rundlichen Gesicht. Sie war gekommen, um sich nach der offenen „Stelle" zu erkundigen, aber Mutter hielt sie für viel zu jung und unerfahren für eine derart schwierige Aufgabe. Mein Papa meinte, sie wäre ein wenig zu drall geraten.

Aber nur weil an diesem Tag aber keine andere Bewerberin erschien, holte Mutter sie herein, damit jeder direkt sehen konnte, wie ungeeignet sie war. Den ganzen Nachmittag saß Marga an meinem Bett, hielt meine Hand und summte vor sich hin. Die Aura von Einfachheit und Frieden, die von ihr ausging, drang sogar durch mein Fieber und gab mir ein fast vergessenes Gefühl von Zufriedenheit.

Als sie am Abend gehen wollte, hielt ich sie am Kleid fest und bettelte, sie sollte doch hier bleiben, und nach einigem Zögern stimmte meine Mutter zu. Und seitdem konnte ich mir ein Leben ohne Marga gar nicht mehr vorstellen. Sie war meine Mutter, meine Schwester, meine beste Freundin, der am meisten geliebte und am meisten gehasste, alltägliche Gegenstand meiner Zuneigung, aber auch der einzige Mensch, an dem ich meinen Zorn auslassen, und den ich hinterher um Verzeihung bitten konnte, ohne dabei Angst haben zu müssen, das Gesicht zu verlieren.

Den ganzen Tag spielte sie mit mir, brachte mir viele Spiele und Lieder bei, und auch einige Balladen, die uns Mutter sofort verbot, und keiner wusste, warum das so war. In ihren Augen war ich jetzt ein verwöhnter Fratz geworden, daher beschloss sie, jetzt andere Saiten aufzuziehen und viele meiner selbständigen Ausflüge in die Welt der Erwachsenen im Keim zu ersticken.

Überhaupt wurde der Ausdruck meines Gesichts einer scharfen Kontrolle unterworfen, und die leiseste Andeutung von Auflehnung hatte sofort eine Bestrafung zur Folge. Wenn ich den Sinn irgendeiner Anordnung bezweifelte oder um eine Erklärung bat, dann war die Reaktion nur ein scharfes „eben darum. Weil ich es eben gesagt habe," sagte Mutter dann plötzlich aufbrausend „Tu, was man dir gesagt hat", „du hast nicht zu fragen, warum", „Kinder haben hier nichts zu sagen," „nicht zurück schnäbeln", das waren ihre Standard-Antworten auf unbequeme Fragen, auf ein freches Achselzucken oder einen aufmüpfigen Gesichtsausdruck.

Also zog ich mich sehr früh in mich selbst zurück. Mein Kopf war der heimliche Garten, wo ich frei war - da konnte ich wild herumlaufen, ohne Mengen von Westen und Pullovern, ungestört von tausend Regeln, da konnte ich schreien und Türen zuschlagen und barfuß durch die Pfützen stapfen.

Schuld war nur meine Mama, und die war ein Kapitel für sich, denn sie konnte mich von Anfang an nie richtig leiden.

Jedem, der es wissen wollte, erzählte sie, wie abschreckend hässlich ich damals bei der Geburt gewesen war. Als man mich ihr zum ersten Mal in den Arm legte, wandte sie sich mit einem Schrei des Abscheus von mir ab; denn sie war überzeugt, dass ich ein Affe wäre. Angeblich war ich von Kopf bis Fuß mit langem, schwarzem Fell bedeckt, hatte riesige schwarze schielende Augen und auch nicht die Spur einer Nase. Aber zu Mutters Erleichterung fiel mir das schwarze Fell rasch aus, meine Augen verloren ihren Silberblick, und schließlich kam auch eine kleine, ziemlich flache Nase dazwischen zum Vorschein.

Ich wusste schon ziemlich früh, dass meine Eltern enttäuscht waren, dass ich ein Mädchen war, denn sie hätten viel lieber einen Sohn gehabt. Aber mein Vater hatte sich bald damit abgefunden und er hatte mir nie Grund gegeben, an seiner Liebe zu mir zu zweifeln, die der einzige wirklich sichere, unverrückbare Felsen meiner Existenz war.

Aber als ich dann fünf war, war ich aus dem mickrigen, hässlichen Ding ein richtig blondes Engelchen geworden, die Leute drehten sich sogar auf der Straße nach mir um, und Porträts von mir zierten bald alle Fotoauslagen der ganzen Stadt. Das Haar hatte ich von meinem Vater geerbt, denn es sagte ja jeder, ich wäre ihm fast wie aus dem Gesicht geschnitten, und das machte mich sehr stolz auf ihn.

Langsam mochte mich meine Mutter schon etwas mehr, aber nur, weil ich so hübsch geworden war und weil ich in der Schule so gut war. Aber genausooft sagte sie mir auch, dass sie mich hasste, und dass ich ein Mühlstein um ihren Hals war. Sie verlor sehr schnell die Geduld, und wenn sie wütend war, dann sagte sie jedem, der ihr gerade über den Weg lief, die bösesten Dinge. Eine Stunde später hatte sie dann alles wieder vergessen, überfiel mich plötzlich mit Küssen und Umarmungen und konnte überhaupt nicht begreifen, warum ich ihre Zärtlichkeiten nicht ebenso heftig erwiderte. Ich sei eben ein kaltes, gefühlloses Kind, sagte sie dann, und sie hätte ja so viel lieber einen Sohn wie ihre Schwester gehabt.

Ich saß oft träumend am Kinderzimmerfenster, mein Kopf war der heimliche Garten, wo ich frei war - da konnte ich wild herumlaufen, ohne Mengen von Westen und Pullovern, ungestört von tausend Regeln, da konnte ich schreien und Türen zuschlagen und barfuß durch Pfützen stapfen. und vor allem, keine verhassten weißen Handschuhe, die man immer tragen muss, sogar zum Spielen im Park! Und keiner da, der mir sagt, was ich alles nicht tun darf. Also zog ich mich sehr früh in mich selbst zurück.

So träumte ich vor mich hin, starrte hinaus auf die Welt da draußen und presste die Nase gegen die Scheiben. In meiner Fantasie sah ich mich in einem grauen, geflickten Kleid, hungrig, zitternd vor Kälte, ein Waisenkind ohne ein Zuhause, einsam und verloren im Regen stehen. Nichts zu essen; keine Schuhe, keinen Wintermantel, aber in meinen Augen brannten Tränen des Mitleids und der Begeisterung.

Meine Mutter dagegen beschäftigte sich mit immer größerer Ausdauer mit ihren und meinen Kleidern, die Besuche bei unserer Schneiderin waren eine feste wöchentliche Einrichtung. Mit acht Jahren hätte ich mich nie vor Gästen gezeigt oder wäre nie spazieren gegangen, ohne das „passende" Kleid anzuziehen. Mindestens zweimal täglich zog ich mich um, und ich wusste ganz genau, welches Höschen, welcher Hut und welche Schuhe zu jedem Kleid passten. Meine Mutter war damals sehr schön und roch herrlich. Aber ich traute mich kaum in ihre Nähe, denn sie zeigte mir ganz klar, dass sie Kinder eigentlich nicht mochte, und ängstlich auf meine schmutzigen kleinen Finger schaute, die ihrem hellen Kleid verdächtig nahe kamen.

Mein Vater schäumte: „Du ruinierst das Kind, du machst eine Modepuppe aus ihr, bald ist sie nicht besser als du selber. Alles, was du im Kopf hast, sind deine dämlichen Kleider, und sonst nichts!" rief er zornig, wenn er schon wieder eine neue Schachtel mit Kleidern zu Haus eintreffen sah.

Mutter antwortete dann oft, ob sie denn vielleicht nicht tun könnte, was sie wollte? Tat er denn selber nicht auch, was er wollte? Ohne jeden Gedanken an die Folgen? Mein Vater hatte ihr gerade eine neue Liebschaft gestanden, daher hing gerade der Haussegen ziemlich schief. Und außerdem, wer zahlte denn eigentlich für diese ganzen Kleider? Gab er sich womöglich der Täuschung hin, dass er es war, der die Familie mit seinem Einkommen erhielt? Verdiente er denn überhaupt genug, um nur für sich selbst zu sorgen? Um es endlich mal zu was zu bringen?

Und was war denn mit den Sachen, die er jetzt gerade trug? Seine Schuhe, seine teuren Mäntel? Mit wessen Geld hatte er das denn bezahlt - mit seinem oder mit ihrem? „Als du mich geheiratet hast, da hattest du einen Anzug und zwei Paar Schuhe - jawohl, zwei Paar schäbige, alte geflickte Schuhe! Du warst schließlich nur ein ärmlicher Assistent mit einer halben Stelle an der Uni." rief sie meistens triumphierend, und mit diesem Argument schien sie jeden Streit irgendwie endgültig abzuschließen.

Mit seinem jämmerlichen Gehalt wären wir alle schon längst verhungert. Nein, das ausgegebene Geld gehörte schließlich ihr ganz allein, ihre Mutter hatte es ihr gegeben, und sie konnte damit tun, was sie wollte. War es denn nicht sowieso großzügig genug von ihr, dass sie mit ihrem ererbten Geld auch noch seine Familie damit erhielt? Und ihn auch, der immer so undankbar war und eine Tussi nach der anderen vernaschte?

Mein Vater sagte darauf meistens nichts mehr. Er stand die ganze Zeit am Fenster und starrte hinaus. Dann drehte er sich plötzlich um, pfiff, lächelte mir zu, wenn ich bei dem Streit dabei gewesen war, ging hinaus in die Diele, nahm seine Winterjacke, kämmte sich sorgfältig, alles ganz langsam und bedächtig, als stünde keine schreiende Frau neben ihm, nur manchmal zischte er gedämpft: in diesem „aber doch nicht vor dem Kind"- Ton - und das war noch ärger. Dann schlug die Haustür und mein Vater ging einfach fort, und wir wussten nie, wann er wieder zurückkam.

Jetzt weint er sich wahrscheinlich am Busen seiner geliebten Familie aus", sagte Mutter dann anschließend in die Luft und ging zum Telefon und erzählte alles haarklein ihrer Mutter. Großmutter fand es richtig, wie sie Vater behandelte, und redete ihr zu, nur fest zu bleiben.

Von ihr hörte ich zum ersten Mal das Wort Scheidung, und mein Kindermädchen Marga erklärte mir, was das bedeutete. Sehnsüchtig wartete ich darauf, dass mein Vater wieder nach Hause kam. Wie gern hätte ich es, wenn er für immer weggehen und mich dann irgendwohin mitnehmen würde. Aber dann kam Marga und wandte ein, dass ich bei einer Scheidung bei Mutter bleiben müsste, denn ich wäre ja ein Mädchen. Jungen durften bei ihrem Vater bleiben, Mädchen mussten zur Mutter gehen, was für ein schrecklicher Gedanke.

Langsam begann ich meine Mutter und ihre ganze Familie zu hassen, und ich liebte meinen Vater und seine ganze Verwandtschaft umso mehr. Ich war furchtbar stolz darauf, dass ich meinem Vater wie aus dem Gesicht geschnitten war, dass ich seine Augen hatte, seine dunkle Haut, seine Locken und vor allem seinen Namen, den mir Mutter immer wie einen Fluch entgegen spuckte, wenn sie zornig war. Wenn ich erwachsen war, dann wollte ich genauso sein wie er; so wie Mutter auf gar keinen Fall.

Geduldig wartete ich immer, bis mein Vater endlich nach Hause kam. Sobald ich seine Schritte draußen auf der Treppe hörte, denn er hatte es immer eilig und nahm immer zwei Stufen auf einmal, da stürzte ich in die Diele und öffnete ihm die Tür, und dann gab es einen Freudenschrei, wenn er mich hochhob und hoch in die Luft warf, und meine ganzen aufgestauten Gefühle machten sich Luft in meinem Schrei, halb Angst, halb Jubel, denn ich war sicher, dass er mich rechtzeitig immer wieder auffangen würde. Dann kam Mutter mit zusammengekniffenen Lippen und trennte uns, denn er rege mich zu sehr auf, ich würde noch ganz krank davon werden.

Aber sie konnte nichts dagegen tun, dass er mich zu seinem Mittagsschlaf ins Schlafzimmer mitnahm. Da lagen wir auf dem Sofa und hatten unsere Märchenstunde. Vater erfand Internate, wo er der Direktor war und ich eine vornehme

Dame auf Besuch. Die Geschichten, die er über seine Zöglinge erzählte, brachten mich manchmal zum Weinen, manchmal aber bekam ich auch einen solchen Lachanfall, dass mir tatsächlich am Ende ganz übel wurde.

Wenn wir in einer beschaulicheren Stimmung waren, studierten wir das Tapetenmuster und entdeckten hinter der einfachen Symmetrie seltsame Landschaften und phantastische Kreaturen. Ich erzählte ihm meine eigenen eingebildeten Abenteuer mit meinen treuen Gefährten, lauter Mädchen in Ballettkostümen in den wilden Bergen von Nepal.

Und wenn ich mal krank war, saß man Papa bei mir am Bett, hielt meine Hand und tröstete mich, und obwohl er gar nicht richtig singen konnte, sang er leise ein Schlaflied, von dem ich immer dachte, dass er es nur für mich erfunden hatte:

„Buona notte, bambini mini,

alles was man will, das kann man nicht haben.

Buona buona notte, meine süße Laura,

ich werde dich immer im Herzen tragen.

Wir waren ein Herz und eine Seele, wir verstanden uns oft sogar ohne Worte, und dieses Band zwischen uns wurde mit der Zeit immer stärker und schloss Mutter dabei fast völlig aus. Sie reagierte darauf ziemlich schnippisch und strafte uns mit ihrer Mißlaunigkeit.

Mein Papa gewann sehr leicht die Herzen aller Kinder, und er freute sich sehr, als ich endlich alt genug war, um in den Kindergarten zu gehen.

Am Anfang war ich zu Tode erschrocken darüber, dass ich im Kindergarten nicht mehr allein war, da waren noch viele andere Kinder, und in der ersten Woche musste Marga noch bei mir bleiben. Sie begleitete mich auf unseren Spaziergängen in den Wald und ich hing an ihrer Hand, allein nur um zu zeigen, dass ich tatsächlich zu ihr gehörte und nicht zu diesen vielen fremden Kindern.

Aber langsam wurde ich in die Spiele und in die vielen Aktivitäten, die unseren Tag ausfüllten, mit hineingezogen. Wir zeichneten viel, schnitten Bilder aus und klebten sie auf Papier, formten Skulpturen aus Plastilin, passten dabei aber immer auf, dass wir unsere Kittel nicht schmutzig machten, oder wir saßen in kleinen Korbstühlen und hörten uns Geschichten an. Manchmal lernten wir auch Tänze und Lieder, um sie dann bei besonderen Anlässen aufzuführen.

Ich bildete mir viel darauf ein, dass ich jedes neue Lied nach nur einmal Hören nachsingen konnte, und die Erzieherin bat mich immer, ihr dabei zu helfen, dass die anderen das Lied schnell lernten. Auch lesen konnte ich schon, während die anderen erst mühsam die Buchstaben lernten. Ich hatte ich mich kaum eingewöhnt, da packte mich schon der Ehrgeiz nach einer Sonderstellung. Ich war überzeugt davon, etwas Einmaliges zu sein, besser als die anderen, und machte mich nun daran, dieses auch den anderen Kindern klarzumachen.

Ich ging gerne in den Kindergarten und ich brauchte nicht lang, um herauszufinden, dass ein ordentlicher Fausthieb und ein fester Zug an den Haaren mehr Überzeugungskraft besaßen als Schmollen und Weinen. Nur damit verschaffte man sich Respekt und Gehorsam. An dem Tag, als ich zur Strafe nach Haus geschickt wurde, weil ich Karols Kittel zerrissen und ihm die Vorderzähne ausgeschlagen hatte, schaute Mutter schockiert drein, mein Vater aber konnte seine Freude kaum verbergen. „Wir werden noch einen richtigen Jungen aus ihr machen", rief er begeistert; und dann wandte er sich wieder an mich und hielt mir eine strenge Rede darüber, was wohlerzogene kleine Mädchen alles nicht tun dürften - aber das fiel ihm offensichtlich selber schwer.

Stolz führte ich ihm jeden Tag vor, was ich alles im Kindergarten gelernt hatte, und obwohl sowohl Vater wie auch Mutter meine Erfolge bewunderten, hatte ich doch oft das Gefühl, dass Mutter nur ungeduldig zuhörte und oft auch nur so tat. Es war klar, in ihren Augen war ich nicht so wichtig, und meine Erfolge waren eigentlich ganz lächerlich. Dafür konnte ich nichts, aber ich war eben ein Kind, und das konnte man doch nicht ernst nehmen. Vater nahm dagegen alles sehr ernst, manchmal vielleicht sogar zu ernst.

Noch im Kindergartenalter erlebte ich die größte Demütigung meines Lebens. Noch jetzt schießt mir das Blut ins Gesicht, wenn ich nur daran denke. Ich tanzte leidenschaftlich gern, und so schlecht kann ich nicht gewesen sein, denn ich bekam immer eine der Hauptrollen. Jedenfalls übte ich pausenlos und mit Begeisterung, tanzte zu Radiomusik oder zu meinem eigenen endlosen Gesang durch die ganze Wohnung.

Für die Schlussfeier bekam ich die Rolle eines sterbenden Schmetterlings. Wochen vorher trippelte ich also nur mehr auf Zehenspitzen rund um die Teppiche, flatterte mit den Armen und glitt unvermittelt zu Boden, was schließlich allen auf die Nerven ging. Vater, wie immer bemüht, das

Beste aus mir zu machen, gab mir regelrechten Unterricht, so dass die Lehrerin bald begeistert erklärte, ich tanze jetzt wie ein plätschernder Wasserfall, was zwar nicht unbedingt zu einem sterbenden Schmetterling passte, aber jedenfalls viel graziöser war als meine früheren Anstrengungen.

Ein paar Tage später war ich mit meiner Mutter bei ihren Eltern zum Abendessen und fragte, ob ich ihnen nicht etwas vortanzen sollte. Darauf versammelte sich die ganze Familie im Wohnzimmer, während ich mich mit halb geschlossenen Augen um und um drehte, meine Arme von den Schultern bis zu den Fingerspitzen graziös kräuselte und eine, wie ich dachte, ergreifende Darstellung vom Leben eines Schmetterlings bot, wie er in der Sonne schwebt und bei Sonnenuntergang stirbt, in einer graziösen Verwicklung von Beinchen und Flügeln.

Ich tanzte und sang, als mir plötzlich vom Publikum her merkwürdige Geräusche ans Ohr drangen. Zuerst war ich noch zu sehr in meine Darbietung vertieft, um mich darum zu kümmern, aber als das Lied zu Ende war und ich zusammengesunken am Boden lag, war kein Zweifel mehr möglich. Ungläubig öffnete ich die Augen. Überall im Zimmer wand sich die Familie, war hilflos vor Lachen und hielten sich die Bäuche. Sie wischten sich die Augen und fielen sich schluchzend in die Arme. In der Tür stand Marga, die Haushälterin, und krähte wie ein Hahn, warf sich plötzlich die Schürze über den Kopf und stürzte danach wie eine Blinde Kuh in die Küche.

Sobald sie bemerkten, dass ich jetzt zu Ende gestorben war, klatschten sie alle wie verrückt und riefen nach einer Zugabe. Ich konnte das nicht verstehen. „Aber das ist doch gar nicht lustig, ich sterbe doch dabei," rief ich empört mit unsicherer und von unterdrückten Tränen. Aber darauf lachten sie nur noch mehr, und einer von den Onkeln schlug vor, mich gleich aufzuspießen und seiner Schmetterlingssammlung einzuverleiben. Ich schämte mich ganz schrecklich, blieb still auf dem Boden sitzen und brach endlich in Tränen aus.

Ich weigerte mich, auf meine Mutter zu hören, die mir jetzt vorwarf, unhöflich und undankbar zu sein. Den ganzen Nachmittag hatte ich ihnen verdorben, außerdem hätte ich überhaupt kein Benehmen. Sie hatten jedes Recht dazu, über mich zu lachen, denn ich war ein lächerliches, eingebildetes Kind. Mein Großvater kam mir zu Hilfe und trug mich aus dem Zimmer hinaus, aber es dauerte lang, bis ich endlich zu weinen aufhörte, und den Rest des Tages verbrachte ich mit Schmollen.

Wieder zu Haus, brachte ich es nicht über mich, meinem Vater zu erzählen, was passiert war. Wäre er nur dabei gewesen, niemand hätte zu lachen gewagt, da war ich ganz sicher. Schließlich hatte ich so getanzt, wie er es mir gezeigt hatte, er war also in gewisser Weise mit mir gedemütigt worden. Mutter erklärte, ich hätte überhaupt kein Gefühl für das, was sich gehörte, und außerdem, und das war noch ärger, ich hätte nicht den geringsten Sinn für Humor.

Monatelang neckte mich die Familie, ich sollte doch noch einmal den sterbenden Schmetterling tanzen. Es ist wohl klar, dass mich von denen keiner jemals wieder tanzen sah. Wenn ich unbedingt mal tanzen wollte, dann sperrte ich die Kinderzimmertür von innen ab, bis Marga mich einmal dabei erwischte, misstrauisch wurde und meine Eltern informierte. Daraufhin wurde der Schlüssel zur Tür entfernt, nun gab es für mich keinen Schutzraum mehr und darum gab ich das Tanzen für immer auf.

Damals wurde mein Papa endlich Professor, meine Mutter war erleichtert, denn sie hatte eigentlich schon die Hoffnung aufgegeben, denn mein Vater war ihr einfach nicht ehrgeizig genug. Aber nun war er rund um die Uhr mit seinen Studenten, Exkursionen, Reisen und archäologischen Ausgrabungen beschäftigt.

Also fuhren wir meistens ohne meinen Papa jedes Jahr in die Sommerferien, meistens ins Ausland in einen eleganten Badeort. Ich erwartete diese jährliche Unruhe mit gemischten Gefühlen. Die Vorbereitungen - Koffer packen bis spät in die Nacht hinein, neue Kleider - genoss ich, aber die Eisenbahnfahrt hasste ich umso mehr.

Schon Stunden vor der Abfahrt wurde mir übel, und dabei blieb es während der ganzen Reise. Meinem Kindermädchen Marga ging es nicht viel besser, und Mutter labte uns, jammernd und seufzend, mit Zitronensaft und schwarzem Kaffee, was uns beiden nicht das geringste half.

Sobald wir aber einmal da waren, war ich überglücklich. Endlich brauchte ich nicht mehr so viel anzuziehen und konnte den ganzen Tag am Strand sein. Im ersten Sommer weigerte ich mich noch, ins Meer zu gehen, denn der Lärm und die Wucht der Wellen machten mir große Angst. Als Mutter mich einmal mit ins Wasser nehmen wollte, schrie ich derart verzweifelt auf, dass irgendein gutherziger Tourist zu uns herüber watete und meiner Mutter Vorwürfe machte, weil sie ihre kleine Schwester so grausam bestrafe, worauf meine Mutter schnippisch zur

Antwort gab, sie dürfe mit ihrem eigenen Kind doch wohl tun, was sie für richtig halte, und der Fremde sich verlegen wieder zu seinem Sandhaufen zurückzog.

Wenn aber mein lieber Papa auf einem seiner kurzen Besuche erschien, dann ließ ich mich von ihm natürlich mit ins Meer nehmen. Er bemühte sich auch, mir das Schwimmen beizubringen, aber Mutter, die auch nicht schwimmen konnte und auch vor dem Wasser Angst hatte, erlaubte es ihm nicht. Sie war überzeugt, dass ich ertrinken oder zumindest mich erkälten würde, und Vater, der sowieso fürchtete, dass ich bei den Schwimmversuchen unter der Obhut meiner Mutter tatsächlich ertrinken würde, gab nach.

Aber trotzdem versuchte ich es an jedem Urlaubsbeginn, ob ich nicht doch schon automatisch schwimmen konnte, und einmal wäre ich auch wirklich um ein Haar dabei ertrunken. Bei unserem zweiten Sommer am Meer war meine panische Angst vor dem Wasser einer kopflosen Draufgängerei gewichen. Ich war mit Mutter etwas tiefer hineingegangen, aber als mir das Wasser bis zum Kinn ging, beschloss ich, zum Strand zurückzukehren. Mutters Begleitung dankend ablehnend, machte ich mich langsam auf den Rückweg, warf mich gegen die Wellen, die Augen fest auf einen roten Ball auf den Badetüchern am Strand geheftet.

Schon fast am Strand, fiel ich plötzlich kopfüber in ein Schlammloch. Es gab einen kurzen Kampf mit Schlamm und Wasser, während riesige Glocken in meinen Ohren läuteten und meinen ganzen Körper mit ihrem Dröhnen füllten. Ich wusste, dass ich nicht meinen Mund zum Schreien aufmachen durfte, aber nach ein paar Momenten konnte ich mir nicht mehr helfen, ich wollte tief Luft holen zu einem großen Schrei, da schlug mich von innen etwas hart auf die Brust schlug, und mit einem entsetzlichen Krach explodierten die riesigen Glocken.

Als ich wieder zu mir kam, umstand mich eine große Menge von halbnackten Menschen, die alle bei meinem ersten Gegurgel vor Erleichterung aufseufzten. Ich lag mit dem Gesicht im Sand, irgendjemand bewegte meine Arme auf und nieder und massierte mir den Rücken. Ich hustete und gurgelte und versuchte, mich aufzusetzen, und sofort fielen Mutter und Marga über mich her und weinten und küssten und umarmten, schlugen und beschimpften mich gleichzeitig.

Es stellte sich nämlich hinterher heraus, dass Mutter sich gerade in dem Augenblick, als ich verschwand, umgedreht hatte, mich weder im Wasser noch auf dem Strand sah. Besorgt ging Mutter darauf zurück und schon im Seichten sah sie ein Paar heftig strampelnder Beine. Die packte sie und zog daran. Trotz der Schlammschicht über meinem Gesicht erkannte sie mich und schrie sofort um Hilfe.

Die Tage vergingen. Ich spielte viel im Sand, sammelte Muscheln und spielte mit den blonden, weißhäutigen, hier lebenden Kindern, deren Sprache ich nicht verstand. Langsam entwickelte ich eine brennende Sehnsucht danach, ebenso blond und blauäugig zu sein wie sie.

Auf der Rückreise von unserem ersten Sommer in Deutschland schauten wir aus dem Zug und sahen ein kleines Mädchen mit seinen Eltern auf den Bahnsteig kommen; es hatte langes, blass goldenes Haar, ein weißes

Kleid, eine rosige und weiße Porzellanhaut und sah ganz unglaublich sauber und adrett aus.

„Schau dir mal das Kind dort an!" sagte Mutter zu Marga. „Warum kann denn unseres nie so schön weiß und irgendwie sauber aussehen?" Darauf schauten sie beide mich an, und ich ließ schuldbewusst den Kopf hängen. Was hätte ich nicht alles gegeben für so schönes blondes Haar, blaue Augen und weiße Haut!

Am schlimmsten waren immer die Besuche bei unserem Friseur, die jedes Mal zu einer wahren Familienkrise führten. Bei jedem Haarschneiden heulte ich stundenlang vorher und nachher, und solange ich auf dem Stuhl saß, schrie ich, dass die Wände wackelten. Weder gute Worte noch Appelle an meinen Stolz oder meine Eitelkeit brachten mich dazu, dass ich mich dem Klappern der Schere schweigend unterwarf.

Mein Geheul trieb allen derart die Haare zu Berge, dass sich der Friseur schließlich weigerte, mir die Haare zu schneiden, und so wurden meine wilden Locken immer länger, und meine Mutter hatte das Gebrüll beim Waschen und Kämmen schon bald satt. Nein, ich musste es irgendwie selber schaffen. Mit Hingabe pflegte ich seitdem meine widerborstigen Haare, und ich schaffte es manchmal sogar, richtige Korkenzieherlocken zu drehen.

Das ging so lange gut, bis sie in einem Urlaub in Ohrid in Jugoslawien völlig verfilzt waren, ich war verzweifelt, denn ich wollte keine filzige Rasta-Haare wie die Negerkinder, und da wusste mein Papa auch keinen Rat mehr. Aber ich hatte eine gute Idee, ich marschierte kurz entschlossen in einen Barbierladen und ich ließ mir dort einen Jungen-

Haarschnitt machen. Mein lieber Papa kriegte fast einen Herzinfarkt über meine raspelkurze Frisur, denn ich hatte ihn völlig ahnungslos am Strand zurückgelassen, und ihm nur gesagt, dass ich mir eben kurz eine Gummilimo kaufen wollte. Und seitdem trug ich immer kurze Haare, die waren so praktisch und ich brauchte gar kein langes Theater damit zu machen.

Oh, mein Tee ist ja ganz kalt geworden, Schluss jetzt mit den Erinnerungen aus der Kinderzeit. Was lag denn heute an, was hatte ich mir denn vorgenommen? Ach ja, auf dem Kaminsims standen die sechs Keramik-Urnen und sahen mich mahnend an. Die hatte ich so gut wie vergessen, aber nun musste ich irgendetwas damit tun, das hatte ich doch meinem Papa versprochen.

Eine davon wird jetzt hier sofort in seinem Garten begraben, dort an den Tee-Rosenbüschen, denn die liebte er doch ganz besonders. Das war schnell getan, die erste Urne ruht nun in der dunklen Erde, so kann man Vaters Anwesenheit immer hier im Haus und Garten spüren.

„Ach mein lieber Papa, warum bist du einfach so sang- und klanglos abgehauen? Warum hast du mich nur so allein lassen können? Ich wollte dich doch noch so viel fragen. Was machst du da oben auf Wolke 7? Denkst du auch an mich? Schluss jetzt mit den traurigen Gedanken. Wo soll ich bloß die nächste Asche verstreuen? Am besten irgendwo in Köln, an den Orten, wo er immer besonders gerne gewesen war. Aber hatte das nicht noch bis morgen Zeit, denn gerade war die Nachmittagssonne in den Garten gekommen.

Auf meinem Kinder-Schreibtisch lag in der untersten Schublade mein allererstes Kinderalbum, quietscherosa mit einem silbern glitzernden Einhorn obendrauf. Drinnen hatte ich die ersten gesammelten Fotos meines Papas. Mann, war der süß als Kind. Und hier als Jugendlicher, ziemlich langhaarig und schlaksig, mit riesengroßen Füßen und Händen, aber so jung und schön. Das Hochzeitsfoto hatte ich herausgerissen. Und dann als junger Professor lachte er so verschmitzt, kein Wunder, dass er ein Schwarm aller Studentinnen geworden war. Ja, der war ein toller Mann gewesen, und jetzt ist er tot. Warum nur, warum?

Es ist zum Heulen.

Den Nachmittag verbrachte ich gemütlich im Garten, denn ich kam endlich mal wieder dazu, ein Buch zu lesen. Also nichts wie raus mit einem bequemen Liegestuhl auf den Rasen, aus meinen unerschöpflichen Rotwein-Vorräten einen Krug mit eiskalter Rotwein-Schorle mit Orangenstücken hergestellt, ein Tischchen mit Glas so arrangiert, so dass ich alles im Liegen griffbereit habe. Einfach herrlich, so ein lauschiger Garten, den Kopf im Schatten, den bleichen Bikinikörper voll in der Sonne, dazu ein kaltes Getränk und ein interessantes Buch, what more can one want?

Ich wurde erst wieder wach, als etwas eiskaltes auf meinen nackten Bauch klatschte. Ich war mit Oryx und Crakes Erlebnissen beim dritten Glas eingeschlafen. Das Glas war mir mit dem Rest Schorle auf den Bauch gefallen, zum Glück war es nicht zerbrochen. Nach dem Stand der Sonne musste ich mindestens zwei Stunden mit dem Glas in der Hand geschlafen haben, bevor ich es mir auf den Bauch gekippt hatte.

Aber nun merkte ich es: Ich hatte fürchterlichen Hunger, und der sollte nicht warten. Wo war mein Smartphone? Ah ja, die Nummer vom Chinamann ist fest gespeichert, Bami Goreng und vier Hühnerbeine, zwei eiskalte Kölschflaschen, das war mein Lieblingsgericht, alles für 14 Euro.

Und ich hatte mir kaum etwas überzogen, da klingelte er auch schon an der Haustür, der Bote musste wohl mit seinem Mofa geflogen sein. Diesmal kam ein zierlich-kleines Mädchen mit einer Riesen-Styropor-Kiste, ich bekam ein Extra-Geschenk dazu, eine kleine Pralinen-schachtel, weil ich dort schon zehnmal bestellt hatte, und wohl schon als Stammkunde galt. Na, mir soll es recht sein.

Die Sonne war gerade untergegangen, als ich mein üppiges Mahl verzehrt hatte. Nun war es doch irgendwie zu kalt geworden, um noch draußen zu sitzen. Die Möbel konnten ruhig draußen bleiben, morgen würde es bestimmt wieder genauso schön werden.

Bis in die tiefe Nacht zappte ich durch die Fernseh-Programme, es war nichts Gescheites dabei, nur bei Phönix lief irgendeine Dokumentation über Hawaii, seine Vulkane und das herrliche Meer. Und das Meeresrauschen ließ mich ruhig einschlafen, und die Hula-Gesänge störten mich überhaupt nicht.

Erst, als das morgendliche Vogelgezwitscher einsetzte, rührte ich mich wieder vom Sofa weg, ich sollte doch lieber noch ein Stündchen in meinem Bett verbringen, denn ich war noch sooooo müde.

Um neun Uhr weckte mich der Briefträger, es war schließlich Montag morgens, und er brachte mir fünf bestellte Taschenbücher von Margret Atwood, auf die ich schon mindestens eine ganze Woche gewartet hatte. Büchersendungen dauern eben immer extralange, darum war der Versand ja auch so preiswert, war seine lakonische Antwort.

Die Zeitung war auch schon da, und ein paar Brötchen könnte ich aufbacken, also nichts wie in die Küche. Ich trug immer noch Papas Bademantel, den ich mir vorhin beim Postboten einfach umgeworfen hatte, der war zwar viel zu groß, aber er roch so gut nach meinem Papp.

Das Radio plärrt andauernd Staunachrichten und Schlagergedusel. Ich muss unbedingt die griechischen Kassetten mit der Musik suchen.

Ich schaute auf meinen elektronischen Kalender, denn in der Zeitung stand hauptsächlich nur Sport drin, und der war mir ziemlich schnurzegal. Na, was lag heute an? Asche. Asche? Ach so, das hieß: „Wo soll ich die nächste Asche verstreuen?" Am besten irgendwo in Köln, an den Orten, wo wir immer besonders gerne gewesen waren. Spontan fiel mir die „Alte Liebe" ein, ein Restaurantschiff im Rhein bei Rodenkirchen. Dort führte er mich immer im Frühjahr hin, wenn es Zeugnisse gegeben hatte. Für jede 1 gab es ein Stück Kuchen oder ein Eis, und für ihn gab es jeweils ein Kölsch und einen Kabänes.

In der 6. Klasse war es besonders schlimm, da hatte ich sieben Einser, und das muss man doch feiern oder etwa nicht? Hinterher war uns furchtbar übel, also haben wir uns ein Taxi nach Hause genommen. Natürlich wurden wir von unserer Mutter bei der Ankunft erwischt, schon wieder mal ein Grund, ein Riesen-Theater anzufangen, denn sie war ja vollkommen und verständnislos gewesen. In den nächsten Monaten konnte ich dann weder Eis noch Sahnetorten sehen oder auch nur dran denken, ohne dass mir auf der Stelle übel wurde.

Ja, die Alte Liebe war ein würdiger Ort für seine Asche, und das Ereignis würde ich festlich begehen. Also zog ich meine beste Bluse an, und die Urne wurde im Rucksack verstaut. Dann marschierte ich los, besonders weit war es ja nicht bis runter zum Rhein. Unterwegs begegneten mir die merkwürdigsten Menschen, ein griesgrämiger Alter mit einem noch viel griesgrämigeren Dackel an der Leine schlichen raumausgreifend mit bizarren O-Beinen vor mir her und ließen mich nicht überholen.

Besonders schlimm wurde es, als ein älteres Pärchen mit zwei geschorenen, ziemlich alten Pudeln mir entgegen kamen, sie hatten ihre Hunde nicht angeleint, also rasten sie plötzlich auf den Dackel zu und nahmen ihn in die Zange. „Nehmen Sie ihre Köter da weg, mein Hund ist sehr sensibel, der verträgt das nicht, die sollen aufhören, und nun wollen die ihn auch noch rammeln, die machen ihn ja völlig platt. So eine Unverschämtheit. Also tun Sie Ihre Viecher weg, die gehören an die Leine, sonst können Sie was erleben!"

„Mein Gott, die wollen doch nur spielen, unsere Hunde sind sehr gut erzogen, die hören aufs Wort. Schnackl, Gustl, kommt bei die Mami. Hört ihr denn nicht? Schnackl, Gustl, kommt bei die Mami, sag ich dir."

„Lasst doch diese Knackwurst auf vier Beinen in Ruhe, das ist doch kein würdiger Umgang für euch." Sagt der Mann im labberigen Jogginganzug einen Ton lauter als seine Frau, aber die beiden Pudel hören natürlich nicht auf ihre Herrchen, sondern wollen mit diesem grämlichen Tier auf ihre Art weiterspielen.

„Wie bitte? Knackwurst auf vier Beinen, sorgen Sie sofort dafür, dass diese Tiere an die Leine kommen, sonst passiert gleich etwas. Ich habe ein Handy dabei, ich rufe sofort die Polizei," Knurrte der Alte, und ich stand mitten in diesem Tohuwabohu und kam nicht an ihnen vorbei.

„Schnackl, Gustl, kommt bei die Mami, sag ich, sofort." Schrien jetzt alle beide auf ihr Pudel ein, die davon vollkommen unbeeindruckt waren. Einer sprang dem Tier ins Kreuz, der andere packte ihn im Nacken und schüttelte ihn, spielerisch natürlich, aber da wurde es dem Alten Zuviel.

„Ihr Mistviecher, na wartet," schrie er mit gellender Stimme, sprang mit einem Satz ins Unterholz und zerrte einen armdicken Ast hervor. Damit bewaffnet ging er auf die Tiere los, die anfangs total unbeeindruckt waren, aber plötzlich dann doch unter seinen gezielten Knüppelschlägen aufquietschten, den Dackel einfach fallenließen und das Weite suchten.

„Schnacksl, Gustl, kommt bei die Mami, sag ich, sofort!" schrie die Frau immer aufgeregter, aber ihre Tiere waren im Wald verschwunden. „Das ist Körperverletzung, ich zeige Sie an," schrie der Mann, „Hallo Sie, Sie sind Zeuge. Ich werde mir jetzt Ihren Namen und Ihre Adresse notieren, dann gehe ich vor Gericht, jawohl."

„Nein, ich will damit nichts zu tun haben," sagte ich und verschwand mit schnellen Schritten auf dem Waldweg runter zum Rhein. „Mann Papa, das da eben wäre doch echt nach deinem Geschmack gewesen, oder?" lachte ich in mich hinein, als ich endlich das Rheinufer vor mir sah.

Da lag die Alte Liebe direkt vor mir, aber es war niemand zu sehen. Sie war leider nicht geöffnet, vorn hing ein Schild: „Wegen Renovierung geschlossen." So ein Pech aber auch, und was sollte ich nun mit der Asche machen?

„Mama, ich will aber jetzt sofort ein Eis haben," brüllte ein vierjähriger Knabe mit voller Lautstärke, dabei hatte er sich auf den Boden geworfen. „Liebling, komm weiter, hier gibt es heute kein Eis, es ist nicht mehr weit, am Treppchen gibt es Eis." „Ich will aber sofort ein Eis und sonst schreie so lange, bis du mir eins besorgst. Hier gab es immer Eis, und hier gibt es auch Eis, du willst mir bloß keins geben. Eis….Eis…"

„Der Knabe ist ja total von der Rolle. Kann man dem nicht eine klatschen, damit er endlich mal die Klappe hält? Na ja, die Mütter heutzutage mit ihrer neumodischen Erziehung wissen sowieso alles besser." sagte seelenruhig ein vorbeigehendes steingrau gekleidetes Rentnerehepaar und ging diskutierend weiter.

Und ich stand immer noch total blöd da, ich wollte doch nur die Urne im Rhein versenken, von der Alten Liebe aus, das musste doch irgendwie möglich sein. Die Kette da vorn würde mich nicht aufhalten. Ich stand schon halb auf dem Steg, als mich eine barsche Stimme anrief: „He, Sie, was machen Sie denn da? Es ist verboten, Sie dürfen hier nicht so einfach auf der Baustelle rumklettern, das Schiff wird innen gerade renoviert." Nun war ich erwischt worden, ich konnte dem doch nicht sagen, dass ich die Asche meines Vaters im Rhein verstreuen wollte.

Schuldbewusst kletterte ich wieder zurück, was sollte ich jetzt nur machen? Die Asche muss jetzt einfach irgendwie in den Rhein rein, wo sollte ich sie denn sonst verstreuen? Sollte ich etwa einfach eine Schiffstour machen und sie dann heimlich über Bord kippen? Lieber nicht, dann würde es bestimmt noch mehr Zeugen geben, die nur dumme Fragen stellen würden.

Da war doch noch mein Lieblingsplatz am Uferstrand, aber ausgerechnet der war besetzt. Dort saß eine ältere Frau auf einem Klappstühlchen und blickte unendlich traurig ins vorbeifließende Wasser. Was mochte wohl die ganze Zeit in ihrem Kopf vorgehen? Ob sie wohl vor lauter Kummer ins Wasser gehen wollte? Den Gedanken konnte ich nicht mehr aushalten, darum sprach ich sie einfach an. Sie war erstaunt und überrascht, aber irgendwie schien sie auch froh über einen Gesprächspartner zu sein.

Sie stellte sich mit Annette vor, sie war eine 63-jährige ehemalige Altenpflegerin aus Rondorf. Ich spürte sofort, dass sie etwas bedrückte, und ich wollte ihr sehr gern helfen, über ihren tiefen Kummer hinwegzukommen.

Ihre rötlichen Haare leuchteten ein wenig in der Sonne; es war dieses Rot mit einem Stich ins rötliche, das beim Färben grauer oder weißer Haare entsteht. Früher hatte sie sich jedes Jahr auf den Sommer gefreut, denn sie mochte immer die Sommerfarben, doch heute hatte sie keinen Blick für die Schönheit des Flusses, denn sie hatte schlimmen Liebeskummer.

Ich erzählte ihr mein Vorhaben, die Urne mit Papas Asche im Rhein zu verstreuen, aber sie war so von ihrem eigenen

Kummer eingenommen, dass sie mein Problem wahrscheinlich gar nicht richtig wahrgenommen hat.

Es war ihre erste Begegnung mit einem Mann gewesen, den sie über die Internet-Community 50plus-Treff kennengelernt hatte. „Sieh mal, das ist er, mein „Steppenreiter", sagte sie traurig und zückte ihre pinkfarbene Kamera, auf dem großen Display sah mich ein gut aussehender Mann mit grauem Topf-Haarschnitt und einem blau-rot karierten Holzfällerhemd an, in dem Annette bei ihrer ersten Begegnung ihren Kopf versteckte und dessen Geruch sie immer noch in der Nase hat.

Dann erzählte sie mir freimütig, dass sie nicht mehr aufhören konnte, an diesen einen Tag im Mai zu denken, als sie ihn zum ersten Mal an der Haltestelle der Regionalbahn getroffen hatte. Als sie ihn zum ersten Mal die Rolltreppe heraufkommen sah, erzählt sie, „traf es mich wie ein Schlag", wir gingen ins nächstbeste Café, sie nahm seine Hand, und sagte: „Spürst du, wie ich zittere?" Er antwortete, dass es ihm genauso gehen würde, es wäre Wahnsinn, was da gerade mit ihnen passieren würde.

Aber die Wirkung dieses magischen Moments hielt nur zwei Begegnungen lang, denn als Annette bei ihrem letzten Treffen erwähnte, dass sie bald wieder nach Hause fahren müsse, weil sie für ihre beiden Enkelsöhne vorübergehend die Pflegschaft übernommen hatte, erkaltete sein Interesse deutlich. Beim letzten Telefonat sagte er: „Mach dir keine Sorgen", und dann hörte sie nichts mehr von ihm.

Seitdem kreisten ihre Gedanken stundenlang nur noch darum, ihn irgendwann wiederzusehen, Abend für Abend wartete sie auf seinen Anruf, aber sie hörte nie mehr etwas von ihm, alle Mails waren vergeblich. Sie hätte nie gedacht, dass sie noch einmal dieses ganze Drama aus Hoffnung, kurzzeitiger Erfüllung und Abweisung durchleiden müsste.

Sie hatte doch schon zwei Scheidungen hinter sich, außerdem eine schwere Krebserkrankung, sie ist Mutter zweier erwachsener Kinder, Großmutter mit vier Enkeln, und jetzt ist sie total neben der Spur, wie erschlagen. Sie konnte bis jetzt mit niemandem darüber reden und weinte nächtelang. Sie konnte einfach nicht begreifen, dass so eine tolle Liebe schon wieder vorbei sein sollte.

Sie klagte, dass niemand in ihrem Bekanntenkreis Verständnis für eine liebeskranke Seniorin wie sie hätte, die ihre Umwelt wie ein Teenager wochen- und monatelang mit ihrer Leidensgeschichte strapazierte, denn Liebeskummer ist doch ein Gefühl, von dem viele glauben, dass die Biochemie und Biografie in ihrem im Alter zu einem prekären, ja fast peinlichen Gefühl für ihre Umgebung wird.

Denn die Körper der Rentner und Großeltern sollten sich doch hormonell in eine Art asexueller Abwicklungsphase befinden, und was ist von einer Achterbahn der Gefühle zu halten, wenn die eigenen Emotionen überborden? Menschen wie sie erleben ihren Liebeskummer besonders verzweifelt, weil sie keine Zeit mehr dafür haben, ihre Trauer langfristig zu zelebrieren, denn die Begrenzung der verbleibenden Lebenszeit macht ihren Kummer viel radikaler.

Und sie sagte sinnierend, dass sie eigentlich nicht unbedingt den Verlust des Mannes selbst betrauerte, sondern sie bedauerte den Verlust dieses intensiven

Gefühls, der Schmetterlinge im Bauch, die nur sehr schwer mit einer Generation von Frauen in Verbindung gebracht werden können, die man früher als gesetzte, erotisch neutrale Großmütter wahrgenommen hatte, die mit den Enkeln spazieren gehen und am Sonntag einen Kuchen backen würden.

Natürlich gab es in ihrem vergangenen Arbeitsleben im Seniorenheim ab und zu unter den Bewohnern Liebespaare im Seniorenalter, die für den Rest ihres Lebens zusammenziehen und sogar manchmal heirateten. Das brachte die oft die Lebensplanungen und hoffnungsfrohen Erwartungen der ganzen Erbengemeinschaft vollkommen durcheinander, die lieber auf einem baldigen Abgang, und nicht auf einen dritten Senioren-Frühling hofften. Aber wieso würde ich mich nicht im Netz umsehen, um andere Menschen kennenzulernen und dann zu treffen?

Ich antwortete ihr, dass ich im Moment eigentlich ziemlich froh gewesen war, meine Ruhe und meine Freiheit zu haben. Außerdem sind die meisten Typen an der Uni lauter „Muttis Lieblinge", die in mir nur eine Ersatzmutti mit Beischlafmöglichkeit suchten. Mir fehlte eigentlich gar kein Mann, und ich hatte auch noch nie Schmetterlinge im Bauch gehabt. Na ja, wer weiß, vielleicht kommt das noch irgendwann mal.

Ich fragte sie vorsichtig, ob es denn keine anderen Möglichkeiten gäbe, einfach hier einen Mann kennenzulernen? Aber sie antwortete schmunzelnd, ob ich denn noch niemals Heiratsanzeigen in der Zeitung gelesen hätte, dort inserieren nur vitale Akademiker, schlanke, gut aussehende 74-jährige Männer, die unbedingt eine ranke, schlanke 25-jährige Blondine mit Traummaßen zu ihrem

Lebensglück brauchen, man hätte ja schließlich noch gemeinsame Träume und ein dickes Bankkonto zu vergeben, nicht wahr?

Es gibt doch schon unzählig viele alte Säcke wie Bernie Eccelstone, der hat sich eine riesig lange junge Blondine gekapert, Calmund und sogar der olle Kohl haben sich eine junge Grazie zugelegt, die ihn wie einen Cerberus verteidigt. Ja, sogar der Joopie Heesters, der letzte Woche mit 108 Jahren in München gestorben war, war mit einem jungen Blondie gesegnet. Das funktioniert doch nur, wenn man berühmt ist oder genug Kohle vorweisen kann.

Und welcher Mann sucht schon so einen Oldie wie sie, kein einziger war in den letzten Wochen in den Tageszeitungen dabei gewesen. Wer will schon eine ältere Frau, die einen jüngeren Lover sucht, igitt, die gilt in unserer Gesellschaft doch als absolut durchgeknallt.

Denk mal an die alte Lloreal-Erbin Frau Betancourt, die hatte einem jungen Liebhaber nicht nur ihr Herz, sondern auch mindestens fünf Millionen, eine Villa und mehrere Edelschlitten einfach so geschenkt. Jetzt will ihre Tochter sie entmündigen lassen, mit der Begründung, dass sie nicht mehr zurechnungsfähig wäre und das gesamte Erbe und Familienvermögen verschleudern würde.

Aber ich bin allein, ich habe niemanden, noch nicht mal einen Hund, der mich versteht."

„Du Arme tust mir wirklich leid, aber ich muss noch etwas sehr Wichtiges tun. Kannst du gerade mal meinen Rucksack festhalten? Ich hatte nämlich meinem Papa versprochen, ihn auf die letzte Reise zu schicken, und darum will ich gerade seine Urne in den Rhein werfen."

„Was? Ist das denn nicht verboten, so etwas in den Rhein zu werfen? Warum wird dein Vater nicht wie alle anderen Menschen auch in einem Grab auf dem Friedhof beerdigt?"

„Weil er das so wollte, ihm grauste nämlich davor, von den Würmern aufgefressen zu werden. Außerdem war er ziemlich lange in Asien unterwegs gewesen, da lag ihm der Buddhismus am nächsten. In Indien werden alle Menschen verbrannt und ihre Asche in den Ganges gestreut."

„Aber es ist doch streng verboten und sehr leichtsinnig, so nah an den Rhein zu gehen. Lass das lieber sein, das ist viel zu gefährlich."

„Wieso denn, jetzt ist gerade kein Schiff in Sicht. Ich werde schon aufpassen. " So schnell ich konnte, rannte ich mit der Urne unter dem Arm eine lange Buhne entlang, die weit in den Rhein hineinreichte. Mit voller Kraft warf ich die Urne in die Wasserwirbel, und bevor noch der nächste dicke Frachter seine gefährliche Bugwelle losschickte, war ich wieder zurück am rettenden Ufer. „Tschüs, mein lieber Papa, gute Reise ins Nirwana."

„Was bist du nur für ein seltsames Mädchen, wie kann man nur solche Ideen haben?" sagte Annette tadelnd, aber ich lachte nur dazu.

„Wieso denn nicht, außerdem studiere ich Ethnologie, und mich tröstet es ungemein, meinen Papa wieder draußen in der Welt zu wissen und nicht in der Erde. Irgendwann werde ich auch nach Indien zum heiligen Fluss Ganges kommen, das habe ich mir fest vorgenommen.

Weißt du was, Annette, sollen wir nicht mal zum Treppchen gehen, dort kann man gemütlich auf den Rhein gucken, ein eiskaltes Kölsch trinken und ein halbes Hähnchen mit den Fingern essen. Dann erzähle ich dir alles über meinen Papa und über meine Kindheit. Natürlich nur, wenn du willst."

„Nein, ich lade dich dazu ein, das ist eine sehr gute Idee, denn ich habe nämlich auch Hunger und Durst auf ein eiskaltes Kölsch."

Die alternde Trude Herr war doch auch auf die Fidschi-Inseln gefahren, um dort ihr Glück zu finden, und in Kenia gibt es massenhaft junge Kerle, die sich von einer Seniorin „adoptieren" lassen, und die ihnen dafür lebenslang sehr dankbar sind. Davon wollte Annette aber gar nichts wissen, und Schwarze wären ihr sowieso total unheimlich.

Ich erzählte ihr stundenlang von meiner Kindheit und meinem Vater, unseren langen Fahrten mit dem Klausi und meinen ganzen Späßen. Und so verbrachten wir einen langen Abend im Treppchen, und wir fuhren spät abends mit dem Taxi nach Hause.

Zu Hause konnte ich mich nur noch in mein Bett zum Schlafen rollen, mehr war nicht drin.

„Gute Nacht, mein lieber Papa, morgen werde ich die alten Tagebücher und die ganzen Fotos suchen und lesen, aber jetzt bin ich total müde. "

Gegen 6 Uhr früh wurde ich von einem seltsam knatternden Geräusch geweckt. Was war das bloß? So früh am Morgen waren doch noch keine Handwerker zugange. Da, wieder, es kam direkt aus dem Garten, direkt aus der großen Birke. Das war ja ein Specht, ich erkannte ihn sofort an dem roten Brustlatz. „Na, Junge, dann laß dich mal nicht bei der Arbeit stören, du hast sicher Hunger auf die dicken, fetten Maden und Insekten. Ach, es ist wirklich toll, im Grünen zu wohnen." Dachte ich und ging beschwingt in die Küche, um mein Frühstück zu machen.

Da klopft es von der anderen Seite, aber nicht in die Birke, nein, sondern genau da ins Gebäude unterm Dach, wo Papa noch letztes Jahr ganz stolz Dämmputzplatten verklebt hatte, um mein Zimmer von außen zu sanieren. He, du Blödmann, da gibt es bestimmt keine Maden" schimpfte, aber er guckt noch nicht mal hoch bei seinem schändlichen Tun. „Hier klopfe ich.", und das ist eindeutig.

Am nächsten Morgen genau um 7 Uhr höre ich es schon wieder, das kann doch wohl nicht wahr sein. Ich muss irgendwas unternehmen, aber was? Er führt sich auf wie Putin. Und mein Haus ist seine Krim. Aber: Hier wohne ich, da kannst du klopfen, bis dir der Schnabel abfällt. Der macht Töne wie ein Maschinengewehr. Waffengleichheit stelle ich mir anders vor. Es scheint geeignet zu sein, um mein Problem, sagen wir, zu eliminieren. Zu terminieren. Zu atomisieren. Ich oder er.

Auf der Homepage vom Bund Naturschutz finde ich unter der Überschrift "Spechte an Fassaden": Umweltbewusste Hausbesitzer haben einen natürlichen Feind: Der deutsche Specht hackt mit Vorliebe Löcher in energiesparende Wärmedammplatten," Und zwar immer öfter. Denn der Specht breitet sich aus. Mit Vorliebe auch in grünen Vororten so wie meinem. Gefördert offenbar von der Bau - Lobby, der deutschen Energieeinsparverordnung. "Von Natur aus", so der Spiegel, "liebt der deutsche Specht das Geräusch, wenn er mit seinem kräftigen Schnabel gegen einen Hohlraum hämmert. Hinter dem Beklopften kann er dann schmackhafte Insekten oder Larven als Leckerbissen erkennen.

Auf der Terrasse liegen nun die ersten Holzspäne, und da sah ich das erste kleine Loch in der Fassade. Mein Blutdruck steigt, wie gleichzeitig die Begeisterung für das Tolle an der Natur sinkt. Jetzt sieht die Fassade aus, als hätte sie eine heimtückische Hautkrankheit. Das nächste Loch ist groß wie eine Kinderfaust. Ob das wohl die Versicherung zahlt?

So kann es nicht weitergehen. Ich muss irgendetwas tun. Etwas Nachdrückliches. Aber im Idealfall mit bin ich doch eine Pazifistin "Frieden schaffen ohne Waffen!" war doch immer mein Wahlspruch gewesen. Aus pädagogischen und moralischen Gründen solle ich auch vom Spechtmord Abstand nehmen. Während der Specht seinen Trommelschnabel behalten darf. .

Was kann man also tun, um ihn zu vergrämen? Ratschläge gibt es viele im Netz, und ausprobiert wird noch mehr: Vergrämung mit Ultraschall? Der Specht grämt sich nicht. Girlanden aus CDs oder Alupapier? Der Specht, offenbar ein digitaler Zeitgenosse, ignoriert die CDs. Eine Großvogel-Attrappe im Maßstab 1:1? Hurra.

Der Specht bleibt weg - vier Stunden lang, dann hat er die Attrappe entlarvt, könnte man sagen. Beim ersten Tocktocktock, dass ich jetzt nicht mehr nett, sondern infernalisch finde, stürme ich in den Garten, hüpfe auf und ab und versucht mit ausgebreiteten Armen auszusehen wie ein wehrhafter Mäusebussard. Laut brülle ich: "Hau ab!" – „Flieg zum Nachbarhaus!"

Das Geklopfe jeden Morgen raubt mir den Nerv, so dass ich den Specht am liebsten am 3. Tag nur noch tot sehen will. Aber im Faltblatt des Nabu steht klar und deutlich: "Das Töten der Spechte ist ausgeschlossen: Sie sind durch das Naturschutzgesetz geschützt. Zudem darf im befriedeten Bereich um Siedlungen herum nicht gejagt werden." Befriedet? Unpatriotische, heimatlose Buntspecht Versteher, ihr! Das ist mir völlig wurscht. Also auf ins Waffengeschäft auf der Hohen Straße, denn dort liegt die Lösung.

Der Mann im Waffengeschäft auf der Hohe Straße schaut mich fragend an. Nicht unfreundlich, sondern eher freundlich-skeptisch. Er macht nur seinen Job und will ausschließen, dass ich eine gefährliche Irre bin. "Wozu brauchen Sie denn das Luftgewehr?" fragt er misstrauisch.

"Ja, also ... zur Selbstverteidigung. Nur im eigenen Garten."

"Bitte?"

"Ich meine: Das wäre ja nicht gegen Menschen gerichtet."

"Sondern?"

„Es geht um einen Specht, genauer gesagt, um einen Buntspecht. Dendrocopos Major. Sehr gefährlich. Ein Männchen. ungefähr 25 Zentimeter groß. Man kann ihn leicht am roten Genickfleck erkennen, ein richtiger Killer. Die anderen Leute im Laden verstummen und schauen mich mit großen Augen an. Möglicherweise sehe ich in diesem Augenblick wirklich wie eine gefährliche Irre aus. Ich trete Ohne Luftgewehr den Rückzug an. Mein Waffendeal ist geplatzt, und ich bin stocksauer.

Das heißt: nicht ganz. Im Spielzeuggeschäft gleich um die Ecke kaufe ich eine Waffe, die Mega Magnus Blaster heißt. Man kann damit Schaumgummi- Projektile bis zu zwanzig Metern weit abfeuern. Für alle Fälle nehme ich noch eine Schleuder mit, damit kann man Krampen abschießen.

Der Spiegel bezeichnet den Specht zu Recht als "fliegenden Fassadenkiller". Spechte sind kluge Tiere, heißt es beim Bund Naturschutz. Daher fliegt unser Specht seine Angriffe nur noch nach vorherigen Aufklärungsrunden. Er weiß mittlerweile ganz genau, wann ich weg bin. Nun geht es nur noch um: Ich oder er. Aber so wie's aussieht: bei mir wird er jetzt nicht siegen.

Hallelujah, der Specht ist weg, er hat ein neues Objekt gefunden, seit heute Nachmittag hämmert er jetzt in Nachbars Birke. Ja, mein Lieber, die Maden in Nachbars Garten, die schmecken so süß.... Viel besser als meine. Bleib ruhig da drüben, ich vermisse dich nämlich überhaupt gar nicht. Was für ein kluges Tier ist so ein Vieh, genial. Venceremos, der Pazifismus hat sich durchgesetzt, es ging also doch ganz ohne Waffen.

Es regnet, da brauche ich auch nicht rauszugehen, denn im Haus gibt es ja genug zu tun. Heute könnte ich endlich mal den Keller erkunden, um festzustellen, welche Preziosen dort unten noch alle schlummern, denn bis auf den Weinkeller hatte ich mir den Keller noch gar nicht angesehen. Vielleicht fand ich dort noch irgendetwas interessantes aus meiner Kinderzeit? Ob es wohl noch irgendwo meine alten Hudora-Rollschuhe gab?

Das Haus hat zwei Kellerräume, der erste war komplett leer, aber im zweiten gibt es ringsherum viele Regale mit diversen Kartons. Schon im ersten Karton traf ich auf alte Bekannte. Versonnen hielt ich mein erstes eigenes Fotoalbum in der Hand,

den alten Origo-Campingkocher in der Hand, den hatten wir immer im „Klausi" in der Kochkiste mit dabei. Alles war noch in der Kochkiste vorhanden, Besteck, Melamin-Geschirr im Blümchen-Dekor, Pfeffer, Salz und Curry. Ja, sogar der alte hässliche Plastikteppich, die Spülschüssel und der blaue Eimer lagen unten im Regal, sauber geputzt in der ersten Reihe. Die alten Bälle und die Luftmatratzen, sogar ein paar Schwimmflügel aus längst vergangenen Zeiten dämmerten da hinten noch vor sich hin.

„Ach, mein lieber Papa, weißt du noch, wie oft wir wochenlang mit dem „Klausi"-Camper in Griechenland auf Exkursionen mit den Studenten unterwegs gewesen waren? Wir kannten fast alle Strecken und Fährverbindungen auswendig, und ich war immer ein guter Copilot an Bord gewesen. Und ich hatte unterwegs niemals Angst gehabt, nein Papa, ganz im Gegenteil, du musstest mich immer schwer bremsen, wenn ich mal auf alte brüchige Mauern klettern wollte oder über einem besonders interessanten Abhang mit dem Kopf nach unten hing.

Ach, bald würde ich mal wieder unsere ganzen Dias angucken, aber wo waren die bloß alle abgeblieben? Und wo waren die alten Landkarten und die Fahrtenbücher mit den vielen Notizen geblieben? Tatsächlich, da stand im Keller in der Ecke eine große hölzernen Fundkiste, auf der „Universität zu Köln" stand. Da steckten die Dias drin, wohlsortiert und beschriftet.

Und die Tagebücher, wo waren die? Ich würde nachher unbedingt noch einmal in seinem Arbeitszimmer nachsuchen, dort werde ich sie bestimmt finden.

Die Regale an der gegenüberliegenden Wand sind voller alter Weckgläser, in einigen schwammen irgendwelche undefinierbaren pflanzlichen Mumien, die kann man einfach nur noch wegschmeißen. Aber fast 100 leere Weckgläser wegzuwerfen, widerstrebte mir ziemlich. Das war ein Fall für kalaydo-Kleinanzeigen, ein Interessent müsste sie allerdings kostenlos abholen kommen. Aber dann verließ mich einfach die Lust, noch weiter im Keller herumzustöbern.

Aber was waren das für komische Konservendosen im Regal in der Ecke? Solche hatten wir doch niemals dabei, denn mein Papa hasste nämlich Konserven inbrünstig. Unterwegs kochte ich fast immer, und es gab nichts schöneres, als Landesprodukte auf den Markt zu kaufen, und dann den Grill anwerfen oder Spaghetti kochen, aber ich konnte ihm nie mit so einem Konservenfraß ankommen. Es gab immer zwei davon, meistens Gulasch oder Ravioli. Die meisten begleiteten uns von Anfang bis zu Ende unsere Fahrten. Wegwerfen möchten wir sie nicht, man konnte sie ja für den nächsten Urlaub aufbewahren.

Aber diese Konserven sind ja viel älter als unsere Camping-Exkursionen, die waren nämlich alle mit Datum gestempelt. „Beluga" – Kaviar stand drauf, das waren 12 russische, riesige Konservendosen, Verfalldatum: 30.04.1942. Dahinter lagen noch mindestens 30 Dosen Eierstich mit Datum: 5.04.1955, 20 Dosen Würstchen mit uraltem Etikett und unleserlichem Datum, fünf Dosen Eisbein, und unglaublich viele alte, angerostete

Konservendosen mit Obst und Gemüse. Dazu unendliche viele Sardinen-Dosen, einige in Ölpapier eingewickelt, andere mit dem unvermeidlichen Schlüssel obendrauf, mit denen man sie öffnen konnte. Die stammten bestimmt noch von Tante Kathrinchen Taufe vor 100 Jahren.

Ganz hinten stapelten sich uralte Brand-Zwieback-Blechdosen, das Siegel war sogar noch nicht angebrochen worden, so halten die bestimmt noch ewig. Daneben lagen bergeweise alte Eiserne Rationen aus alten Militärbeständen, sogar einige damals sehr begehrten Schokakola-Dosen aus dem 2. Weltkrieg. Damit konnte sich jeder Soldat mindestens einen Tag lang ernähren. Es handelt sich dabei um haltbare, sofort verzehrbare Nahrung, oder um ein Fertiggericht, dass außer dem Erwärmen nicht extra aufbereitet werden muss und das auch kalt gegessen werden kann.

Für die Wehrmacht bestand diese eiserne Portion standardmäßig aus 300 g Brotration (einer Packung Hartkekse, Knäckebrot oder Zwieback), einer 200-g-Fleischkonserve (Dose z. B. Schinkenwurst), 150 g Fertiggericht (z. B. eingedoster Gemüseeintopf oder Erbswurst) und 20-g-Tütchen Kaffeepulver. Sie durften aber nur auf Befehl verzehrt werden."

Warum ist ausgerechnet so viel Zeug aus dem letzten Weltkrieg in diesen Keller geraten? Ob Tante Kathrinchen wohl einen dritten Weltkrieg erwartet hatte? Ach ja, jetzt erinnerte ich mich, sie war mal ganz kurz mit einem Garde-Offizier verheiratet, der war aber schon 1944 irgendwo an der Front gefallen. Ob der wohl das ganze Zeug für schlechte Zeiten angeschleppt hatte?

Bestimmt ist das Zeug auch heute noch essbar, aber ob das alles nicht viel besser im Haus der Geschichte im Museum aufgehoben wäre? Ich werde dort morgen mal anrufen, vielleicht haben die Wissenschaftler wirklich daran Interesse. Ich würde das Zeug jedenfalls auf gar keinen Fall essen. Vielleicht kann man das Zeug noch an die Tafel spenden? Nee, dann werde ich alles lieber gleich in die Tonne kloppen, bevor sich einer davon eine Darminfektion holt.

Seltsam, gestern stand doch in der Süddeutschen Zeitung ein Artikel auf Seite 3, über den ich mich sehr gewundert hatte. Neuerdings käme die gute alte Sardinen-Dose wieder zur Geltung, und nun war sie sogar zur Delikatesse aufgestiegen.

..."Es gibt nämlich Momente, bei denen man gerne dabei gewesen wäre. Zum Beispiel beim ersten Treffen des Sardinen-Clubs in Paris im Jahr 1935. Geladen hatte dazu Yvan Holland, der Sohn von Oscar Wilde, der von seinem Vater eine Portion Exzentrik verpasst bekommen hatte.

Erklärtes Ziel des Clubs und des Treffens in Hollands "Sardinenkeller" war die Verkostung von Ölsardinen aus verschiedenen Jahrgängen mit passenden Sauternes-Weinen. Die Verehrung der Sardine zeugt von einem avantgardistischen Genussverständnis des Junior-Dandys. Schließlich wurde das getränkte Fischlein in den Jahrzehnten davor und danach selten mit eleganten Weinen und festlicher Stimmung zusammengebracht, sondern galt stets als billigster Proteinlieferant, den der Markt zu bieten hat.

Langsam nagt der Hunger, also auf in die Küche. Aber sofort verließ mich dort meine gute Laune wieder, denn der Kühlschrank war gähnend leer. In der Spüle stapelte sich das schmutzige Geschirr, den ganzen Müll müsste ich auch mal raustragen, und die vielen Pfand-Plastikflaschen flogen überall im Abstellraum herum.

Das ganze Badezimmer war ziemlich schmutzig geworden, der Boden klebte und der Korb mit schmutziger Wäsche drohte schon überzuquellen. Im ganzen Haus roch es muffig, also riss ich alle Fenster auf und ließ frische Luft herein. Wenn ich mir das Treppenhaus anguckte, kamen mir auch die Zweifel, woher der ganze Dreck stammt. Und Putzen war nämlich das allerletzte, wozu ich Lust hatte.

Verdrießlich sah ich mich um, zuerst würde ich wohl trotzdem putzen müssen, bevor das Ganze hier wieder gemütlicher wird. Und ein weiterer Blick nach draußen in den Garten bestätigte mein niederschmetterndes Ergebnis: auch hier müsste mal dringend was passieren, damit hätte ich mindestens die nächsten Tage genug zu tun.

Nee, auf Putzen und Rasenmähen hatte ich nun gar keinen Bock, da musste es doch irgendwelche Alternativen geben. Aber wozu gab es die vielen Helferlein, von denen ich in unserem Käseblättchen gelesen hatte?

Ich klappte meinen Rechner auf und siehe da, es gibt jede Menge Angebote von diversen Putzfirmen. In der dicksten Anzeigen stand: „Buche einen Helpling das hört sich aber blöd an, das scheint ein professionelles Unternehmen zu sein, kostet aber 25 Euro in der Stunde. Ich blättere weiter und siehe da war eine andere Anzeige: „Wir putzen noch auf Knien" stand da, das hörte sich aber sehr archaisch und wenig feministisch an. Für 15 Euro die Stunde konnte ich also so viele Putzdienst-Einsätze buchen, wie ich brauchte.

Hm, eigentlich müssten fünf Stunden ausreichen. Und eine kleine Galafirma fand ich auch. Die Mails waren schnell geschrieben, und am Schluss hatte ich für morgen um 9 Uhr drei Personen für das Haus und zwei Gala-Bauer für den Garten einen ganzen Tag lang engagiert, denn Papa sei Dank, Geld spielte dabei keine Rolle. Meine finanzielle Situation müsste ich mir demnächst auch mal gründlich zu Gemüte führen, aber das hatte Zeit, das schob ich auf den nächsten Winter.

Wo waren bloß die ganzen griechischen Audiokassetten gelandet? Im Klausi war ein Extra-Schapp für die griechischen Kassetten. Ach, Rembetika, alte griechische Volkslieder, Jorgos Dallaras, die Katsimichas-Brüder, die mochte ich besonders gern. Ich erinnerte mich schlagartig, dass in Vaters Arbeitszimmer noch eine Menge alter Kartons gestapelt war, darin waren bestimmt auch die vielen Musik-Kassetten und die griechischen Landkarten verstaut. Und wo war das alles bloß geblieben?

Schnell lief ich in Papas Arbeitszimmer. Tatsächlich, da waren die Fahrtenbücher, ganz ordentlich nach Ländern sortiert standen sie wie immer ganz unten im Regal am Fenster.

Ach, ich hatte den Safe ja ganz vergessen, und da drinnen lagen noch eine Menge geheimnisvoller Dinge. Ganz obenauf stand eine geheimnisvolle Sperrholz-Kiste, und als ich sie öffnete, stieg mir ein intensiver und geheimnisvoll Geruch nach Räucherstäbchen und schweren, fremdartigen Parfums, eins davon erkannte ich sofort als Patchouli.

Drinnen lagen sechs wunderschöne Kladden, einige waren sogar mit Seide überzogen, die ich alle überhaupt nicht kannte. Tatsächlich, alle waren mit Vater feiner, etwas krakeliger Handschrift versehen. Dies alles würde ich erst mal beiseitelegen, denn ich suchte doch unsere gemeinsamen Griechenland-Reise-Aufzeichnungen, die mussten doch noch irgendwo auch noch sein.

In unserem hölzernen Landkarten-Reisekarton lagen obenauf zwei winzige Seepferdchen und zwei Muscheln, das waren meine ersten Reise-Erinnerungen mit dem Klausi. Alles stapelte ich in das Regal in Vaters Arbeitszimmer hinter seinem Schreibtisch. Ab morgen werde ich jeden Tag ein Tagebuch lesen, und dann werde ich ganz bestimmt mehr wissen über dein geheimnisvolles Leben.

Ach, mein lieber Papa, das waren doch tolle Zeiten, als ich die Reise-Tagebücher führte. Damals hatte ich noch eine furchtbar krakelige Kinderschrift, die man kaum entziffern konnte. Auf der ersten Seite stand immer die Finanzplanung, dann der Fährplan, und auf der dritten Seite die verschiedenen Währungen und Umrechnungskurse. Ja, das war noch aus der Vorzeit, als es noch keine einheitliche Währung, die Euros gab.

Vor jeder großen Fahrt hängten wir vorher die Landkarten auf, und tagelang diskutierten wir die besten Routen, die wir aber meistens nie einhielten, weil wir unterwegs noch viel bessere Straßen entdeckt hatten, oder weil ich zwischendurch mal wieder rechts und links verwechselt hatte und wir trotzdem nicht umkehren wollten, weil diese neugefundene Straße ja viel besser war.

In Papas kleinem Radio steckte eine Kassette, die ich sofort anschaltete. „Silence is golden, but my eyes can see….." Ja, Simon & Garfunkel, das war noch Musik, dieses Stück liebte mein Papa ganz besonders, daran hingen wahrscheinlich einige seiner Gefühle, die er mir nie verraten hatte. Mit voller Lautstärke hörte ich das Stück noch mindestens 5 x, erst heulte ich dazu, dann sang ich mit, und dann war ich seltsamerweise getröstet.

Plötzlich überfiel mich ein unbändiger Riesenhunger, der auf der Stelle befriedigt werden musste. Kurzfristig konnte nur der Pizzadienst Abhilfe schaffen, und schon eine halbe Stunde später dampfte eine chinesische Chen Min Spezialplatte mit allem drauf, dazu extra vier Hähnchen-Beinchen und einige Bierflaschen, das müsste erst mal fürs erste reichen. Ist das nicht herrlich? Was bin ich doch für ein glücklicher Mensch!

So, mein lieber Papa, mit einem die Seele wärmenden Rotweinchen werde ich diesen Abend beschließen. Gute Nacht, und morgen früh wird alles wieder sauber sein, genauso wie früher, versprochen.

Am frühen Morgen wurde ich bereits um sieben Uhr stürmisch herausgeklingelt, der Helpling-Putzdienst war da, dabei hatte ich ihn erst für neun Uhr bestellt.

„Wir fangen immer so früh an, der frühe Vogel fängt den Wurm," sagt lachend eine dralle, etwa 50-jährige Person mit langem, hellblondem Pferdeschwanz. „Tach, ich bin die Uschi, und Sie können ruhig du zu uns sagen. Vielen Dank, wir kommen schon mit allem allein zurecht, und wenn Sie ungefähr um neun Uhr die Kaffeemaschine anwerfen würden, dann wären wir natürlich sehr dankbar."

„Na wunderbar, dann spendiere ich eben zum Frühstück noch ein paar Brötchen."

„Nee danke, unsere Frühstücksbrote haben wir immer dabei, bringen Sie lieber gleich ein leckeres Stückchen Kuchen für jeden mit, das motiviert uns Weiber natürlich noch viel mehr. Und außerdem, du musst nicht immer dabeistehen, das macht uns nur nervös, mach ruhig, was du sonst auch machen würdest." Sagt die dralle Person in breitestem Kölner Slang. „Na, dann bis gleich zum Frühstück."

Um neun Uhr hatte ich den Kaffeetisch gedeckt und eine große Kanne Kaffee gekocht, und die vier Putzteufel, so steht es auf ihren T-Shirts und so nennen sie sich auch, sind auf die Sekunde pünktlich. Schwatzend lassen sie sich am Frühstückstisch fallen, packen ihre Butterbrote und den Express und der Bild-Zeitung aus und schlürfen ungeniert kochend heißen Kaffee mit viel Dosenmilch und Zucker.

Dann wird ausgiebig das gestrige Fernsehprogramm heiß diskutiert, aber ich habe keine einzige dieser Sendungen gesehen, ich kann also nicht mitreden und staune nur noch Bauklötze, was dort alles verhandelt wird. Demnächst werde ich mir auch mal Unterschichtenfernsehen angucken, damit ich beim nächsten Mal wenigstens etwas mitreden kann.

Exakt nach 20 Minuten Frühstückspause verteilen sie sich wieder trällernd im Haus und wie von Zauberhand ist das ganze Haus gegen 16 Uhr blitzsauber, sie haben sogar die Fenster geputzt, die Gardinen gewaschen, und auch Vaters Schlafzimmer ausgeräumt. Das würde ich mir gleich wohnlich herrichten, das ist nämlich viel schöner als mein viel zu kleines Kinderzimmer.

Vaters Klamotten waren in Umzugskartons verpackt worden, die ganze Wäsche war penibel gebügelt und exakt wie beim Militär in den Schrankfächern ausgerichtet. Ob ich so viel Zeug jemals brauchen würde? „So, wir sind fertig, willst du noch mal drüber gucken? Vielleicht haben wir ja was vergessen? Guck ruhig richtig nach, auch unter die Schränke, denn wir sind Kritik gewöhnt," meldet sich fast schon militärisch die Chefperle Uschi bei mir.

„Mensch, eure Arbeit ist wirklich genial, ihr habt perfekt gearbeitet, sogar hinterm Herd habt ihr geputzt, das finde ich wirklich toll, vielen Dank. Wie machen wir das mit der Bezahlung? Muss ich irgendwo irgendwas unterschreiben?"

„Ach so, wir haben ja noch gar nicht über die Abrechnungen gesprochen. Wir sind nämlich eine „vier-Frau-Firma", mit Rechnung wird dieser Einsatz ungefähr 200 Euro kosten, und…."

„Und wieviel würde es ohne Rechnung kosten?" frage ich direkt, denn ich verstand sofort, dass sie wohl nicht allzu gerne Rechnungen schreibt. „120 ohne Steuern und ohne Rechnung, aber direkt cash auf Kralle. Hast du überhaupt so viel Kohle hier im Haus? Ich kann aber auch morgen noch mal kommen, kein Problem, ich bin da sehr flexibel."

„Nein Uschi, ich habe passendes Geld im Haus, hier sind 150 Euro, und für jede Frau einen Zehner extra."

„Na super, vielen Dank auch. Wenn du uns wieder brauchst, rufst du einfach kurz an, du hast ja meine

Nummer. Wir sind immer für dich da! Hier ist meine Karte."

Hochzufrieden zogen sie ab und ich ging bedächtig durch das top geputzte wohlriechende Haus, das Badezimmer blitzte wie schon lange nicht mehr, und die Küche sah wie frisch aus dem Prospekt aus. Ach, wenn es doch für immer so schön sauber bleiben könnte. Egal, nächsten Monat werde ich die Putzteufelchen wieder engagieren.

Morgen kommt der Garten dran, drei Gala-Bauer und eine Motorsäge werden da auch für Ordnung sorgen. Wer weiß, was das für Typen sind, und die werden wohl hoffentlich genauso fleißig und zackig wie die Putzteufelchen.

Nun bin ich sehr zufrieden und mache mir eine große Portion Spaghetti, denn jetzt ist ja sogar wieder genug Geschirr in den Schränken vorhanden. Und diese Nudeln erinnern mich immer wieder an alte Camper-Zeiten mit meinem Papa, die konnte ich von Anfang an perfekt zubereiten.

Gute Nacht, mein Papa, heute Abend werde ich nämlich in deinem Schlafzimmer schlafen, denn ich bin umgezogen. Dein Bett ist ja so riesengroß, darin kann man sich ja fast verlaufen. Aber es ist sooooo gemütlich. Und frisch bezogen haben es die Putzteufelchen auch.

Und vor allen Dingen, sie haben alle meine Klamotten in deinen großen Schrank geräumt, nun liegen sie neben der militärisch gestapelten Wäsche, aber irgendwie völlig deplatziert. Demnächst mal muss ich alle überzähligen Dinge aussortieren und zum Roten Kreuz bringen, aber nicht heute und sofort, ich habe ja noch so viel Zeit.

Mal sehen, was ich träumen werde, denn das wird ganz bestimmt in Erfüllung gehen. Gute Nacht, Papa.

Am nächsten Morgen klingelte mich das bestellte Gala-Team auch schon kurz vor sieben aus dem Bett. „Wir fangen immer um diese Zeit an, das sind wir so gewöhnt. Wo ist der Garten?" fragte der Älteste zackig, aber viel mehr war aus ihm nicht herauszubringen. Sie brauchten keine lange Diskussion und es dauerte nur wenige Augenblicke, bis der Rasenmäher knatterte, die Motorsäge heulte die Hecke entlang und deren mitgebrachte Häckselmaschine spuckte ununterbrochen die geschredderten Äste und produzierte Mulch daraus. Zwei Mann kehrten das Laub von allen Seiten herbei und stopfen es in blaue Säcke, die würden sie nachher auch als Mulch auf den Blumenbeeten verteilen, um dort nach und nach zu verrotten.

Nach vier Stunden war das ganze Getöse vorbei, und der Garten war wie geleckt, man sah sogar überall Blumen, die vorher zugewuchert waren. Nun konnte ich erst richtig aufatmen, und jetzt war mein Zuhause wieder genauso, wie ich es gewöhnt war und wie ich es mir immer vorgestellt hatte. Denn ich konnte nichts so hassen wie Unordnung und Durcheinander in meiner direkten Umgebung, nur die Beseitigung war mir viel zu lästig.

Endlich konnte ich auch wieder den Garten benutzen. Zuerst holte mir einen großen Tisch und stellte ihn direkt neben einen der blühenden Rosenbüsche. Jetzt brauchte ich nur noch einen dicken Gartenstuhl mit Polster aus dem Keller zu zerren. Diese Möbel waren mir vollkommen unbekannt, die hatte sich mein Papa bestimmt erst vor kurzem gekauft, denn die Polster waren noch frisch gestärkt und strahlend sauber.

Ich konnte die Sonne aber nicht lange genießen, denn es zogen dicke Gewitterwolken auf, die mich schnell aus dem Garten vertrieben. Sinnierend stand ich dann am Fenster und sah dem Wolkenbruch zu.

Ach, mein Papa, weißt du noch, wie wir in Ouranopoli beinahe abgesoffen wären? Wir standen zu nah am Meer, und es tobte ein fürchterlicher Sturm und durch die Regengüsse konnte man draußen nichts mehr erkennen, der Donner krachte fürchterlich und der Sturm hatte uns beinahe ins Meer gerissen.

Hinterher war der ganze Klausi mit einer dicken Salzschicht überzogen, das Transistorradio lag in einer Pfütze und hatte Kurzschluss ausgelöst, und die blaue Spülschüssel hing weit hinten total kaputt im Zaun. Sogar mein kleines Campingklo, das ich immer nachts benutzte, war quer über den Platz gerollt und hatte den gesamten Inhalt auf dem Platz verteilt. Alle Klopapierrollen waren nass und aufgequollen geworden, denn ich hatte vergessen, den Beutel nach dem Kauf reinzuholen, man konnte nichts mehr damit anfangen, Totalverlust. Du hattest zuerst ganz fürchterlich geflucht, aber als wir uns dann mit den nassen, verquollenen Rollen geschmissen haben, musstest auch du dich darüber kaputtlachen.

Und wie wir dann im Schlamm ausgerutscht waren, sind wir anschließend mit allen Klamotten ins aufgewühlte Wasser gegangen und warfen die sauberen Sachen raus auf den Strand. Dann brauchten wir viele Eimer Wasser, um den salzverkrusteten Klausi und alles wieder sauber zu kriegen.

Dann waren wir völlig fertig von der vielen Arbeit und hatten Rührei mit Brot gegessen, weil du einfach keine Lust mehr zum Einkaufen hattest. Und am Abend hattest du eine ganze große Retsina-Flasche ganz allein ausgetrunken. Mann, war dir am nächsten Morgen schlecht gewesen, da musste ich dir eine große Kanne Kamillentee kochen, den ich absolut nicht ausstehen konnte.

Und nun bist du nicht mehr da, ach mein Papa, ich fasse es einfach immer noch nicht. Weißt du was, gleich morgen werde ich genauso eine große Retsina-Flasche kaufen und du bekommst ein Trankopfer auf deine Urne geschüttet, das bin ich dir wirklich schuldig. Gute Nacht also, Papa, gute Nacht.

Frühmorgens wurde ich vom steten Rauschen des Regens geweckt, denn ich hatte gestern mein Schlafzimmer-Fenster weit offen gelassen. Zum Glück war nichts nass geworden, und die frische Morgenluft roch einfach überwältigend nach frischem Tannengrün und Erde aus der Eifel.

Mit einer großen Tasse Orangen-Tee verzog ich mich in Vaters Arbeitszimmer, denn dort stand der Karton mit den Landkarten und den Tagebüchern, fein nach Datum sortiert. Die neuesten oben, und die älteren müssten also ganz unten liegen.

Der Schutzumschlag besteht aus rotweißblauem gewebten Balkanstoff und Papas Schrift ist unverkennbar. Wie jedes Heft steht auf der ersten Seite:

Den Liebsten in aller Welt gewidmet.

01.09. 1982 - **1. Fahrt mit dem neuen VW-Bus – Endziel Griechenland.**

Auf der folgenden Seite ist eine alte Postkarte vom Gardasee eingeklebt, und der Text beginnt mit: Riva di Garda, 25. August 1982:

Heute kamen wir zum ersten Mal über die Alpen durch Tirol an den Gardasee. Leider ist nur sehr wenig Platz zwischen den steil abfallenden Bergen und der Seefläche. Nirgendwo konnte man stehenbleiben, und wir wollten schon verdrießlich weiterfahren, bis wir am späten Nachmittag irgendwo doch noch einen sehr schmalen Parkplatz fanden. Wir stiegen schweißgebadet aus und standen direkt vor einem Ortsschild „Limone".

Dieser Zitronenduft war überwältigend und es war sehr schwül. Die Zikaden sägten ohrenbetäubend durch die Mittagssonne. Vater rief jubelnd: Das ist der Süden, das ist der Sommer, wie ich ihn immer geliebt habe."

In meiner Erinnerung war die einzige größere Gasse des Ortes so eng, dass sich die Leute von Haus zu Haus die Hände reichen könnten. Es war Mittag, und die Handwerker arbeiteten unter ihren Türen, ohne aufzuschauen. Ein Esel schrie an einer Straßenecke, und die hohe Bergwand drückte die Luft in den Gassen zusammen, in denen es nach gebratenen Fischen und Olivenöl roch.

Hier fühlten wir uns sofort ziemlich wohl, aber trotzdem war irgendetwas Geheimnisvolles in der Luft, die uns hier erwartete, irgendein ungeheurer Schrecken. Oder war es ein angenehmes Gruseln an diesem totenstillen Flecken ohne Touristen? Ob wohl ein Gewitter im Anmarsch war?

Vielleicht lauerten hier irgendwelche unsichtbare Seelengewitter, von denen wir noch nichts ahnten?

Der einzige Campingplatz lag hinter einem alten Gasthaus, weltverloren mitten in einem Blumengarten gegen den See hin. Der Campingplatz war sauber und weitläufig, und ich blickte nach dem See und dem Berg Monte Alto hinaus. Die Küche des Campingplatzes war bescheiden, aber ich durfte zum ersten Mal den starken Wein probieren. Unsere Mahlzeiten nahmen wir unter einem großen japanischen Mispelbaum im Garten bei der Haustreppe ein.

Der Campingplatz-Besitzer hatte ein langes Tiergesicht, aber er war ein angenehmer und höflicher Wirt. Er war noch jung, etwa dreißig Jahre alt, sah aber müde aus wie diese grauen nickenden Esel, die lange schweigen und plötzlich ohrenbetäubende Schreie ausstoßen können. Sein Körper war sonderbar verwachsen, dass es aussah, als ob er bis zu den Knien im Erdboden stehen würde.

Er arbeitete den ganzen Tag in seinem gut gepflegten Garten, in dem Oleander, Bambus, Geranienbüsche, Rosen und Myrten an der Seite eines langen beschatteten Weinlaubenweges standen, in dem dicke dunkle Trauben hingen, und am Ende lag das blaue Wasser des Sees wie ein abgrundtiefer Himmel. Zu jeder Tageszeit läuteten die Kirchenglocken, und der große Passagierdampfer machte seine tägliche Rundreise um den See.

In der Abenddämmerung wanderten wir durch den Ort. Irgendwo hörten wir ein seltsames Gekicher, und plötzlich lief genau neben mir ein zwergartiger Mann mit gewaltigen langen Armen, großem, höckerigem Kopf entlang, der wie ein Orang Outang aussah, in eine Seitengasse hinein.

Wir waren erstaunt über die Hässlichkeit des Zwerges, das sich so kindisch benehmen konnte, der sich aus der Ferne umschaute, seine Mütze an sich riss und uns die Zunge herausstreckte.

Etwas weiter sahen wir ein kleines verwachsenes Weiblein mit einem melonengroßen Kopf, die reichte mir noch nicht mal bis zur Hüfte. Sie trug einen Krug in der Hand, den sie kaum schleppen konnte. Überall schabernakte so seltsame koboldartiges Zwergwesen herum und es schien uns, als ob jede Familie so ein Geschenk der Hölle bekommen hätte.

Unterwegs kamen wir an alten eisernen Türen vorüber, die nur noch aus Rost bestanden, und das verwitterte Eisen schälte sich wie Rinde von den Bäumen. Überall hingen verfilzte Spinnweben, in denen ganze Familien großer Kreuzspinnen seit Jahrhunderten ungestört hausten. An den grauen Mauern waren mit Rötelstift und Kohle obszöne Bilder mit ein paar Linien hingezeichnet.

Ob diese verwachsenen Zwerggeschöpfe wohl aus diesen krüppeligen Olivenstämmen geboren worden waren, die da in den Gärten standen? Plötzlich schienen uns diese tierähnlichen Baumstämme zu bedrohen, die da gespalten und zerschlitzt, dreibeinig und zehnbeinig herumstanden.

In der Dämmerung tauchte ein Esel auf, auf dem eine Frau und ein Junge saßen, und es schüttelte uns von ihrem Anblick. Nichts wie weg hier, dann wollten wir lieber zu den krüpplligen Menschen des Ortes zurückkehren.

Als wir atemlos wieder zum eisernen Gitter des Campingplatzes ankamen, saß unter einer trüben Straßenbeleuchtung an einer Hausecke ein Zwerg. Seltsam, als wir vor einer Stunde hier vorbeigekommen waren, hatten wird ihn noch gar nicht bemerkt. Er stand an einem hochbeinigen Tisch, mit dem er kaum mit der Nase hinaufreichen konnte. An der Tischkante stand eine brennende, flackernde Kerze in einem Zinnleuchter. Dort lagen einzelne große dicke Pfirsiche sorgfältig nebeneinander aufgereiht. Er verneigte sich höflich uns gegenüber.

Ein paar Schritte weiter saß ein Zwerg bei einem Schuhmacher. Er hockte vor einer Glaskugel und glotzte in das grelle Blendlicht. Da hockten plötzlich zwei andere Zwerge wie zwei aneinanderhängende Affen, die uns laut und feierlich grüßten. Wir waren ganz erschrocken über die Menge von Missgeburten.

Riva di Garda, 26. August 1982:

Am nächsten Morgen ging es mir gar nicht gut, denn mein Kopf tat mir weh, er wurde schwer, als ob er wie ein Zwergenkopf anschwellen wollte. Ich hatte wahrscheinlich gestern in der Mittagsonne einen Sonnenstich bekommen. Es wurde mir grau und weiß vor den Augen, und das ganze Zimmer mit der buntbemalten Decke und dem roten Fußboden kreiselte um mich. Ich wollte vom Tisch aufstehen, aber ich fühlte sofort, dass ich gleich umfallen würde.

Mit letzter Kraft erreichte ich mein Bett, Papa brachte mir Eis. Mir war bei jeder Bewegung sehr übel. Zugleich begann mich ein heftiges Fieber zu schütteln. Dann muss ich wohl eingeschlafen sein.

Ich wurde von einer weiblichen Stimme geweckt. Die Stimme erkannte ich sofort, sie gehörte Marianne, einer

Riva di Garda, 26. August 1982:

jungen Studentin, die Vater seit einem Jahr nicht mehr gesehen hatte.

Den Sonnenstich im Kopf, ein Senfpflaster auf dem Rücken, einem Eisumschlag auf der Stirn lag ich auf meinem Bett und musste mich gedulden, bis in der kühlen Abendluft bei den weit geöffneten Fenstern, der Blutandrang zum Gehirn schwächer wurde, und ich mich allmählich wieder gesund werden fühlte.

Marianne war Chemie-Studentin in Freiburg. Sie war eine dieser schönen rothaarigen Frauen, die in Deutschland so selten ist. Sie hatte eine milchweiße Hautfarbe mit leichtem rosa Hauch, und ihr kupferrotes Haar verbreitete eine leuchtende Lüsternheit." Im Mittelalter wurden solche rothaarigen schönen Frauen als Hexenverbrannt," meinte mein Vater später.

„Marianne, warum bist du hergekommen, was suchst du hier eigentlich bei mir?" fragte Vater unruhig und sie antwortete ihm: „Ich suche Unruhe, Fieber. Ich suche, wenn es nicht Glück sein kann, Unglück, Vernichtung, genau wie du, genau wie alle Männer."

Darüber musste ich irgendwie eingeschlafen sein. Dann wurde ich von Mandolinenmusik und italienischen Liedern aus dem Garten geweckt. Draußen war es inzwischen Nacht geworden, es musste neun oder zehn Uhr sein. Ich fühlte mich jetzt wieder ganz gesund. Wahrscheinlich hatte Marianne schon im ganzen Ort Freunde gewonnen, dachte ich, als ich mein Zimmer verließ. Sie war tatsächlich auf der Terrasse und hielt gerade einen langen Vortrag.

Sie sagte in ihrer unverfrorenen norddeutschen Art, dass alle Italiener lügen und betrügen, dass sie falsch und faul

Riva di Garda, 26. August 1982:

wären, kurz, sie brachte alle Vorurteile aufs Tapet, wenn bei uns über Italien geredet wird. Wahrscheinlich reizte es sie, dass alle Männer nur Honig aus ihrer Schönheit sogen und sie anbeteten, denn sie wollte Widersprüche erwecken.

Nicht weit von ihr saßen zwei junge Männer, italienische Studenten, und es war rührend zu sehen, wie einer ein altes italienisches Lied vortrug, als ob es sich um eine Heldensage handelte. Und dies alles nur deshalb, weil Marianne den jungen Mann bereits bezaubert hatte.

Sein alltägliches Gesicht leuchtete blutrot, als er zufällig beim Mandolinenspiel zu ihr hinübersah. Mit seinen großen Händen schlug trotz grob und derb die Saiten.

Mir war sofort klar, dass mein Paps wie die anderen auch in Marianne verknallt war. Am Stamm des Mispelbaumes lehnte der junge Wirt mit seinem langen, schmalen Tiergesicht und seine Augen stierten fast verblödet auf Marianne. Aber Marianne war schon bald müde und zog sich auf ihr Zimmer zurück. Die Zwerge stießen kreischende Pfiffe aus und riefen ihr zur Verabschiedung ein geheultes „Gute Nacht" zu.

Mein Paps war die ganze Nacht verschwunden und ich dachte, dass es wäre wirklich besser wäre, wenn Marianne bald wieder abreisen würde. Sie war nämlich für die Männer, was der Baldrian für die Katzen ist", schrieb ich ins Tagebuch.

Marianne spielte am nächsten Morgen mit den italienischen Zollsoldaten Boccia. Die Männer begannen fast eine Schlägerei, denn jeder wollte ihr zuerst den Ball reichen dürfen. Der junge Student war schon verliebt in sie und

Riva di Garda, 26. August 1982:

mein Paps sah ganz blass und krank aus, und die andern stolperten über ihre eigenen Beine vor lauter Verwirrtheit.

Sogar der Campingplatzwirt hatte mir gestanden, dass er sich eine deutsche Grammatik anschaffen wollte, damit er Fräulein Marianne schreiben könne, wenn sie wieder in Deutschland sein würde. Und im Winter wollte er dann eine Reise zu ihr nach Deutschland machen. Alle sind in Marianne vernarrt wie die Fliegen in ein Stück Zucker. Ich bin gespannt, was morgen noch alles passieren wird.

Dann erhielten wir neue Nachbarn auf dem Platz. Der Mann schien nicht ganz bei Verstand zu sein. Ich sah ihm zu, wie er viele Äffchen in verschiedenen Größen aus einer Handtasche auspackte, dazu kleine Bändchen und Fähnchen. Und nun begann er, die Affenpuppen mit Bändern zu schmücken, und spielte kindisch mit ihnen und kitzelten damit seine Frau am Gesicht und am Hals mit den geschmückten Äffchen.

Ich hatte nie in meinem Leben vorher etwas Widerlicheres gesehen, als diesen mageren, bebrillten, greisenhaften, kichernden Mann und seine schwammige, übel geschminkte Frau. Sie lehnte mit ihrem Kinn auf ihrem üppigen Busen mit einer Seidenbluse, und er grinste über seine schmale Hakennase und über die Brillenränder, wenn ihn seine Frau mit den Äffchen hinter dem offenen Hemdkragen kitzelte.

Mir wurde es langsam langweilig. Mein Paps hatte keine Zeit mehr für mich, er himmelte Marianne nur noch an. Aber zum Glück hatte ich genug Bücher eingepackt, ich konnte mich auch allein beschäftigen.

Riva di Garda, 26. August 1982:

Gerade erschien unten im Garten Mariannes roter Kopf, sie rief mir zu, dass sie jetzt in den Weingärten spazieren gehen würden, ich sollte unbedingt mitkommen. Die Studenten hätten sie zum Vogelfangen eingeladen, das wäre sicher ein lustiges Ereignis.

Plötzlich fand Marianne nicht mehr Vaters Interesse und plötzlich fiel mir auf, dass ihre Schönheit beim Tageslicht besehen nicht mehr so anziehend war. Ja, gestern Nacht im romantischen Licht im Garten, wo die Welt rundum schwarz ausgelöscht war, wirkte sie magnetisch auf den Kreis der Männer. Ach, Marianne, du Süße, du Reine, wie kann ich dich nur erreichen." Flüsterte Paps ergriffen und streichelte ihre Hand.

Riva di Garda, 28. August 1982:

Der nächste Morgen war unschuldig wie ein Ei, das eine Henne ins Stroh fallen ließ, unschuldig klar wie frisches Wasser in einem Glas. Marianne holte uns zu einem Spaziergang ab, und wir hatten nur fünf Minuten durch die höckerige Straße zu dem Olivenhain zu gehen.

Dort hinter den Mauern lagen alte Weingärten. Manchmal war dort eine Pforte oder eine Nische mit einem verstaubten Madonnenbild in den Mauern, und an den Mauerflächen huschten graublaue winzige Eidechsen hin und her. Verschlungene Feigenbäume streckten ihre Fünffingerblätter aus und ließen ihre schwarzblauen Früchte reifen. Niemand begegnete uns als spielende Kinder und ein paar meckernde Ziegen, und weißer wirbelnder Staub flog am Wege hinter uns her.

Marianne stellte sich unter dem Vogelfang etwas sehr Lustiges vor. Sie dachte, man fängt die Vögel mit der Hand wie Schmetterlinge von den Blumen. Und sie dachte, es müsste genauso nett sein wie die Gärtnerei oder das Mandolinenspiel.

Drinnen aber im Weingarten stockte uns beinahe der Atem. Am Ende des Gartens lag eine Wiese, und dort in einem Mauerwinkel, auf einer breiten Böschung, saß der Student wie ein Cowboy nur mit Hose und Hemd bekleidet. Die Andacht und der Schmelz, mit dem er gestern Abend gesungen, waren aus seinem Gesicht verschwunden. Er war nur voll Eifer beim mörderischen Vogelfang. Man durfte nicht laut sprechen, und man musste im Hinterhalt bleiben.

Riva di Garda, 28. August 1982:

Zwischen den Büschen waren lange, dünne Ruten gesteckt, die mit klebrigem Leim bestrichen waren, der nicht trocknete. In seinem Mauerwinkel guckte der Student durch eine Art Schießscharte nach seinen Ruten und pfiff ab und zu auf einer kleinen silbernen Vogelpfeife. Die gab einen leisen zwitschernden Laut. Der Lockruf wurde manchmal von einem Baum oder aus den Büschen beantwortet.

An einigen Rutenspitzen waren auch ein paar winzige Vögelchen angebunden. Die flatterten und versuchten vergeblich, sich loszumachen. Die in der Luft vorüberziehenden Vögel glaubten, von denen käme das Gezwitscher, und ab und zu kam ein Vögelchen vom nächsten Baum oder aus der Luft herbei und setzte sich auf eine der Leimruten, um zu erfragen, warum die Flatternden nicht fortfliegen wollten, und warum sie riefen.

Bald aber musste der Neugierige dann seine Freiheit lassen. Sein Brustflaum klebte an der Rute fest, ebenso seine feinen Krallen. Allmählich hafteten auch seine Flügel, mit denen er um sich schlug, an dem Klebstoff der Rute. Und wie eine Fliege im Sirup, so quälte sich der kleine Vogel vergebens, loszukommen. Und die Ruten schaukelten unter dem Gezappel der jämmerlich verstörten und zu Tode geängstigten Tierchen heftig in der Luft hin und her. Und immer neue Vögel kamen neugierig und hilfsbereit und rumflatterten mitleidig die piepsenden Gefangenen, die sich trotz aller Anstrengung nicht von den Leimruten befreien konnten.

Das Auge des Studenten glitzerte jetzt wie ein Wieselauge, und auch sein Rücken bewegte sich unruhig und lauernd, wenn er so durch die Mauerscharte spähte. Ab und zu

Riva di Garda, 28. August 1982:

flüsterte er uns die sich steigernde Zahl der an den Leimruten zappelnden Opfer zu. „Vier, sieben, zehn, hui, – vierzehn!" stieß er begierig hervor.

Dann sprang er plötzlich aus seinem Versteck, war mit drei, vier Sätzen bei den Ruten, griff mit langen Armen und großen Händen in die Luft über die Büsche und pflückte die Vögel von den Ruten ab. Er stopfte die Vögel in seine Tasche, wo sie, vom Leim besudelt, alle aneinanderklebten und bald nur noch ermattet zuckten. Dann stellte der junge Mann schleunigst mit frischem Leim angestrichene Ruten in die Büsche. Es geschah geschäftig und blitzartig, als wäre jede Minute seiner Handlung kostbar für die Weltgeschichte.

Nachdem er wieder zu uns in das Versteck zurückgekehrt war, holte er jeden Vogel einzeln aus seiner Tasche und zerdrückte jedem zappelnden Tierchen zwischen seinem Daumen und dem Zeigefinger das Köpfchen. Dann warf er den blutenden Vogelbalg zu dem Beutehaufen ins Gras, wo bereits dreißig bis fünfzig Stück, die er in diesen Morgenstunden gefangen, als tote Klumpen beieinander lagen.

Marianne wurde blass und wendete sich ab. Aber der Student grinste nur und sagte achselzuckend: „Das ist eben Jagd." Obwohl er unsere Verstimmung deutlich merkte, die sein grauenhafter Jagdsport in unseren deutschen Gemütern angerichtet hatte, bewahrte er seine südlich lässige Höflichkeit und lud uns ein, von den Trauben zu pflücken, die dort hingen. Und ein Zwerg, der sich angeschlichen hatte und dabei stand, kletterte behände an einem Pfeiler hoch und riss ein paar Trauben ab, die er uns dienstfertig hinreichte.

Riva di Garda, 28. August 1982:

Ich war entsetzt von der Vogelmetzelei, mitten im harmlosen blauen Morgen mit Wiesenblumen und Vogelgezirp, wo man unter den schattigen Traubengängen keine Verräter und Mörder vermuten konnte. Ich mochte keine Traube mehr, und auch Marianne legte die ihre Traube, beklommen dankend, neben sich ins Gras. Sie flüsterte leise, dass sie jetzt sofort gehen wollte.

Der Student verstand gar nichts mehr und sagte, er wolle uns doch noch in den Weingarten führen, wo sein Freund viele Netze aufgespannt hätte. In ihnen verfingen sich die kleinen Vögel im Durchfliegen. Der fing viel mehr.

„Was haben Sie nur getan?" fragte Marianne erstarrt. Aber der Student grinste nur dazu, denn was er nicht hören wollte, überhörte er. Nur sein Blut, das ihm leicht zu Kopf stieg, zeigte, dass er uns verstanden hatte.

Auch mir grauste es jetzt vor diesem Garten, der da am See hinter hohen Mauern eingeschlossen wie eine große Mördergrube lag. Von außen hätte man der harmlosen Mauer nicht ansehen können, dass dahinter die kleinen Singvögel lebenslängliche Folterqualen und Tausende von ihnen so einen grässlichen Tod erleiden mussten.

„Pfui Teufel! Wenn ich gestern Abend gewusst hätte, dass die beiden solche Scheusale seid". sagte Marianne ganz erschüttert. „Ich habe den beiden eben deutlich gesagt, was ich von dieser elenden Vogeltöterei halte. Ich will sie nicht mehr sehen. Weg hier, nur weg."

Im Gasthaus mussten wir erst mal ein kräftiges Glas Wein trinken, um die Übelkeit und das ganze Grauen herunter zu spülen, das mich befallen hatte, wenn ich an die ganze Vogelfängerei zurückdachte. Marianne sagte, dass sie den

Riva di Garda, 28. August 1982:

beiden am liebsten die Augen eigenhändig ausgestochen hätte.

Nach dem Mittagessen war die Sonnenglut aufs höchste gestiegen, und der See draußen flimmerte. Nirgendwo war jetzt Schutz vor der Hitze. Ich lag in einer Hängematte unter dem Mispelbaum, aber ein richtiger Schlaf war das nicht, denn die Hitze betäubte zwar meinen Verstand, aber meine Augen und Ohren waren unendlich wach.

Ich musste in ein schauriges Traumreich abgestürzt sein. Aus der lichtüberrieselten Seefläche, mitten im See erhob sich plötzlich ein Urweltwesen. Das war doch ein „Iguanodon", ich hatte dieses Tier schon einmal im Zoo gesehen. Aber das war doch seit mindestens zwanzig Millionen Jahren auf der Erde ausgestorben.

Das stieg tatsächlich mitten aus dem See auf der Suche nach einem ebenbürtigen Feind oder einer Nahrungsquelle. Erst als das Iguanodon seine pfeilartige weiße Zunge wie eine lange dünne Röhre zu uns hin züngelte, packte mich ein panischer Schrecken. Mensch um Mensch verschwand mit der eingezogenen Zunge im Schnabelrachen des Tieres und verschwand im langen, dünnen Tier Hals.

Mir wurde eiskalt. Wie leicht konnte die Zunge jetzt pfeilschnell wieder zurückschießen, mich entdecken und mich aus der Hängematte ziehen! Mein Grauen wuchs, denn ich hatte mich mit den Fußspitzen und meinen Armen in dem Maschennetz der Hängematte verwickelt, so dass ich nicht flüchten konnte. Nur meinen Kopf konnte ich noch hin und her bewegen.

Da kam die Zunge des Tieres wieder auf mich zugeschossen. Ich war in der Hängematte gefesselt und

Riva di Garda, 28. August 1982:

konnte nicht flüchten.

Laut schreiend wachte ich auf, ich war schweißgebadet. Die Sonne stand genau über mir und brannte in mein Gesicht. Ich konnte plötzlich ganz leicht wieder aufstehen, denn nur meine Füße waren in der Hängematte verwickelt gewesen. Dabei dachte ich lange über den sonderbaren vorsintflutlichen Traum nach, der mich einfach nicht mehr loslassen wollte.

Am Abend schoss das Schnellboot wie ein Walfisch über die Wasserfläche, und Marianne stieg ein, von Zolloffizieren und Matrosen umgeben. Von ihrem Boot sah man über dem Wasser nur den kleinen Schornstein, den Lichtapparat des Scheinwerfers und ein dünnes Eisengeländer, das um das längliche Verdeck lief. Wie ein Wasserkäfer eilte das Boot auf der Seefläche hin und kreuzte pfeilartig von Ufer zu Ufer. Die Offiziere rauchten Zigaretten und freuten sich über Marianne und über ihr rotleuchtendes Haar, das auch in der Nacht noch stark mit seiner Feuerfarbe lockte.

Plötzlich hörte man Schüsse in der Nacht, sie wurden zu hundert Echos in den Bergen. Und in den Häusern von Limone erhellten sich viele Fenster. Viele Leute kamen aufgestört mit Lichtern und Laternen an den Strand, und viele Frauen warfen sich am Wasser händeringend auf den Boden und schrien verzweifelt: „Man hat uns unsere Männer getötet!" Dann senkte sich wieder die Stille über den See.

Im ersten Morgengrauen schlurfte der alte Mann plötzlich aus seinem Zelt. Er stammelte entsetzt: „Hilfe, meine Frau ist tot. Jawohl, ich habe sie vergiftet, weil sie immer mit

Riva di Garda, 28. August 1982:

ihrem Geliebten tanzt. Ich hatte das nicht mehr ausgehalten, sie musste sterben, die alte Hure."

Die ganze Stadt Limone wurde sofort von der Polizei zum Sperrgebiet erklärt, und uns war der ganze Ort zum Ekel geworden, wir wollten nur noch weg. Also fuhren wir heimlich in derselben Nacht, als der Mond in einer schmalen Sichel über dem See und dem Monte Alto hing, ab in die Berge, is wir endlich die Bucht von Limone verlassen hatten, nur noch der säuerliche Duft der Zitronenfrüchte roch lockend und verführerisch wie zur Erinnerung.

Wir übernachtete nicht mehr dort, sondern fuhren in letzte Abenddämmerung hinauf in die Berge, blieben an der Landstraße stehen, bis uns am Morgen ein freundlicher Carabinieri weckte.

Seitdem gehören nun der Gardasee und Limone wieder den wasserköpfigen Zwergen und dem Iguanodon, und wir beschlossen, nie mehr dorthin zu fahren, trotz Marianne mit den roten Haaren und der schönen milchweißen Haut.

Damit waren die Aufzeichnungen in diesem Tagebuch beendet.

Ja, mein lieber Papa, und wie ging es dann weiter? Die nächste Reise machte er nämlich ohne mich, denn ich hatte mich mit Mumps angesteckt. Er hatte mir aber fest versprochen, das Büchlein weiterzuführen.

Das nächste Büchlein begann mit dem Satz:

...........und mitten im Besitz die Sehnsucht:

Riva di Garda, 28. August 1982:

- das ist das Gefühl, unter dem man in Griechenland leidet.

Eduard Engel, Griechische Frühlingstage, 2. Aufl., Jena 1904, Seite 261

Ganz oben drauf lagen drei dicke Packen Griechenlandkarten mit einem Gummiband umwickelt und zuoberst lag eine altmodische, bunte Kladde und eine Landkarte auf Griechisch, die mir aber total unbekannt war. Auf Griechisch stand Kaş drauf und mit einem dicken Stift drauf handschriftlich: „Chrysopigi und ein Datum: Mai 2019.

Im Testament stand der Name „Eleni Tilkeridou", und „Kasos", das muss wohl irgendwo eine winzige Insel sein, wo wahrscheinlich jeder jeden kennt. Wenn diese Eleni noch lebt, und sie war Papas Geliebte, dann werde ich sie ganz bestimmt ganz leicht wiederfinden können.

Seltsam, von einer Insel Kasos hatte ich noch nie gehört, dort waren wir ganz bestimmt noch nie auf unseren Exkursionen gewesen, denn dort gab es ganz bestimmt nichts Archäologisches zu besichtigen. Außerdem hatte mein Papa mir auch noch nie etwas von dieser Insel erzählt. Wie mag er bloß dorthin gekommen sein? Das konnte nur die Liebe und diese Eleni Tilkeridou gewesen sein.

Schnell schaue ich bei Wikipedia nach. Dort finde ich folgenden Eintrag: **Gemeinde Kasos - Δήμος Κάσου (Κάσος).** Mein liebes Väterchen, da hast du dir aber eine extrem weit abgelegene griechische Insel für eines deiner erotischen Abenteuer ausgesucht.

Kasos - das ist ja eine winzige Insel, fast schon in Afrika, und vor allen Dingen, dorthin ging nur eine einzige

Riva di Garda, 28. August 1982:

Fährverbindung ohne Autotransport. Deine Liebe aber musste damals wohl grenzenlos gewesen sein, wenn du deinen heiß geliebten VW-Bus am Festland stehen gelassen hattest und einfach mit dem Schiff auf so eine einsame Insel weitergefahren warst.

Der frühere Name der Insel „Aphros" („Schaum") bezieht sich vermutlich auf die meist von hohen Wellen umschäumte Nordküste der Insel. Heute heißt der kleine alte Hafen Fry, da ist ein kleiner, beschaulicher Ort. Schon die Minoer der Vorpalastzeit hatten Handelskontakte nach Kasos, auch den Phöniziern war die Insel bekannt. In der gut geschützten Bucht „Chelatro" im Süden der Insel wurden Reste einer minoischen Siedlung gefunden.

Seefahrt und Handel brachten der Bevölkerung bis ins 19. Jahrhundert Reichtum. Die türkische Besatzung wurde 1912 durch die Italiener abgelöst, die den „befreiten" Bewohnern von Kasos verbot, die griechische Flagge zu hissen. Daraufhin bemalten die Einwohner in einem Akt zivilen Ungehorsams jede weißgetünchte Fläche mit der griechischen Flagge. Erst nach dem Zweiten Weltkrieg und dem Abzug der italienischen Besatzung wurde Kasos 1948 wieder mit Griechenland vereint.

Die Fährlinie Piräus–Kreta–Rhodos (LANE-Lines) läuft Kasos dreimal wöchentlich an. Im Hafenort Fry gibt es Autoverleih, einige Hotels und Pensionen, eine Reiseagentur und zwei Internetcafés.

Wegen der wenigen Badestränden oder fehlender archäologischen Sehenswürdigkeiten gibt es fast keinen messbaren Tourismus in Kasos, höchstens ein paar Tagesausflügler, die von Karpathos herüberkommen. Viele Häuser wurden im traditionellen Stil restauriert, daher ist

Riva di Garda, 28. August 1982:

Kasos heute immer noch sehr ursprünglich und beschaulich geblieben...

Und ausgerechnet da hatte mein Vater seine große griechische Liebe gefunden. Ich blätterte weiter, da steht das Datum. 1. September, aber darunter hat er in Riesen-Buchstaben mit Herzchen geschrieben: „Eleni Tilkeridou heißt die süße 16-jährige, die Tochter des Bürgermeisters. Sie wird streng bewacht von ihren Brüdern und ihrem Vater, was soll ich da nur tun? I love you so much.

Und auf der nächsten Seite: 2. September frühmorgens:

Ich bin schon ganz krank vor Sehnsucht, seit ich sie gestern zum ersten Mal gesehen hatte. Morgen werde ich mit ihr reden, sie ist so süß und immer noch so schüchtern. Zwei schwarze lange Zöpfe haben mir den Kopf verdreht, wie soll das nur gut gehen? Darunter klebt ein ziemlich verblichenes Polaroid-Foto mit einem dünnen Mädchen mit langen schwarzen Zöpfen.

„Früh um fünf Uhr geht sie mit den Schafen auf den Berg und erst in der Abenddämmerung kommt sie wieder heim. Ihre riesengroßen Sternenaugen funkeln neugierig und sie scheint sich arglos auf die unbekannte Welt zu freuen. Wie kann ich nur mit ihr reden, ohne dass wie zufällig ein Aufpasser auftaucht, und wie unabsichtlich ein Gespräch mit ihr beginnt?

Montag, 03. September:

Heute gab es die Gelegenheit, mit ihr allein zu reden, denn ich konnte ihr helfen, die unruhige Herde am Brunnen zusammen zu halten, aber nach drei Worten taucht ihr kleiner Bruder Vassily auf und plaudert scheinbar arglos

Riva di Garda, 28. August 1982:

mit mir über Bayer München in Germania. Ich begreife blitzschnell: Dieses Rabenaas will zwei Schachteln Zigaretten für fünf Minuten mit seiner Schwester, der hat es ganz dick hinter den Ohren.

Dienstag, 04. September:

„Nein, ich bereue nichts, sollen sie mich doch totschlagen, wenn sie uns zusammen erwischen. Es ist passiert, sie liebt mich auch, morgen früh werden wir mit der nächsten Fähre gemeinsam die Insel verlassen..."

Oh, mein lieber Papa, das war bestimmt nicht gut gegangen. Aber wie geht es nun weiter? Das Fährticket ist eingeklebt: Zwei Personen – Innenkabine – 199 DM, zwei eingeklebte Postkarten von Kasos folgen, dann fünf leere Seiten, und dann geht der Text weiter:

Balkanblues, 15. September 1983

Aus und vorbei mit Eleni mit ihren Sternenaugen: Man hatte uns natürlich erwischt. Gegen die aufgebrachte Meute an der Fähre konnte ich nichts ausrichten, sie wollten mich fast in Stücke reißen, nur der Dorfpolizist schritt ein und brachte mich sicher auf die Fähre, die Mannschaft schritt ein und zog sofort die Gangway ein, um die Verfolger abzuwehren. Das Schiff legte 10 Minuten zu früh ab und erleichtert gab ich jedem aus der Mannschaft 10 DM, denn sie hatten es sich verdient.

Nachts in der Kabine habe ich nicht allzu viel geschlafen, denn früh um vier Uhr legte die Fähre wieder in Gytheio an, und frustriert bestieg ich wieder meinen VW-Bus, aber die Lust am Urlaub war mir komplett vergangen. Jetzt habe ich viel auf einmal Zuviel Zeit....

Riva di Garda, 28. August 1982:

Die restlichen Seiten sind stark gewellt, sie haben einen Wasserschaden, ich blättere ratlos weiter, aber zum Glück kann man auf den letzten paaren Seiten doch wieder etwas lesen.

....Ich hätte es vorher ahnen müssen, diese schlechten Straßen des Autoputs haben sogar meinem neuen VW-Bus den Rest gegeben, der Motor versagte und beinahe wäre sogar das ganze Auto in Flammen aufgegangen. Zum Glück war eine Tankstelle nicht weit weg vom havarierten Fahrzeug gewesen. Was blieb mir also übrig, als erst einmal Zwangsurlaub auf der makedonischen Landstraße zu machen. Nun hieß es warten, warten, warten, bis der Werkstatt endlich ein neuer Motor geliefert werden würde.

Nur das Wetter machte mir Sorgen, es war nämlich inzwischen Oktober geworden, es nieselte ununterbrochen, und trotzdem erkundete ich diese flache, eintönige und trostlose Gegend. Wie aus dem Nichts schloss sich mir ein junger Mann mit Namen Sascha an, er war abgerissen, lebensgewandt, und er hatte ein Gesicht wie ein erschreckter Hase.

Er redete in einem solchen Tempo, dass ich kaum ein Wort verstand - eifrig, vertraulich und ohrenbetäubend, ohne die kleinsten Pausen, begleitet von zahlreichen Gesten und einem starren Lächeln, und seine Hasenaugen quollen vor und rollten, als lägen sie lose in ihren Höhlen. Von wo ich komme? *Anghtchanzn? Tchudesno!* wunderbar! Auf diese Enthüllung folgte ein Wortschwall, der von mir keine Antwort erwartete.

Das ging den ganzen Tag so, bis mir ganz schwindelig war, und mir schon bald der Kopf davon wehtat. Ich beschloss,

Riva di Garda, 28. August 1982:

zum Gegenangriff überzugehen, und sang mit fester Stimme „Born in the wind", aber das Lied war einfach zu langsam. Zwischen den Takten legte er wieder los, und so versuchte ich es mit einem Wiener Walzer, mit „mein kleiner grüner Kaktus", „der Mond ist aufgegangen, und die mehrere Male hintereinander. Da erntete ich nur Applaus und quietschendes Gelächter, und sein Redeschwall begann von neuem. Ich konnte bald nicht mehr, ich gab mich auf, ich war besiegt.

Nach einer weiteren Stunde blieb ich abrupt stehen, warf die Hände zum Himmel hoch und rief: „Bitte! bitte, Sascha! *Molya! molya!"* Ich glaube, einmal habe ich ihn sogar an den Schultern gepackt und geschüttelt, doch Gelächter und Millionen von Silben waren die einzige Antwort. Mir platzte beinahe der Kopf, und ich sehnte mich nach dem Grab und der ewigen Ruhe. Eigentlich bin ich sonst ziemlich redselig, gerade in beschwipstem Zustand. Oh, wie sehr bekam ich jetzt die Quittung dafür.

Im nächsten Dorf machte ich mich diskret aus dem Staub und rannte dann nach Leibeskräften die Straße entlang. Als ich mich vorsichtig umdrehte, sah ich ihn, wie er meine in der Ferne entschwindende Gestalt entdeckte und zur Verfolgung ansetzte.

Ich hatte einen guten Vorsprung. Wie ein Hirsch jagte ich voran, mein Herz wurde leichter, und schließlich, als auf einem langen geraden Straßenstück hinter mir nichts mehr zu sehen war, ging ich wieder langsamer, ich war endlich frei. Doch ein paar Minuten später hielt neben mir ein nordwärts fahrendes Auto sein Tempo, und Sascha, der mir schalkhaft mit dem Finger drohte, sprang vom Trittbrett.

Riva di Garda, 28. August 1982:

Es half alles nichts. Den ganzen Abend über, während des ganzen Abendessens, ging diese Folter weiter, bis ich schließlich völlig entnervt ins Bett kroch, wo ich aber dann überhaupt nicht schlafen konnte. Nach ein paar alptraumgeplagten Stunden stand ich im Dunkeln auf, schlüpfte noch vor dem Frühstück nach draußen und machte mich auf den Weg. Aber ich war noch keine zweihundert Schritt gegangen, da löste sich von einem Baum ein wartender Schatten. Eine muntere Stimme, vom Schlafe erquickt, wünschte mir gut gelaunt einen guten Morgen, und seine freundliche Hand tätschelte meine Schulter.

Langsam brach der Tag an. Ich wurde immer kleinlauter und geschlagen, da sah ich meine nächste Fluchtmöglichkeit am Nachmittag kommen. Wir waren vor dem Regen in ein Gasthaus eines großen Dorfes geflohen und tranken russischen Tee, in dem hoch der Zucker stand.

Wie deutlich ich diese Dorfgasthäuser noch vor mir sehe. In der Ecke war ein Verschlag mit Holzgestellen, auf denen die Flaschen lagen, Blechtische, wacklige Stühle, vielleicht ein angepflockter Widder, ein halbes Dutzend lebender, an den Füßen zusammengebundener Hühner, der drängende Tonfall der Händler, die Flugbahnen der Spucke, ein slawisches Stimmengewirr, Füße in Fußlappen, die zwischen den Pfützen patschten, der Geruch von Slivo, Kaffee, süßem Tee, grobem Tabak, feuchtem Leinen, Schweiß, Holzkohle, Hunden, Stall und Rindern. Eigentlich mochte ich diese Häuser! Denn da war immer etwas los.

Wieder in der Wirtsstube machte ich Sascha den heimtückischen Vorschlag, wir sollten den Bus nach Rustschuk nehmen, um dem Regen zu entrinnen - die Fahrt würde ich bezahlen. Würde er so nett sein und die Fahrkarten kaufen?

Riva di Garda, 28. August 1982:

sagte ich und reichte ihm das Geld; mein Serbisch wäre so schlecht. Freudig und leichtgläubig stimmte er zu.

An der Bustür kam es zur Krise: Er bestand darauf, dass ich zuerst einstieg. Wir rangelten, und der Fahrer rief voller Ungeduld etwas. Ich schob meinen Gefährten hinein, der Fahrer zog den Hebel, der die Tür schloss, und fuhr sofort los. Ich sah, wie Sascha brüllte und gestikulierte, doch vergebens. Er warf mir einen schauerlichen Blick aus seinen Hasenaugen zu, ich winkte, und dann verschwand der Bus in den Fluten.

Ich ging kein Risiko ein, wenige Minuten darauf bog ich von der Straße ab und nahm einen kleinen Pfad durch ein nasses Sonnenblumenfeld. Mein schlechtes Gewissen beim Gedanken an Saschas vorwurfsvollen Blick verdarb mir beinahe das Gefühl der Befreiung.

Als ich endlich wieder vor meinem Auto stand, wendeten sich die die Tankstellen-Angestellten von mir ab. Jetzt hielten mich die Leute auch noch für einen Spion!

In meiner Niedergeschlagenheit verfluchte ich Makedonien und seine Bewohner in Bausch und Bogen. All ihre guten Eigenschaften, ihr Mut und ihre absolute Ehrlichkeit, ihre Bescheidenheit, die Zähigkeit und der Fleiß, ihre Liebe zum geschriebenen Wort, all das war vergessen und zählte nun nicht mehr, ebenso wenig die Gastfreundschaft, die schönen und eigentümlichen Lieder, überhaupt ihre Musikalität und, in vielen Fällen, ihre sympathische, melancholische Ernsthaftigkeit.

Außerdem ist mir diese Art Herumreiserei langsam ziemlich lästig geworden, alle Klamotten sind nass, der ganze Bus ist dreckig, und ich habe seit fünf Tagen nicht

Riva di Garda, 28. August 1982:

mehr duschen können. Was soll so ein Camping-Urlaub, wenn es immer weiter regnet?

Ich wollte nur noch weg. Morgen früh wird hoffentlich endlich der Motor eintreffen. Wenn er dann funktioniert, werde ich werde heilfroh sein, wenn ich in zwei bis drei Tagen wieder zu Hause bin.

Nächstes Jahr werde ich diesen Weg durch Jugoslawien noch einmal versuchen, aber dann nur zu einer anderen Jahreszeit. Wer hätte denn gedacht, dass der Oktober so verregnet gewesen ist.

Damit endet das Tagebuch, nur die restlichen beiden Seiten sind frei geblieben.

Na, mein lieber Papa, da hattest du wirklich recht. Das schönste am Urlaub ist immer wieder das Nachhause kommen, die Räume im Haus fühlen sich riesengroß an, überall ist Sauberkeit, alle Freunde sind noch da, und es gibt so viel neues zu erzählen.

Gute Nacht, Papa, und pass von oben auf mich auf, ja? Ich vermisse dich nämlich sehr...

Am nächsten Morgen regnete es mal wieder und ich saß missmutig am Frühstückstisch, was sollte das denn, mitten im August so ein Schietwetter, ich hatte zu gar nichts richtig Lust. Ich glaube, ich brauche einen Klimawechsel.

...Und was wäre, wenn ich selbst demnächst nach Kaş fahren würde? Vielleicht kann ich herausbekommen, ob diese Eleni dort noch irgendwo in einem Dorf lebt. Und wenn sie sich nicht mehr an meinen Papa erinnern könnte, wäre es doch auch nicht allzu schlimm, Hauptsache, ich

Riva di Garda, 28. August 1982:

fahre nach Griechenland, und so eine Spurensuche wäre doch sehr interessant.

Ach ja, Griechenland, ich freue mich schon so auf Meer, Sonne und Retsina. Und außerdem ist Ende August die allerbeste Reisezeit für Griechenland, da sind nur wenige Touristen unterwegs und man kann überall die Preise für ein Zimmer aushandeln. Ich bin ja schließlich ein Profi, Papa, ich werde dir schon keine Schande machen, du kannst dich also ganz bestimmt auf mich verlassen.

Mein Rucksack ist schnell gepackt, und viel Gepäck werde ich sowieso nicht mitnehmen. Das wichtigste ist die Urne und das Geld habe ich in dicken grünen 100-ern dabei, gut verpackt und eingeschweißt ganz tief unten im Rucksack im doppelten Boden. Bei so einer wertvollen Fracht werde ich den Rucksack nicht aus den Augen lassen dürfen.

Am Schluss packe ich noch Papas Bild oben in den Rucksack, die Fotografie eines jungen Mannes mit kühnen Augen und einem eckigen Kinn, das er energisch vorstreckte. Und an seiner Hand stand ich, ein schüchternes, braves, etwa sechsjähriges Mädchen mit Zöpfchen in einem Schottenkleid mit einem großen, weißen Kragen.

..Du bist groß und ich bin klein,

fahr'n wir in die Welt hinein....

Das war immer unser Leitspruch gewesen, und der steht in allen anderen Heften ganz oben auf Seite eins. Na, Papa, dann soll also Kas der zweite Ort meiner Reise in deine unbekannte Vergangenheit werden, warum eigentlich auch nicht? Wer weiß, was mich dort erwarten wird? Dort muss

Riva di Garda, 28. August 1982:

wohl eine besonders hübsche Inselschönheit leben oder gelebt haben, oder sogar ihre direkten Nachkommen, meine eventuellen Geschwister sozusagen.

Aber mit der Reise ging es doch nicht so einfach, wie ich angenommen hatte. Zuerst wollte ich mir einfach einen Flug nach Athen buchen, aber dann hätte ich die Urne und das Geld nicht mitnehmen können, weil die Kontrollen an den Flughäfen sehr streng waren, man muss heute sogar jede Shampooflasche aussortieren.

Also gab es nur eins: der Landweg - mit dem Zug nach Bari und dann schnell rüber nach Igoumenitsa. Zeit hatte ich ja wirklich genug, und die 39 Stunden Bahnfahrt machen mir gar nichts aus, sie sind schnell überstanden und es galt sogar ein Spartarif für 39 €, na bitte. Diese Superfast-Fähre fährt nur sonntags morgen um 11 Uhr und ist abends gegen 22 Uhr in Igoumenitsa dort. Es geht sogar ein Anschluss-Bus nach Piraeus, direkt von der Fähre aus, also war alles perfekt organisiert. Das einzige Problem ist, dass ich schon heute Abend los müsste.

Aber das soll doch kein Problem für mich sein.

Den Nachtzug erwischte ich gerade noch, zum Glück bekam ich auch einen Sitzplatz in der zweiten Klasse. Die ganze Zeit saß ich mit gelangweilten Typen im Zug rum, die auch nichts anderes machten als ich. Dazu noch ein Pärchen, die nicht miteinander sprachen, sondern nur gelangweilt an ihrem Smartphone rummachten. Na, vielleicht hatten sie sich gezankt und wollten nicht mehr miteinander, mir war es völlig wurscht. Ich will sowieso nur schlafen.

Riva di Garda, 28. August 1982:

Allein die Fahrt über den Brenner, am Gardasee entlang und die gesamte Adria entlang war es Nacht gewesen. Am Nachmittag stand ich auf dem Bahnsteig in Bari, nun hatte ich noch fast zwei Stunden Zeit, bis die Superfast-Fähre nach Griechenland abgeht.

Aber wo ist das Fährbüro? Ich werde wohl ein Taxi nehmen müssen, das mich direkt hinfährt. Der junge Fahrer guckt mich mit großen Augen an als ich „Ferry Boot" sage, versteht er das nämlich nicht. Erst, als ich ihm die Fährtickets zeige, kapiert er es und mit strahlenden Augen sagt er nur „Porto"…Porto", na ja, dann eben zum Porto.

Aber das war noch nicht alles, denn dann sprudelte irgendwas Unverständliches, in dem Superfast vorkam. Was nun? Was konnte er nur meinen? Kurz vor dem Porto bog er plötzlich auf eine große Straße. „Stopp, Junge Porto, Porto!!!" Nun bremst er hart, und bleibt mit quietschenden Reifen und Blinklicht stehen. „Allora, Superfast." Jetzt kapiere ich es, ich muss zuerst in die Superfast-Zentrale und mich dort anmelden und bekomme dann dir Reise-Unterlagen. Der Taxifahrer reißt mir alles aus der Hand, und ich brauche nur zu warten, bis er mir die Unterlagen in die Hand drückt.

Ales ging superfast. Die Fähre war überpünktlich in Patras, der Anschlussbus raste wie ein Wilder durch die Nacht, und nach nur 3 Stunden waren wir in Piraeus, also noch vor dem ersten Morgengrauen hielt er am Fährgelände an. Was sollte ich nun hier anfangen? Die Fähre ging erst um 23 Uhr, jetzt hatte ich sehr viel Zeit, mir Athen anzugucken.

Ich nahm die Metro in die Innenstadt, die Plaka hat sogar neuerdings eine eigene Haltestelle. Ach, hier gab es so viel

Riva di Garda, 28. August 1982:

zu sehen, die komplette Touristen-Rammelei war zugange, sie haben auch neuerdings einen kleinen Zug, der die gesamten Highlights abfährt. Und die vielen Touristenbusse „Hoff on" „hopp off" mit den offenen Verdecken, da gehe ich lieber zu Fuß.

Zuerst zur Akropolis rauf durch Anafiotika, aber da oben sind so viele Busse, dass ich spontan auf die Besichtigung verzichte. Da lockt mich viel mehr das darunterliegende neue Nationalmuseum mit seinen tollen Glasfassaden und den durchsichtigen Plexiglas-Fußböden, unter dem die Grundrisse der alten Gebäude zu schweben scheinen.

Langsam war es Zeit, wieder zurück nach Piraeus zu fahren, meine Fähre würde um 23 Uhr abfahren. Seltsamerweise hatte ich keinerlei Hunger, nur Durst, Durst, Durst. Zum Glück waren genug Büdchen da, die eiskalte Getränke anboten. Und so vernichtete ich mindestens vier Bierdosen und eine riesige Wasserflasche. An Bord würde es bestimmt etwas Essbares geben, ich brauchte also nur ein bisschen zu warten.

Die Fähre hatte zwei Stunden Verspätung, auf dem offenen Deck gab es nichts zu essen, nur im Restaurant, und das Essen dort sah ziemlich zweifelhaft aus. Spontan dachte ich an meine Freundin Rosetta, die bei der letzten Fahrt Brechdurchfall bekommen hatte und das alles nur von Frikadellen, die mindestens fünf Mal auf derselben Fährentour gewesen waren, neee, lieber kein Risiko eingehen. An der Bar kaufte ich einen süßen Kuchen und ein paar trockene Kekse, das würde ich auch so überstehen.

Eine Kabine hatte ich mir glücklicherweise nicht genommen, denn da drinnen kann man wirklich Platzangst

Riva di Garda, 28. August 1982:

bekommen. Da lag ich lieber in meinem Schlafsack draußen auf dem offenen Deck, dort war wenigstens immer frische Luft. Aber langsam wurde mir die ganze Rumliegerei wirklich ziemlich langweilig, und immer noch war kein Land in Sicht.

Da rollte ich mich lieber in meinen Schlafsack in eine windstille Ecke und war sofort fest eingeschlafen. Morgen Mittag gegen 11 Uhr werden wir hoffentlich dort ankommen.

Nun hatte ich schon die Nacht und einen Morgen auf der ziemlich in die Jahre gekommenen Fähre der Lane-Lines von Piraeus aus verbracht. Sie hält sich wacker und stampft immer weiter gegen eine stramme Brise aus Südost aus. Jetzt war es ganz schön kalt geworden, also verzog ich mich lieber in die Bar, bestellte einen Kaffee mit viel Milch und einen frischen Sesamkringel aus dem durchsichtigen Kasten in der Bar. Neugierig beäugten mich ein paar Lastwagenfahrer, denen es wohl genauso langweilig war wie mir. In ungefähr einer Stunde würde das Schiff endlich in Fry ankommen, falls nichts dazwischen kommt.

Plötzlich tauchten Delphine direkt hinter uns auf, sie spielten im Fahrwasser der Fähre, es müssen mindestens 6 – 7 Stück sein. „Delphine sind inzwischen ziemlich selten in der Ägäis geworden, ihre Nahrung, die letzten Fische hat gerade der Mensch aufgefressen. Ich weiß gar nicht, warum die Fischer überhaupt noch mit ihren Kaikis rausfahren," zitiert ein junger Mann, der sich neben mir aufgebaut hat. Dabei sieht er mich so onkelhaft an, als ob er für diese Aussage mindestens ein Lob verdient hätte. Woher wusste er nur, dass ich eine Deutsche war? Sah ich etwa so typisch deutsch aus?

Riva di Garda, 28. August 1982:

Er stellt sich als Gilbert vor, und er ist ebenfalls zur Insel Kasos unterwegs. Er ist ein Weltenbummler, sagt er selbstbewusst von sich selbst und gibt sich dabei sehr geheimnisvoll. Für mich war er einfach ein junger Mann mit einem langen Pferdeschwanz, der irgendwie wie ein Millionärssöhnchen aussah, denn am Handgelenk baumelt eine viel zu teure Uhr, und auch sein Rucksack sieht auch ziemlich teuer aus. Und was außer Quatschen kann man auf so einer langen Fährpassage sonst machen?

Das erste, was ich von der Insel Kasos erblickte, war eine dünne blaue Küstenlinie, die sich aus dem dunklen Meer erhob. Als die Fähre näher herankam, sah ich die vielen kleinen weißgetünchten Häuser wie hin getüpfelt im Hafen an der Bucht liegen. Ich atmete erst einmal tief ein, denn ich wusste noch von früher her, dass jede Insel ihren ganz bestimmten Geruch hatte. Tatsächlich, diese hier roch nach Fenchel und strengen Gewürzen, gemischt mit dem Geruch von nassem Schiffstau.

Endlich legt die Fähre an, rasselnd fallen die Ankerketten runter, und am Ausgang drängeln sich ungeduldig die wenigen Passagiere mit Bergen von Paketen. Ich schultere meinen viel zu schweren Rucksack, Gilbert folgt mir wie ein Hündchen und will auf einmal wissen, wohin ich als nächstes gehen werde.

„Ich weiß es noch nicht genau, ich werde mir erst mal auf der Insel ein Zimmer suchen," sagte ich ihm wahrheitsgemäß. Außerdem werde ich ihm nichts über meinen wahren Reisegrund berichten, denn das geht ihn nämlich überhaupt nichts an.

Riva di Garda, 28. August 1982:

Endlich spüre ich wieder festen Boden unter den Füßen, welche Wohltat nach all der Rumhängerei auf dem schlingernden Schiff. Ich will gerade schwungvoll meinen Rucksack schultern, als ich plötzlich beinahe mit einer schwarzgekleideten Frau zusammenstoße, die einen großen Marktkorb am Arm trägt. „Den piraso," sagt sie lachend, und in ihrem Gesicht funkelten tausend Lachfältchen.

Der erste Mensch, den man am Ende einer Reise trifft, hat eine besondere Bedeutung, sagte mein Vater immer orakelhaft, aber ich will jetzt von Orakeln nichts wissen. Schnell, schließ die Augen. Und wenn ich sie danach wieder aufmache, schau ich einfach woanders hin, dann habe ich nämlich überhaupt noch niemanden gesehen.

Aber es nützt nichts, denn als ich danach wieder die Augen öffne, ist sie immer noch da, und nun ist sie noch viel neugieriger als vorher geworden. „Ah, issae Germanida? Pou pas, koritsi mou, thelete ena domatia?"

Ja, ich verstand alles sofort, ich konnte doch noch ein paar Brocken Neugriechisch von früher. „Nai, pu inae ena domatia?"

„Milate ellinika? Ta domatia inae in Chrysopigi, thelete?" fragte sie mich strahlend und streichelt freundlich meinen Arm. Gilbert, der neben mir steht, klopfte sie nur kurz auf die Schulter, so als ob sie ihn kennen würde. Das kam mir seltsam vor.

„Nai, pame. Posso kanei ta domatia?" antworte ich fröhlich.

„Komisch, da wollte ich eigentlich auch hin," murmelt Gilbert und schließt sich an. Na, das kann ja noch was werden, denn ich kann ihm schließlich nicht verbieten,

Riva di Garda, 28. August 1982:

auch dort zu wohnen. Hoffentlich wird der auf Dauer bloß nicht allzu anhänglich, das wäre mir sehr lästig, so ein Anhängsel.

„Ela mou re, pame, ola kala. Entschlossen geht sie zu dem einzigen Pickup, das im Hafen steht, ein verbeultes, farbloses Ding mit einer Ladefläche. „Pame." Da taucht auch wieder Gilbert auf, den scheint sie irgendwie zu kennen, darum schickt sie mit einer halben Handbewegung den Rucksäcken auf die Ladefläche, ich darf drinnen Platz nehmen. Sie klemmt sich hinter das Steuer, das Auto springt polternd an, und dann rast sie mit einem Affenzahn los, dass die ganze Umgebung sofort in einer Staubwolke versinkt.

Nach nur zehn Minuten stehen wir oben auf dem Berg in der Inselmitte auf einem Weg, der auf der anderen Seite direkt wieder zum Meer hinunterführt. Da ist eine Mauer mit einem offenen Tor, der geharkte Weg führt zwischen Zypressen zu einem weiß gekalkten Haus mit blauen Fensterläden hinunter. Es hat ein flaches Dach und große Fenster.

Ob es die nahende Dunkelheit oder die tiefe Einsamkeit der Umgebung war, dieses Haus wirkte auf mich irgendwie unwirklich und ziemlich unheimlich. Hinter den Fenstern wurde es plötzlich hell, es bewegte sich jemand in einem Raum, und dann kam auch Licht aus der Halle.

Als wir aus dem Wagen stiegen, sah ich im Scheinwerferlicht gelbe Kakteenblüten und voll aufgeblühte Rosen, und sofort verlor das Haus etwas von seiner Unheimlichkeit. Gilbert schaute mich an, höflich und erwartungsvoll, zwei Fremde, die sich aber irgendwie viel voneinander erhofften,

Riva di Garda, 28. August 1982:

dann nahm er mich an der Hand, und wir gingen gemeinsam auf die Frau zu, die unter der offenen Haustür stand, auf der obersten Stufe einer kleinen Steintreppe.

Diese Frau war etwa fünfzig, aber ich konnte ihr Alter nicht gut einschätzen, vielleicht war sie auch jünger. Ihr Gesicht wirkte hart und ausgetrocknet, wie bei Menschen, die viel in der Sonne gewesen sind. Sie war klein und breit, hatte braunes, streng zurückgekämmtes Haar und eine schmale Stirn, aber im Gegensatz dazu riesengroße, sanfte Augen.

Als ich auf der obersten Stufe angekommen war, streckte sie ihre Hände nach mir aus, beugte sich vor und küsste mich auf die Stirn. „Willkommen, willkommen. Ich bin Eleni, wie schön, dich als Gast bei uns zu haben. Es kam mir gerade so vor, als ob ich dich irgendwoher kennen würde. Warst du schon mal auf unserer Insel gewesen?"

„Woher sprechen Sie so gut Deutsch?" frage ich erstaunt. Ob das ausgerechnet diese Eleni ist, die frühere Geliebte meines Papas gewesen war? Nein, das kann doch gar nicht sein, das werde ich bestimmt später noch herausbekommen, oder?

„Ach, das ist eine lange Geschichte. Tag, Gilbert, sei also auch willkommen, kommt herein, ihr müsst sicherlich sehr müde sein. Gilbert, dein Zimmer ist wie immer fertig, du weißt ja im Haus Bescheid."

„Laura, komm ruhig mit mir mit, ich zeige dir alles. Sie führt uns in eine kühle Halle, dessen Mosaikfußboden über und über mit Orientteppichen belegt ist. Die Zimmer sind sparsam möbliert, die wenigen Möbel sind reich geschnitzt und für diesen Raum, der nach Helligkeit und Leichtigkeit verlangte, viel zu schwer.

Riva di Garda, 28. August 1982:

„Setz dich doch, du hattest doch sicher eine anstrengende, lange Reise. Das ist Nelly, meine Enkelin. Komm ruhig her, Nelly, und sag den Gästen Guten Tag. Du bekommst gleich etwas von dem frisch gepressten Orangensaft, danach kannst du ganz in Ruhe schlafen gehen. Kali nichta, gute Nacht, meine Kleine, ich komme gleich noch zu dir."

„Und wer bist du?" fragte das Kind mit großen, runden Augen und sah mich neugierig an. Ihre Stimme klang etwas schleppend, als ob sie gleich im Stehen einschlafen würde.

„Ich heiße Laura, und ich komme aus Colonia, das ist in Germania, und ich möchte hier ein paar Tage Urlaub bei euch machen." Antwortete ich bereitwillig.

„Oh, von der Stadt Colonia habe ich schon mal etwas gehört, von dort hatte ich früher jemanden gekannt, aber das ist sehr viele Jahre her," sagt Eleni und errötet wie ein Schulmädchen. „Ich bin gleich wieder da, denn ich muss gerade Nelly ins Bett bringen. Sie will abends nicht allein einschlafen. Danach mache ich für euch ein schönes Abendessen."

„Was ist denn mit Nelly passiert? Redet sie immer so seltsam, oder ist sie einfach nur müde?" frage ich neugierig, als die beiden den Raum verlassen hatten.

„Ganz genau wissen wir das nicht, nur dass sie in der letzten Zeit immer öfter epileptische Anfälle bekommt, und das neue Medikament macht sie viel zu müde. Ach, da kommt ja Eleni wieder. Eleni, nun sag schon, was habt ihr denn dem Mädel dieses Mal für ein Sauzeug in den Saft getan?"

Riva di Garda, 28. August 1982:

„Wieso? Sie hatte gestern gerade vom Doktor ein neues Medikament bekommen. Das vorherige war viel zu stark gewesen, und das wusstest du doch ganz genau. Sie..." sprach Eleni plötzlich mühsam, als würge sie etwas im Hals, dabei sah sie mich sehr schreckhaft mit ihren schwarzen Augen an. „Glaub mir doch, ich - habe - ihr - sonst- nichts - gegeben! Sie schläft ganz brav in ihrem Bettchen."

„Ich glaube, ich muss morgen noch mal mit dem Doktor reden, das Medikament ist bestimmt nicht für das Kind richtig geeignet."

„Du weißt ja sowieso immer alles besser, dann tu du auch mal etwas für Eleni. Komm Laura, ich habe dir ja noch nicht mal dein Zimmer gezeigt, ja, ich bin eine ganz schlechte Gastgeberin. Leider haben wir nur noch eine winzige Kammer, aber für ein paar Tage wird es wohl gehen.

Wir können ja morgen über alles weitere reden. Das Haus ist nämlich nicht so groß, wie er von draußen aussieht." Sagte Eleni nervös und zupfte an ihrer Bluse herum

„Ich werde schon keine Umstände machen," sagte ich brav und schleppte meinen Rucksack die Treppe hinauf. Das Dachzimmerchen war wirklich winzig, zum Glück hat es einen kleinen, runden Balkon. Draußen war alles ruhig, und man hörte nur das leise Rauschen des Meeres am Ufer.

„Das ist die „Dunkle Schwester, unser höchster Berg," sagte Eleni leise, die gerade hinter mir das Zimmer betreten hatte und zeigte auf den unheimlichen Berg vor dem nachtblauen Himmel, der vom Mond beschienen wurde. „Ich wollte dir nur frische Bettwäsche bringen. Wenn du noch etwas brauchen solltest, kannst du ruhig Bescheid

Riva di Garda, 28. August 1982:

sagen. Gleich ist Abendessen. Wenn du willst, kannst du ruhig herunterkommen, es reicht für alle."

Endlich war ich wieder allein und sah mich um. Auf einer kleinen Kommode stand eine Fotografie mit einem markanten Männerportrait in einem geschnitzten Holzrahmen. Ich nahm sie zögernd in die Hand. Plötzlich war ich ziemlich sicher, dass ich diesen jungen Mann von irgendwoher kannte, aber wo nur? Ich stellte das Bild zurück auf seinen Platz, dann packte meinen Rucksack aus, duschte mich, nahm ein frisches T-Shirt und wusch schnell meine Haare.

Irgendwoher unter mir erklang das feine Läuten einer Glocke. Dieses Geräusch machte mich neugierig und ich trat auf den Balkon. Unten im Garten sah ich eine weiße Ziege, die dort angebunden war, und die vom hellen Mondlicht beschienen wurde. Wenn sie ihren Kopf herumwarf, tanzte die kleine Glocke an ihrem Halsriemen. Undeutlich sah ich eins ihrer Hörner - nur eines, als wäre es nicht die Ziege, die da unten stand, sondern ein Tier aus der mythischen Inselwelt, ein Einhorn ... Ob das andere Horn vielleicht vom Schatten der Bäume verdeckt wurde, konnte ich so schnell nicht erkennen, denn unter mir im Garten bewegte sich etwas, und ich beugte mich weiter vor.

„Hallo Laura, möchtest du noch unten auf der Terrasse ein Glas Wein trinken? Ich habe einen eisgekühlten Krug Rose aus eigener Herstellung. Also komm ruhig noch auf ein Glas herunter." Rief Gilbert von unten herauf.

Dem Angebot konnte ich nicht widerstehen, und wir saßen lange beim eisgekühlten Wein auf der Terrasse, und außer

Riva di Garda, 28. August 1982:

Gilbert redete niemand sehr viel. Langsam färbte sich der Horizont hellrot und die Nacht ging ihrem Ende zu.

Ich war plötzlich hundemüde, und dann schlief ich tief und traumlos bis in den frühen Morgen, bis das Sägen der Grillen in mein Fenster drang und mir bedeutete, dass es draußen schon ganz schön heiß sein müsste.

Am nächsten Morgen wurde ich von einem leisen Ruf geweckt. Da stand das kleine blasse Mädchen Nelly auf der Terrasse und schien schon auf mich zu warten. „Kalimera, Laura, gehen wir zusammen ins Dorf? Warum schläfst du bloß so lange? Du brauchst doch keine Tabletten."

„Es ist doch gerade erst acht Uhr, außerdem bin ich doch gerade erst wach geworden," antwortete ich noch etwas müde.

„Den pirasi, darum habe ich dir ja auch einen Kuluri zum Frühstück mitgebracht, den kannst du unterwegs essen. Komm nur, komm, unser Dorf musst du dir zuerst ansehen, ich bin jetzt dein Guide."

Der Weg war abschüssig, steinig und ziemlich staubig. Einmal blieb Nelly ohne jeden Grund stehen und starrte lange geradeaus. Was geschieht hinter dieser sanften, ausdruckslosen Stirn? Als wir näher ans Dorf herankommen, merkte ich, dass Nelly schleppend geht, ein Schmerz scheint sie plötzlich überfallen zu haben und sie verzieht ihr Gesichtchen.

Zum Glück entdecken wir einen Pekinesen am Weg, der freundlich mit seinem Schwänzchen wedelt und uns mit seinen runden Augen neugierig abwartend anschaut." Oh, den kenne ich komm, gehen wir ihn streicheln."

Riva di Garda, 28. August 1982:

„Lieber nicht. Komm, wir gehen einfach weiter." Ich nehme Nellys Hand, aber die ganze Zeit über schaut sie sich suchend um, als ob ich sie gerade von ihrem besten Freund getrennt hätte.

Als wir nach kurzer Zeit ins Dorf kommen, fällt mir auf, wie groß die Frauen gewachsen sind und mit wieviel stolzer Würde sie sich bewegen. Sie haben alle schwarze Haare, kühne Nasen und herrlich große, ausdrucksvolle Augen, genau wie Eleni. Zu mir sind sie deutlich zurückhaltend, aber als wir an ihnen vorbeigegangen waren, sehen sie uns neugierig nach und stecken tuschelnd die Köpfe zusammen.

Die Taverne ist wohl nicht für Fremde gedacht, denn dort sitzen nur alte Männer an den Tischen, trinken Kaffee aus winzigen Tässchen, rauchen und spielen Tavli, das dauernde Klackcklack der Steinchen geht mir durch Mark und Bein.

Ich schaue neugierig in einen der kleinen Läden, und der Mann, der drinnen sitzt, springt sofort heraus und reichte mir zwei kleine, in Zeitungspapier eingewickelte Stangen, dabei leuchteten seine Augen vor Vergnügen. Nelly streckte sofort ihre Hand danach aus, und ich gab ihr eine davon, es war eine Sesamstange mit Honig. „Evcharisto poli" lachte ich und wollte etwas bezahlen, er wehrte aber entrüstet ab. „Donato", sagte er immer wieder, das war also ein Geschenk gewesen.

Draußen stand ein altes verbeultes Auto neben dem Laden und davor lagen merkwürdige Meerestiere, die auf den Steinen in der Sonne trockneten. „Was ist das denn?" fragte ich neugierig.

Riva di Garda, 28. August 1982:

„Das sind ganz besonders große Tintenfische und drei Seesterne", sagt ein kleiner, gnomenhafter Mann, der gerade ausgestiegen war. Er hatte langes, weißes Haar und himmelblaue Augen, über seinen braungebrannten Körper hatte er ein auffallendes leuchtendrotes T-Shirt gezogen und seine sehnigen Beine steckten in abgelatschten Sandalen. „Kalimera, Sie sind doch Laura, oder nicht?"

„Ja, aber ..."

„Woher ich das weiß? Wir leben auf einer kleinen Insel und ich bin Robert Allon, ich war früher einmal Arzt in London gewesen, und jetzt bin ich ein pensionierter Nichtstuer. Ich behandele die Leute auf der Insel, die so krank sind, nicht mehr selbst zum Arzt gehen können, und die eigentlich direkt nach Karpathos gebracht werden müssten. Und Nelly möchte bestimmt eine Cola trinken, und ich hoffe, dass Sie einen Ouzo vertragen. Kommen Sie, wir setzen uns hierher in den Schatten unter die große Platane."

„Danke, mit der Einladung bin ich einverstanden." Sagte ich, denn ich fand ihn sehr sympathisch.

Er streckte lächelnd die Hand aus und strich ein Haar von meiner Schulter. „Ihr Haar ist sehr schön und in der Sonne hat es sogar einen roten Schimmer. Sie kennen doch Ouzo? Die reinste Medizin, mit Wasser verdünnt kann man ihn sehr gut genießen. Jamas."

„Und wenn Sie mal keine Patienten behandeln, was machen Sie dann den ganzen Tag?"

„Oh, ich habe immer sehr viel zu tun, ich gehe mit der Harpune fischen, ich habe einen großen Garten, ich male Portraits. Vielleicht sollte ich mal eins von Ihnen

Riva di Garda, 28. August 1982:

anfertigen? So schöne goldene Haare reizen mich einfach, Sie zu malen, das können Sie einfach nicht ablehnen. Also, wann haben Sie mal Zeit, mir Modell zu sitzen?"

„Ich glaube, lieber gar nicht, denn was soll ich mit einem Portrait von mir anfangen? Um es mir übers Bett zu hängen? Nein, vielen Dank, da lohnt sich die Mühe nicht. Fotos von mir reichen mir vollkommen aus, und es gibt auch niemanden, dem ich ein Bild von mir schenken möchte."

„Schade eigentlich, aber ich kann Sie auch aus dem Gedächtnis malen. Nelly kümmert sich um meinen Hund, den Sascha, sie läuft durchs Dorf, da kann ihr gar nichts passieren." Wir saßen fast eine Stunde schweigend und eine bleierne Müdigkeit breitete sich in der Mittagshitze aus.

Plötzlich fragte er: „Ich kenne Sie von irgendwoher, bestimmt habe ich Sie früher mal irgendwo gesehen. Das soll keine blöde Anmache sein, nur Sie erinnern mich ganz stark an irgendjemanden, aber an wen und wo war das genau? Ich grübele schon die ganze Zeit, aber ich kann das einfach nicht rauskriegen."

„Ich war noch niemals hier gewesen, aber mein Vater muss in den 90-iger Jahren schon mal hier gewesen sein, denn ich fand eine Landkarte von Kasos in seinem Arbeitszimmer, und darum war ich auch neugierig auf diese Insel geworden. Wie lange wohnen Sie schon hier auf der Insel?"

„Etwa 19 Jahre, meinen Sie etwa, dass ich ihn damals getroffen haben könnte? Aber in welchem Zusammenhang und warum erinnere ich mich bloß nicht mehr dran?"

Riva di Garda, 28. August 1982:

Nelly nahm plötzlich meine Hand, um wieder nach Hause zu gehen, doch der Arzt hielt sie zurück. „Auf Wiedersehen, Laura, kommen Sie mich ruhig bald besuchen, dann kann ich Ihnen meine Bildergalerie zeigen. Und vielen Dank, dass Sie so nett zu Nelly waren. Die Kleine bleibt wegen der neuen Medikamente ein paar Tage hier bei mir, zur Beobachtung sozusagen." Er legte beschützend seinen Arm um sie, und sie gingen langsam davon, aber als ich mich unterwegs umblickte, sah ich, dass sie ihm nur widerstrebend ins Haus gefolgt war. Sie sah mir noch lange nach und ich hatte das Gefühl, dass sie mir etwas Wichtiges sagen wollte.

In der Mittagshitze trödelte ich unter den Bäumen des Olivenhains dahin, die Zikaden zersägten mit ihren schrillen Stimmen die glühend heiße Luft. Ich hatte großen Durst, und der Ouzo hatte mein Hirn benebelt. Ich wollte nur noch irgendwo schlafen, wo es schön kühl war.

Als ich zu dem schmalen Grasstreifen zwischen dem Olivenhain und dem Seiteneingang von Elenis Haus kam, sah ich etwas Metallisches in der Sonne glänzen. Es war Wagen des Arztes, den er unter den Bäumen im Schatten abgestellt hatte. Wieso war er plötzlich hier, wenn ich mich doch gerade eben erst von ihm im Dorf verabschiedet hatte?

Die schmale weiße Pforte stand offen, und ich ging über den Pfad, der zur Terrasse am Rückeingang des Hauses führte. Eleni und Gilbert saßen unter der Markise der Terrasse, und als ich näher kam, sah ich, dass jemand an der Wand des Hauses entlang kroch. Ich erkannte sofort den Arzt mit seinen langen, weißen Haaren und sonnengebräuntem Gesicht. Beinahe hätte ich seinen Namen laut ausgerufen, doch plötzlich wurde mir klar, dass er gar nicht

Riva di Garda, 28. August 1982:

erkannt werden wollte, er hielt seinen Kopf schräg, und ich merkte jetzt erst, dass er einfach nur so dastand und dem Gespräch auf der Terrasse lauschte.

Daher wusste er also immer so genau, was im Dorf vor sich ging, aber warum reichte ihm nicht der übliche Klatsch? Unter mir warf der Wind plötzlich das Gartentor zu, und ich fuhr erschrocken herum, als ob ich selbst beim Horchen ertappt worden wäre. Als ich wieder zur Terrasse hinschaute, war er verschwunden. Dieses Geräusch hatte ihn wahrscheinlich gewarnt. Ich wusste nicht, ob ich diesen Vorgang den beiden sagen sollte, denn sie waren schließlich belauscht worden.

Als ich die Terrasse betrat, standen die beiden am Gitter und unterhielten sich angeregt. „Ich verstehe einfach nicht, warum du immer so misstrauisch bist. Wenn der Doc seine Einwilligung gegeben hat, dann ist doch alles in Ordnung. Nun mach dir mal keine Sorgen. Es wird dem Kind guttun, wenn es dort in seinem herrlichen Garten spielen und spazieren gehen kann. Oh, da kommt schon Laura. Na, wie war dein erster Besuch im Dorf?"

„Total interessant, Nelly hat mich überall herumgeführt, sie ist beim Doc geblieben, zur Beobachtung sagte er, dass hättet ihr so abgesprochen. Und was habt ihr die ganze Zeit gemacht?"

„Im Augenblick haben wir nur auf dich gewartet. Hattest du etwa vergessen, dass wir einen gemeinsamen Ausflug mit dem Boot machen wollten? Die Palacanthus gibt eins ihrer berühmten Gartenfeste. Das Boot kommt gleich.", sagte Eleni. Sie trug ein Kleid aus weißer, seidiger Baumwolle. „Na, wie sehe ich aus? Gefällt es dir?"

Riva di Garda, 28. August 1982:

„Wie eine Märchenprinzessin," lachte ich anerkennend. „Muss ich mich auch so fein herausputzen? Ich habe nur einen langen Rock dabei, der sieht auch ein bisschen festlich aus."

„Na wunderbar, dann ziehst du den eben an. Aber bitte beeil dich ein bisschen. In kurzer Zeit standen wir am Strand, das Boot tuckerte gerade heran und legte am Ufer an, der griechische Bootsführer in der weiß-blauen, goldbetressten Uniform sprang heraus und trug uns mit seinen schaufelradgroßen Händen ins Boot, setzte uns behutsam und sofort fast liebevoll in die Kabine und kam dann wieder heraus, um mir zu helfen. Es war eine kleine Motorjacht, wie mein Vater sie geliebt hätte, und während wir abfuhren, musste ich sofort an ihn denken. Er war ja auch mal hier gewesen, das spürte ich ganz genau.

Ich war von den Wellen so fasziniert, dass ich die ganze Zeit vorn am Deck saß, wo ich den stäubenden weißen Schaum im Kielwasser am besten beobachten konnte. Als wir näher an die Insel herankamen, erkannte ich große Zypressen und einen kleinen Hügel, auf dem eine Art Pavillon stand, sehr weiß und klassisch wie eine Miniatur-Akropolis. „Wie hübsch es hier ist", sagte ich staunend und deutete auf die kleinen Villen mit ihren geschlossenen Fensterläden.

„Das Ganze ist eine riesige Festung, doch das ist nötig bei all den Schätzen, die sie hier gehortet haben. Sieh dir nur mal die prächtigen Gärten an, diese Allee führt direkt zur Villa von Palacanthus.

Der Duft von Thymian und Geißblatt verfolgte mich, als wir um das Haus herumgingen, wir kamen an einem

Riva di Garda, 28. August 1982:

kleinen See vorbei, der dicht mit Seerosen bedeckt war. Unter Stechpalmen standen dekorative Steinfiguren, und dazwischen dehnte sich ein smaragdgrüner Rasen, auf dem die geladenen Gäste in Gruppen beisammen saßen.

Von irgendwo hörte ich plötzlich eine penetrante englische Frauenstimme sagen: „Um Himmels willen, was schleppt ihr denn so fürchterlich proletarische Leute hier an?" Ich drehte mich um, um mir die Sprecherin deutlicher anzusehen: sie trug ein langes rotes Seidengewand, hochgestecktes dunkles Haar, und sie wedelte mit ihren mageren, klauenartigen ringbesteckten Fingern. Sie kam mir vor wie eine Figur aus dem letzten Jahrhundert, die uns mit einer Lorgnette missbilligend musterte. Plötzlich bedauerte ich, dass ich überhaupt mitgekommen war, denn ich passte nicht in diese Umgebung, noch nicht einmal für ein paar Stunden.

Ein untersetzter Mann in hellem Seidenanzug und dunkelgrüner Schärpe trat hervor, um uns zu begrüßen. Er hatte die kräftige griechische Nase und dunkle Augen, und sein Haar war schwarz und Lockig, und er wirkte eigentlich ziemlich sympathisch im Gegensatz zu seiner Frau. „Herzlich willkommen bei unserem kleinen Fest. Trinken Sie mit uns ein Glas Champagner?"

„Gern, vielen Dank für die Einladung." Sagte Eleni und stellte mich als deutsche Studentin vor, die bei ihr zu Gast wäre.

„Sagen Sie mal, Laura, Sie sind doch Deutsche, oder? Wissen Sie da überhaupt, wie die Deutschen 1943 in Griechenland gewütet haben? Sagen Ihnen vielleicht die Orte Distomo und Kalavrita etwas? Diese Schuld wird

Riva di Garda, 28. August 1982:

niemals abgewaschen werden." Kreischte die alte, dürre Frau dazwischen.

„Oh ja, ich war 1990 mit meinem Vater und seinen Studenten in Kalavryta. Dort haben sich die Deutschen seitdem um Wiedergutmachung bemüht, sie haben dort eine Schule und ein Krankenhaus gebaut und beim Aufbau der Gedenkstätte geholfen. Sie waren wohl selber noch nie da gewesen, sonst hätten Sie das doch gewusst, oder?" rief ich kämpferisch in die elitäre Runde.

Alle schweigen betreten, als Eleni schließlich das Wort ergriff: „Bitte, jetzt macht doch keinen Streit über die alten Geschichten, heute ist ein so schöner Tag, und der 2. Weltkrieg ist schon so lange vorbei. Wenn man überall nur noch Rache üben würde, dann würden wir wohl nie mehr zur Ruhe kommen. Man muss auch verzeihen können."

„Ach ja, ausgerechnet du, Eleni, jetzt erinnere ich mich wieder an dich, du warst ja damals die Deutschenhure gewesen, die sogar einen Balg von dem andrehen hatte lassen, da sieht man es eben immer wieder, manche Leute werden wohl nie zu uns passen......"

„Komm Laura, das müssen wir uns nicht sagen lassen, wir gehen sofort," sagte Eleni würdevoll, trat einen Schritt vor und schüttete dem schwarzlockigen Herrn den Champagner ins gehässige Gesicht, drehte sich um und rannte zurück zur Bootsanlegestelle, so dass ich kaum nachkommen konnte.

„Diese hässlichen Kröten, diese Giftspritzen, was haben sie denn davon, andere Menschen so zu kränken?" rief sie aufgeregt. Das Boot legte ab, und Eleni erzählte dem griechischen Kapitän rasend schnell, was man ihr alles an

Riva di Garda, 28. August 1982:

den Kopf geworfen hatte. Mit einem Affenzahn raste er los und legte elegant in weitem Bogen an unserem Inselstrand an.

„Ich begreife überhaupt nichts. Es geht die Leute doch gar nichts an, ob du irgendwann einmal einen Deutschen als Freund gehabt hattest. Und dein Kind geht die Leute erst recht nichts an, ganz egal, wer der Vater ist."

„Laura, du vergisst die Zeit, ich war damals erst 17, und damals hätten mich die Inselbewohner fast gesteinigt, denn ein uneheliches Kind, und dann noch von einem Germanos, das war eine Todsünde. Damals gab es sogar noch Blutrache, aber was konnte denn das Kind dafür? Und er hatte mir immer wieder geschrieben, dass er bald wiederkommen wollte und in den ersten drei Jahren hatte er auch immer ziemlich viel Geld geschickt, aber dann kam einfach keine Antwort mehr. Ich wollte ihn schon in Germania auf eigene Faust suchen gehen, aber dazu reichte nie das Geld."

„Was war das bloß für ein Mistkerl, dich mit dem Kind einfach so sitzen zu lassen," rief ich empört, obwohl ich schon dumpf ahnte, dass es sich bei ihm um meinen Vater gehandelt hatte.

„Ach, lass doch die alten Geschichten, eigentlich interessieren sie mich auch gar nicht mehr. Meine Tochter Martha war am 21.09.1989 geboren worden, sie war Nellys Mutter. Sie wurde mit 12 Jahren von einer frechen Bande Bauernburschen vergewaltigt. Ach, man hatte sie so übel zugerichtet und im Krankenhaus glaubte man von Anfang an kaum, dass sie das alles überleben würde.

Riva di Garda, 28. August 1982:

Und auch sie bekam ein Kind der Schande, genau wie ich, denn eine Abtreibung war damals absolut verboten, und die Dorfbewohner machten nicht nur mir damals das Leben schwer. Eines Tages, etwa vier Monate nach Nellys Geburt, sprang sie einfach von der Klippe da draußen ins Meer, denn mit diesen ewigen Hetzereien konnte sie einfach nicht mehr weiterleben.

Damals hatte ich nur einen einzigen Gedanken, mich bei den Burschen und Marthas Erzeuger zu rächen, ich malte mir tausende Mal aus, wie ich ihn mit meinen eigenen Händen erwürgen würde. Aber da hatte ich plötzlich meine winzig kleine Enkelin auf dem Arm, so ein hilfloses, süßes Baby.

Und dann brach die nächste Katastrophe über mich herein. Schon im nächsten Frühling bekam meine süße Nelly irgendein seltsames Nervenleiden. Wir haben alles ausprobiert, und nun haben wir einfach kein Geld mehr für eine Behandlung in einer Spezialklinik in Athen.

Ach, warum erzähle ich dir das alles, aber warte doch, Laura, ich wollte dir nämlich etwas Wichtiges zeigen, das dich bestimmt sehr interessieren wird."

„Ich bin eigentlich ziemlich müde, es ist doch schon mitten in der Nacht."

„Mein liebes Mädchen, tu lieber direkt, was ich dir sage, und sieh dir sofort mal das Foto an im Dachzimmer an." Ihre eindringlichen schwarzen Augen zwangen mich, ihr zu gehorchen, und ich wunderte mich über ihren plötzlichen Stimmungswechsel. „Na los, beeil dich mal ein bisschen, ich kann nicht ewig warten. Aber sie sprach so

Riva di Garda, 28. August 1982:

eindringlich und ernst, da stimmte doch irgendetwas nicht."

Gemeinsam gingen wir in mein Dachzimmer, und ich fühlte mich in ihrer Gegenwart plötzlich sehr unwohl, und sie kam mir irgendwie ziemlich bedrohlich vor. Ob sie wohl betrunken war?

Sie drückte mir wortlos das Foto in die Hände. „Das ist der Beweis, es gibt keinen Irrtum, mir sind endlich die Augen aufgegangen, du bist seine Tochter." In der Hand hielt sie das Foto meines Papas als junger, stolzer Mann aus meinem Rucksack. Diese Entdeckung erschütterte mich, jetzt gab es keinen Zweifel mehr, nun fiel es mir schlagartig wie Schuppen von den Augen. Eleni hatte wahrscheinlich heimlich meinen Rucksack durchgeschnüffelt, und dabei das Geld, die Asche und das Foto meines Vaters gefunden. Und die Ähnlichkeit mit Nelly und Eleni war eben auffallend groß.

Mir wurde eiskalt. Wie würde sie sich jetzt verhalten? Ob sie jetzt wohl an Rache dachte? Ausgerechnet an mir? Warum nur spürte ich eine schleichende Gefahr, die mir langsam den Hals zuschnürte? Ich durfte jetzt nicht hier im Haus bleiben, wo sie jetzt die Wahrheit wusste.

Ich lief aufgeregt aus dem Haus und über den Gartenweg und zögerte nur kurz, als ich den Olivenhain erreichte. Jeder Baum schien mir verdächtig und jeder Schatten schien sich zu bewegen, Ich änderte die Richtung und schwenkte nach links, auf das offene Gelände zu. Als ich an einem Espenwäldchen vorbeilief, hielt ich kurz an und lauschte, aber alles war still. Trotzdem konnte ich meine Angst nicht mehr loswerden, dass mir gleich jemand im

Riva di Garda, 28. August 1982:

hohen Gras oder im Wäldchen auflauern würde. Außerdem klangen meine Schritte viel zu laut auf dem steinigen Weg.

Ach, wenn ich doch nur ganz unauffällig diese unheimliche Insel verlassen könnte! Beweise hatte ich doch jetzt genug, dass Eleni die ehemalige Geliebte meines Vaters gewesen war. Ich hätte sofort mit ihr darüber reden müssen, um Vaters Vermächtnis einzulösen. Für die richtigen Worte war es jetzt wohl zu spät, aber was soll denn Böses daran sein?

Plötzlich bewegte sich direkt vor mir ein Schatten. Von weitem sah er aus wie die Gestalt eines Esels oder einer Ziege, doch als ich näher kam, sah ich, dass der Schatten einer Frau gehörte, die einen weiten, dunklen Umhang trug. Wieder stieg eine panische Angst in mir hoch, das konnte doch nur Eleni sein, die da im Garten auf mich wartete. „Mann, hast du mich erschreckt," schrie ich laut auf und wich einen Schritt zurück.

„Ach, Laura, wie schön, dass ich dich endlich hier alleine treffe. Ich muss unbedingt mit dir reden. Hat er dich etwa geschickt? Dieser Feigling, warum ist er nicht selbst gekommen und hat mir reinen Wein eingeschenkt? Wir wollten doch heiraten. Ach, dieser Schuft, dieser elende Hund, ich hatte die ganze Zeit umsonst auf ihn gewartet, und er ist einfach nicht mehr zurückgekommen.

Aber nun wird die Rache der Erinnyien nicht mehr aufzuhalten sein." heulte Eleni anklagend auf und riss sich an den Haaren. *Dann flüsterte sie anklagend eine rituelle Beschwörungsformel auf Altgriechisch:*

....Bluttriefend beieinander, hoch erhoben,

Riva di Garda, 28. August 1982:

An Wuchs und Haltung Weibern gleich, so standen

Die höllischen drei Furien stracks dort oben.

Giftgrüne Hydren ihre Gürtel banden,

Als Haupthaar Nattern sich den Unholdinnen

Und Vipern um die Schläfen dräuend wanden......

„Das ist Dantes göttliche Komödie, auf Griechisch, erkennst du sie? Kennst du auch die Folgen, wie die Geschichte damals ausgegangen war?"

Langsam streckte sie ihre Hand nach mir aus. Ich ließ es zu, dass meine Haare durch ihre Finger glitten, und ich fühlte ihre kühlen Finger an meiner Wange, und eine unsägliche Angst schlich sich in meinen Körper und schüttelte mich fast.

„Eleni, es tut mir wirklich leid. Morgen früh hätte ich dir bestimmt alles gesagt. Mein Vater ist vor drei Wochen gestorben, und ich überbringe dir sein Testament. Du bist eine Miterbin, du erbst 100.000 Euro und eine kleine Urne mit seiner Asche...."

„Die Erinnyen sind da, der Verbrecher muss gerichtet werden, denn er hat mich in Schande gebracht und er hat mich dann sitzen lassen, das war unverzeihlich, das schreit immer noch nach Blutrache."

„Du sollst ihm verzeihen und die Urne hier beerdigen, das Geld ist für dich bestimmt. Du warst schließlich ein Teil seines Lebens gewesen. Ich weiß aber ganz genau, dass er ganz bestimmt für immer zu dir zurückkommen wollte, denn ich habe in seinen Aufzeichnungen gelesen...."

Riva di Garda, 28. August 1982:

„Und warum ist er dann nicht mehr wiedergekommen? Ich habe so viele Jahre auf ihn gewartet, immer nur gewartet und gewartet. Mit jeder Fähre in jedem Frühjahr, Jahr für Jahr. Und jetzt bietest du mir eine Handvoll Asche und Geld für ein verlorenes Leben nein, das ist nicht genug, das kann ich niemals mehr verzeihen. Was soll ich denn mit seiner Asche anfangen? Die hilft mir auch nicht mehr weiter."

„Meine Mutter hatte ihn in Deutschland festgesetzt und nicht mehr losgelassen, sie wollte ihn einfach nicht mehr fahren lassen."

„Ach was, dieser elende Schuft hatte jahrelang seine miesen Spielchen mit mir getrieben,. Blutrache ist das mindeste, der feige Hund hat jede Form der Rache verdient, er hat mein Herz gemordet und zerstückelt, er hat mein Kind umgebracht und mein Enkelkind krank gemacht und ich...."

Elenis Augen funkelten plötzlich in eiskalter Mordlust. Ich hatte früher nie verstanden, wie man vor Schreck weiche Knie bekommen konnte, aber jetzt musste ich mich nächsten Baum abstützen. Ich brachte vor Entsetzen kein Wort heraus, und ihre irren Augen durchbohrten mich förmlich. Plötzlich stürzte sie sich auf mich, und ihre Hände griffen nach meiner Kehle und drückte sie mit Gewalt immer weiter zu.

„Jetzt kommt die Rache der Frauen, kommt alle heraus! Jetzt kommt die Zeit zum Töten! Die Tochter Luzifers muss sterben. Kommt alle heraus und seht ..." Ich öffnete die Augen voller Panik und sah ein Gewoge von schwarzen Gestalten, fliegenden schwarzen Röcken und hörte Rufe in

Riva di Garda, 28. August 1982:

einer fremden Sprache. Die Frauen der Insel waren da und hatten auf ihr Signal der Rache gewartet.

„Eleni ... Eleni, um Gottes willen.." röchelte ich mit letzter Kraft, doch der Wahnsinn entfesselt in ihr ungeahnte Kräfte. Sie packte mein Haar und schlang es um meinen Hals, um mich damit noch weiter zu ersticken. Ihre Hände waren wie Schraubstöcke. Dabei schleuderte sie mir mit schriller Stimme Obszönitäten entgegen, ich kämpfte verzweifelt, riss an ihrer Kleidung und schlug mit aller Gewalt auf sie ein. Doch sie schien keinen Schmerz zu empfinden.

Hände zerrten an mir, mein Kleid wurde zerrissen, die Haarschlinge um meinen Hals lockerte sich, und ich konnte keuchend einatmen. Doch dann spürte ich wieder einen Griff um meinen Hals, und meine Hände wurden schwach. Ich sah einen Wirrwarr von Gesichtern, fliegenden Haaren und fuchtelnden Händen. Die Dunkelheit vor meinen Augen kam und ging, und auf einmal spürte ich gar nichts mehr.

Ich konnte die Augen noch nicht öffnen und dachte verzweifelt: jetzt bringen sie mich um. Doch was würden sie wirklich mit dir tun? Mich als Hexe verbrennen oder als Opfer für die Götter ins Meer werfen? Ach, es war mir total egal, ...

Ihr kreischendes Lachen wurde leiser, und ihre langen Fingernägel krallten sich in meine Schultern und pressten mich auf den Boden. Mir wurde schwarz von den Augen, ich fiel auf die Knie und hörte nur noch ein Brausen in den Ohren. Dann war es vorbei, und ich musste wohl bewusstlos zu Boden gefallen sein. Niemand kennt die

Riva di Garda, 28. August 1982:

letzten Gedanken der Sterbenden, und niemand würde jemals meine letzten Gedanken erfahren.

Dann spürte ich irgendwann, dass man mich in die Höhe hob. Aus weiter Ferne hörte ich eine Stimme meinen Namen rufen, eine Männerstimme, immer wieder. Doch ich war viel zu benommen, um sie zu erkennen oder darauf irgendwie zu reagieren. Ich versuchte, mich zu bewegen, um mich aus dem Klammergriff zu befreien, aber ich hatte keine Kraft mehr. Ich spürte, dass ich auf den Rücksitz eines Wagens gelegt wurde. Niemand sprach, doch es waren zwei Leute da,..... zwei Männer. Ich fühlte eine prüfende Hand an meinem Handgelenk und eine andere, die sanft über mein Haar strich. Sanft? **Hat**ten meine Feinde etwa Mitleid bekommen, weil sie wussten, was mir gleich bevorstand?

Die Fahrt war kurz, und ich wurde in ein Haus getragen. Ich war so schwach, dass ich noch nicht einmal mehr Angst hatte. Ich hörte Stimmen, wurde eine Treppe hinaufgetragen und spürte ein weiches Bett unter mir. „Laura, können Sie mich hören?" Ich hörte ihn zwar, aber ich konnte nicht antworten. „Öffnen Sie die Augen. Hören Sie mich, Laura, öffnen Sie Ihre Augen. Sie sind in Sicherheit und fast nicht verletzt, außer ein paar Schrammen und Beulen. Es ist nur der Schock. Öffnen Sie bitte Ihre Augen, Mädchen...Laura...Augen auf..."

Diese Stimme klang streng und etwas drohend, sie wollten mich also mit Gewalt wach bekommen. Ich zwang mich also, die Augen zu öffnen, wenigstens konnte ich etwas sehen, aber das Licht tat mir so weh, dass ich sie erschöpft wieder schloss. Wenigstens war ich irgendwie am Leben und ich versuchte, mich hochzusetzen, doch ich hatte das

Riva di Garda, 28. August 1982:

Gefühl, als zöge mich das Gewicht meiner Haare wieder herab. Dann versank ich wieder in einem tiefen Nebel. Was war da nur für ein seltsames Geräusch? Warum sah ich denn nichts? Erschrocken setzte ich mich auf, die Nebel wichen langsam immer mehr zurück.

„Ich habe Ihnen nicht gesagt, dass Sie sich gleich ganz hochsetzen sollen.." Es war ein Arzt, der mich sanft wieder auf die Kissen drückte. Er saß auf einer Bettkante in einem grün-weißen Zimmer. „Na, da sind Sie ja wieder unter den Lebenden. Sie sind im Bezirkskrankenhaus in Fry und jetzt ist alles in Ordnung."

„Was, alles in Ordnung? Was ist passiert, nachdem ...", ich versuchte zu sprechen, doch das

Atmen tat mir unheimlich weh. Ich legte meine Hand an den Hals. „Die Frauen ... sie ... kamen doch, um mich umzubringen."

„Später reden wir, Sie sind jetzt viel zu schwach. Schlafen ist jetzt die beste Medizin, schlafen, einfach schlafen.. und morgen..."

„Nein, wir sprechen jetzt darüber, schlafen kann ich später immer noch. Also, was ist genau passiert? Ich kann mich einfach an gar nichts erinnern," Flüsterte ich heiser.

„Ich kam in der letzten Sekunde dazwischen, ich hatte Sie vor den rasenden Weibern gerettet, die hätten Sie nämlich in ihrer Wut zu Hackfleisch verarbeitet. Ich hatte es irgendwie vorher geahnt, dass es in dieser Nacht kritisch werden würde, denn ich hatte das Haus heimlich beobachtet. Die Dorffrauen hatten schon lange heimlich Meetings abgehalten, aber dass es um eine Mordplanung

Riva di Garda, 28. August 1982:

ging, hatte ich natürlich nicht geahnt." Er strich mir beruhigend über die Hand und sagte begütigend: „Es ist besser, wenn Sie sich jetzt mal richtig ausruhen.."

Doch als er aufstand, um zu gehen, hielt ich ihn am Arm fest. „Du hast mir schon so viel gesagt, dann kannst du mir auch den Rest sagen. Ich kann ja doch nicht schlafen, wenn ich nur die Hälfte weiß."

„Gut, dann sollst du deinen Willen haben. Ich hatte schon lange den Verdacht, dass Eleni im Moment wegen der ausweglosen Krankheit ihrer Enkelin Nelly stark an Depressionen litt. Und diese Stresssituation wurde dann durch dein Erscheinen und die Erinnerung an deinen Vater verstärkt. Natürlich handelten diese Frauen nicht aus eigenem Antrieb, sie wurden von ihr dazu angestiftet.

Ich war gestern Nacht rein zufällig da und ausgerechnet da war es dann geschehen. Wie gut, dass du hier im Krankenhaus erst mal in Sicherheit bist", sagte er gütig lächelnd, seine großen Hände strichen mein Haar zurück. Mein dunkles, langes Haar, mit dem man mich beinahe erstickt hätte, war zum Glück immer noch da. „Hier, Laura, damit ich es nicht vergesse, nimm ruhig dieses Beruhigungsmittel."

„Ich will aber jetzt nicht schlafen," sagte ich bockig und schaute widerwillig auf die kleine blaue Kapsel, die er in meine Hand gelegt hatte. „Schlucken", sagte er streng. Ich schluckte, trank das Glas Wasser und war auf der Stelle eingeschlafen.

Als ich wieder aufwachte, stand Gilbert an meinem Bett. Die Fensterläden waren weit offen, und der frühe Morgen draußen hatte die Farbe von blassen Rosen. „Guten

Riva di Garda, 28. August 1982:

Morgen, Laura, ich bin ja so froh, dass du wieder wach bist. Ich hatte mir schon solche Sorgen gemacht. Wie geht es dir jetzt?"

„Danke dir, gibt es etwas Neues draußen aus der Welt? Was macht Eleni?"

„Jetzt ist ihr Zustand wieder ganz normal, und sie schämt sich fürchterlich für ihre Tat. Beinahe hätte sie sich hinterher selbst umgebracht und das ganze Haus angezündet, aber das konnte ich gerade noch verhindern. Sie lässt dir aber ausrichten, dass du ihr verzeihen sollst. Schon bald wird sie mit ihrer Enkelin in die USA zu einem Spezialisten fliegen. Das Geld wird also nur für Nelly verwendet werden. Aber die Urne mit der Asche hatte sie in ihrer Wut vor der Haustür zerstört und in alle Winde zerstreut.

„Das ist ja ganz in Vaters Sinne gewesen. Meine Mission ist damit also erledigt, die Asche ist zerstreut, das Geld ist abgegeben, und ich bin wieder frei. Ich kann mir überlegen, ob ich noch hierbleiben oder weiterfahren werde, aber am liebsten werde ich so schnell wie möglich wieder nach Hause fahren. Ich muss mich unbedingt etwas erholen, und das kann ich am allerbesten zu Hause. Kannst du mir vielleicht dabei helfen?"

„Klar, so etwas hatte ich mir auch schon gedacht und schon mal die Flugpläne von Karpathos durchgecheckt. Übermorgen um 06:15 Uhr geht von dort aus ein Flieger nach Düsseldorf, da bist du schon fast zu Hause. Aber 118 Euro für einen einzelnen Flug finde ich ziemlich heftig."

„Wunderbar, vielen Dank, der Preis spielt keine Rolle, und meine Scheckkarte hatte ich ja sowieso immer bei mir in der

Riva di Garda, 28. August 1982:

Hosentasche, Bargeld habe ich fast nie dabei. Und wo sind denn meine Klamotten, die ich beim Überfall getragen hatte? Und mein Rucksack?"

„Oh, alles ist im Müll gelandet, sogar der Rucksack war ganz zerfetzt worden. Aber Ludmilla, unsere Putzfrau, war so umsichtig gewesen, auf dem Weg zur Mülltonne noch einmal in der Hosentasche nachzusehen, denn das ist eigentlich so die Art von braven Hausfrauen. Sie hat tatsächlich deine Geldbörse gefunden und an sich genommen. Ich soll sie dir geben."

„Vielen Dank, ohne Scheckkarte wäre ich aufgeschmissen gewesen. Sogar das ganze Bargeld ist noch da. Wie kann ich mich denn bei ihr bedanken? Ich will ihr auch sofort ihren Finderlohn geben."

Morgen früh ist sie wieder da, dann werde ich sie zu dir schicken. Ludmilla hat schon Feierabend."

„Dann kann sie mir doch auch helfen, und für mich einfach auf den Markt zwei T-Shirts, ein paar Jeans, etwas Unterwäsche und Socken zu kaufen?"

„Na klar, das macht sie ganz bestimmt. Außerdem hatte ich das letzte Mal schöne Ledersandalen gesehen, die wären auch was für dich. Aber ich kann auch einkaufen gehen. Ungefähr in einer Stunde bin ich wieder da. Dann kriegst du auch noch die tägliche Fähre, die in drei Stunden abfährt. Das Ticket kann ich dir auch direkt im Hafen kaufen, dann musst du nicht so lange warten."

„Vielen Dank für alles, Gilbert. Ich warte also auf dich, und bring mir ein paar Sesamkringel mit, denn außer dünnem Tee gibt es hier nichts Vernünftiges zum Frühstück."

Riva di Garda, 28. August 1982:

Nun ging alles ganz schnell. Der Abschied war kurz und schmerzlos und schon zwei Stunden später stand ich reisefertig an der kleinen Fähre nach Rhodos. Drei Stunden später werde ich in Karpathos sein, dort kann ich ein paar Stündchen gemütlich im Hafen verbringen, und sogar ein Häppchen etwas essen.

Auf dem Flughafen würde ich wahrscheinlich irgendwo noch zwei, drei Stunden schlafen, bis der Flieger nach Düsseldorf geht, der mich dann ganz schnell wieder nach Hause in die Deutschland-Welt bringen wird.

Die Germanwings-Maschine von Athen landet auf die Sekunde genau in Düsseldorf. Ja, genauso habe ich mir meine Ankunft vorgestellt, Regen, kühl, schmutziggrau und trübe. Mir ist kalt, denn ich habe die falschen Klamotten an, aber zum Glück fährt gleich eine S-Bahn und eine volle Stunde später stehe ich wieder am Haus im Hahnwald. „Ach, es ist eigentlich wirklich schön, so eine Heimat in Köln zu haben," denke ich glücklich, als ich die Haustür aufschließe. Endlich wieder zu Hause, und der griechische Spuk hat ein Ende. Das hätte böse ausgehen können.

Den ganzen restlichen Nachmittag renne ich unruhig durch das Haus, denn der Alptraum von Kasos steckt mir immer noch in den Knochen. Überall kann ein Verbrecher lauern, und vor allen Dingen im Keller werde ich sofort nachsehen und draußen sind auch fremde Geräusche. Und als jemand an der Haustür klingelt, muss ich erst mal tief durchatmen und mich beruhigen. So kann es einfach nicht weitergehen, ich muss mich jetzt einfach mal zusammenreißen.

Riva di Garda, 28. August 1982:

Am besten würde ich erst mal alle Griechenland-Sachen in den Keller räumen, denn dort ist genug Platz. Vorerst würde ich die Sachen nicht mehr ansehen. Da fallen mir ausgerechnet meine beiden ersten Reisebüchlein in die Hände.

„Ach, mein lieber Papa, das waren tolle Zeiten gewesen und was haben wir nicht alles zusammen gemacht? Und weißt du noch, als ich mir unterwegs den Arm gebrochen hatte, da hattest du mich die ganze Zeit gepflegt und betuttelt, das werde ich dir nie vergessen, niemals," schluchzte ich wie ein Schoßhund.

„Mein Papa, wo bist du nur jetzt? Was soll ich denn nur ohne dich anfangen? Ich vermisse dich so sehr. Aber vielleicht siehst du mir da oben beim Heulen zu? Nee, das will ich nicht, meine Heulerei konntest du doch nie ertragen, außerdem bin ich doch dein großes Mädchen. Ob es einen Himmel gibt, oder ein Paradies, in dem du jetzt lebst? Vielleicht sitzt durch ja dort auf Wolke 7 und passt von dort oben auf mich auf?

Mir ist so kalt, wo ist denn bloß deine Wolljacke? Sie ist wirklich noch da, ja, sie hängt hinter der Tür, ja, sie riecht sogar noch nach dir. Die wird mich bestimmt trösten und wärmen, genau wie früher in meiner Kinderzeit." Schniefe ich, aber als ich sie angezogen habe, fühle ich mich schon irgendwie getröstet.

Nun würde ich nur noch den Pizzadienst bestellen, und dann war meine Welt wieder komplett in Ordnung.

Nach einer dicken Hawaii-Pizza und zwei Kölsch war mein Seelenleben tatsächlich wieder im Lot. Abends guckte ich

Riva di Garda, 28. August 1982:

noch etwas Fernsehen, und dann war ich vor lauter Müdigkeit auf dem Sofa eingeschlafen.

Seit einer ganzen Woche regnet es nun schon, aber es gibt so viel mit Papas Nachlass zu tun, und ich versinke im Papierwust. Das Freisemester ist bewilligt, also brauche ich mir über meine Zukunft auf der Uni brauche ich mir die nächste Zeit also keine Gedanken zu machen. Ich kann also weiter auf Spurensuche nach der vierten Adresse für die Urn.e

Heute ist Sonntag, und ich mache es mir in dem alten Ohrensessel am Fenster bequem. Vorsichtig nehme ich ein Tagebuch aus dem Karton, der schon griffbereit Papas Schreibtisch steht. Es ist in hellgrünes Schilfgras gebunden und **riecht** exotisch und nach Patschuli und vielen fremdartigen Gewürzen. Ja, das war seine typische, winzig kleine Handschrift, und gleich auf der ersten Seite stand folgender Eintrag:

.....Ein echter Lichtblick, man hat mir eine volle Assistentenstelle für ein ganzes Jahr für das Ostasien-Projekt bewilligt. Aber trotzdem ist mir bis heute vollkommen unklar geblieben, warum die Professorenschaft ausgerechnet mich ausgesucht hat. Erstens bin ich absolut kein Fachmann für Anthropologie, außerdem war ich vorher noch nie in Asien gewesen, außerdem reichte mir eigentlich Europa als Arbeitsgebiet. Und wenn ich dann an die ganze Arbeit mit der Vortragsreihe im nächsten Semester denke, in denen ich die Ergebnisse des Anthropologen Kongresses präsentieren muss, graust es mir schon jetzt.

Riva di Garda, 28. August 1982:

Ach, warum habe ich mir das nur angetan? So furchtbar viel Arbeit für unheimlich wenig Interesse meinerseits. Zum Glück hatte ich meine Studenten, die das Ganze mit Hausarbeiten untermauern würden.

Am meisten graust mir vor der Abreise zum Anthropologen-Kongress nach Java, denn ich hatte mir eigentlich geschworen, nie mehr zu fliegen. Dieser blöde Kongress wird mir außer zusätzlicher Arbeit überhaupt nichts bringen.

...Dass die Insel Java bereits in prähistorischer Zeit besiedelt war, beweist der Fund des „Java-Menschen", einer Unterart von *Homo erectus*, der vom niederländischen Anthropologen Eugene Dubois 1891 bei Trinil am Solo-Fluss in der Provinz Jawa Timur gefunden wurde. Die Knochen sind etwa eine Million Jahre alt. Danach folgen seitenweise Zeichnungen von Funden, Knochen und Werkzeugen, puh, das ist wirklich ziemlich langweilig, die werde ich alle schlabbern. Ein paar Seiten weiter finde ich folgenden Eintrag:

Java, den 14. April 1996

Gott sei Dank, der Java-Kongress ist überstanden, er war bei allen Kongress-Teilnehmern gut angekommen. Jetzt habe ich noch zwei Tage frei, und schon beflügeln ganz andere Gedanken mein Herz und meinen Verstand. Soll ich es verraten?

Die kleine Ella hat mein Herz bezaubert, und die Gedanken an sie lassen mich einfach nicht mehr los. Mein altes Herz wird süß wie eine Blume, die man sich gedankenlos zwischen die Zähne steckt und am Stiel hin und her dreht, während man eine selbsterfundene Melodie ohne Anfang

Riva di Garda, 28. August 1982:

ohne Ende vor sich hin summt, die nur einem selbst gehört. Sie fasziniert mich so sehr, dass ich Tag und Nacht nur noch an sie denken muss. Ihre Nähe macht mich unruhig, und ich beginne zu stottern, sooft ich allein mit ihr zusammentraf.

Die süße Ella ist letzten Monat gerade sechzehn Jahre alt geworden, ihre Eltern stammen aus einer alten englischen Familie, die in Java seit vielen Jahren ein großes Kolonialgut besaßen. Ihr Vater war der berühmte Anthropologe Mercy Stuart, der die neuesten prähistorischen Grabungen durchführte, lauter sehr vielversprechende Projekte über eine paläologische Bestattung.

An diesem Sonntag war ich bei ihm zum Tee eingeladen worden, die ganze Familie war furchtbar nett und betreuten mich rührend die ganze Zeit in Java. Dafür war ich ihm wirklich sehr dankbar gewesen. Ella kam mir strahlend lachend und wie ein wildes Kind entgegengelaufen, die langen Locken flogen nur so um ihr blasses Gesichtchen.

In ihrer Nähe reizt mich ihre gewisse natürliche und doch jungfräulich mystische Dunkelheit. Ein zerstreutes Licht ist um sie wie bei einem Küken im Ei, ehe es die Schale zerbrochen hat. Wenn Ella dieses lesen würde, würde sie finden, dass ich alles das, was ich da von ihr schreibe, eigentlich über mich selbst schreibe. Denn sie glaubt sich klar zu sehen wie eine Fotografie, außerdem hätte ich noch niemals Frauen richtig sehen, sondern immer nur fühlen können. Ich fühle sie mit den Augen, mit den Ohren, mit meinem Blut und sogar auf meiner Haut.

Riva di Garda, 28. August 1982:

Ach, meine kleine süße Ella. Ich zittere für dich, denn du wirst schon bald Wege gehen, die dich weglos wie einen Kometen in eine Irrwelt werfen können. Aber du willst es so, und alle wollen mit dir, was du willst. Und wenn ich das bedenke, müsste ich eigentlich nicht mehr für dich zittern, denn deine Wege können höchstens Umwege, aber keine Abwege werden, so, wie ich dich bisher kenne.

Endlich bist du da, und deine Mutter hat dich mit Sorgfalt in einen einfachen zarten Kittel aus herbgrüner Seide gekleidet, deren Grün nichts gemeinsam hatte mit Pflanzen, Metallen oder Tierfarben hat. Es war ein fernweltliches Grün, denn du wurdest in Java geboren, dort scheint immer eine grüne Sonne, und die leuchtete feierlich zartglänzend und lieblich aus deinen scheuen Augen.

Da sitzt du nun in deiner sechzehnjährigen Mädchenruhe mit deinem winzigen Kleidchen auf dem Sofa, dein Mund redet zwar noch nichts Verführerisches, und auch deine Glieder reden noch nichts. Du fühlst auch noch nichts, denn die süßen Flügel des Eros haben dich noch nicht gestreift.

Du brachtest mir den kleinen zahmen Kanarienvogel in der Hand und hattest ihn mir auf den Ärmel gesetzt, und du lachtest so süß, als ich verwundert aufschaute. Bitte bring mir doch alle Kanarienvögel der Stadt, damit ich dich tausendmal lachen hören kann! Ich sah den zahmen kleinen Vogel kaum, denn ich fühlte nur mein Herz schmerzen vor lauter Sehnsucht.

Nach dem Essen hattest du ein Tabakhäufchen zwischen zwei Fingern zu einer kleinen Kugel gedreht und in eine kleine japanische Silberpfeife gestopft, die du dann sogar geraucht hattest. Du lachtest wieder und ein kleiner Ruck

Riva di Garda, 28. August 1982:

ging durch mein großes altes Herz, weil die Lust so kurz ist, die du anschlägst und dann wieder auslöschst.

Und mein Herz tat mir noch mehr weh, als du vorhin mit einem jungen Kameraden am Telefon gelacht hattest, der dich zum Eisplatz zum Schlittschuhlaufen begleiten wollte. Hinter dir aber stand dein Vater neckend und sagte dir, dass du diesem Burschen unbedingt absagen müsstest, denn er wäre schon am Telefon ziemlich fad und bestimmt nicht klug genug für dich. Du lachtest kurz auf, und ich hatte nur noch den Wunsch, dich nur noch mehr lachen zu hören.

Zu allem Überfluss kam noch ein Freund eures Hauses, ein beweglicher, nicht alter, aber auch nicht junger Mann, der zwanglos vom Theater plauderte, da zitterte sofort der Schrecken in mir. Denn ich merkte sofort, dass dieser Erzähler ein gewandter Frauenverführer war, er war geistreich, weltlustig und fixierte seine gierigen Augen direkt auf dich wie ein geübter Revolverschütze auf eine Zielscheibe.

Er wandte sich gewieft an deine Mutter und machte den Vorschlag, schon morgen mit dir in die Probe eines neuen Theaterstückes zu gehen. Ich sah seinen vorgebeugten, glattrasierten Kopf, der wie ein Straußenei unterm Kronleuchter glänzte, und wie er mit Eifer deine Mutter davon überzeugte, dass diese Theaterprobe dir sehr für deine Theaterkenntnis nützen würde, und dies wäre eine einmalige Gelegenheit, sie mal kennenzulernen.

Es wurde verabredet, dass du am nächsten Morgen um 11 Uhr in seine Loge kommen solltest, um die Probe zu sehen. Er hob den Zeigefinger und sagte verschlagen: „Aber es

Riva di Garda, 28. August 1982:

darf kein Geräusch gemacht werden, denn die Regie ist streng, denn es darf eigentlich niemand wissen, dass wir überhaupt zur Probe kommen. Aber im dunkeln Theaterraum und in der finsteren Loge wird uns niemand finden, wenn wir ganz leise sind." Ich sah dich bereits im Geist lautlos in jener dunkeln Loge und fühlte, wie du neben deinem Verführer im Dunkeln kaum zu atmen wagtest aus Lust am Theater, aber der kaum zu atmen wagte aus Lust an dir.

In der folgenden Nacht wachte ich stöhnend auf und am nächsten Morgen erwachte ich wie zerschlagen. Es war mir, als müsste ich sofort deine Mutter anrufen und ihr nichts weiter zu sagen als: „Hilfe, Hilfe! Deine Tochter, deine süße Ella, ist in großer Gefahr." wie einer, der ein Unglück kommen sieht und vollkommen ratlos ist, was zu tun ist.

Aber rein zufällig hörte ich am nächsten Morgen von deiner Mutter, dass du doch nicht zu jener Theaterprobe gegangen wärest. Ach, meine süße Ella, ich kann dich nicht beschützen, du musst doch allein deine Umwege oder Irrwege der Jugend gehen, denn keine andern führen hinaus ins wirkliche Leben.

Am nächsten Tag lud mich dein Vater zum Mittagessen ein, er war leider allein im Haus. Du warst mit deiner Mutter in der Stadt, Einkäufe zu machen. Dein kleiner Bruder Nickel, der flinke und aufgeweckte Junge, sprang mit seinem hellblonden Lockenkopf mitten beim Essen vom Tisch auf. Er holte plötzlich den kleinen Kanarienvogel aus dem Bauer und setzte ihn auf das Tischtuch. Dort spazierte das hellgelbe Vögelchen zwischen dem weißen Porzellan und den Kristallgläsern und um das Silbergeräte und pickte Brotkrümelchen, und lugte mich mit einem Auge an.

Riva di Garda, 28. August 1982:

Ach, der Arme, wie erbärmlich sah der kleine Kanarienvogel aus. Ein Beinchen war ihm gebrochen, das er nach sich schleifte, und sein Köpfchen war über Nacht ganz kahl geworden, er hatte alle Federn am Kopf verloren, und man sah die großen Ohrlöcher des Vogels zu beiden Seiten des Köpfchens. Sie saßen im nackten Schädel wie Löcher, durch die eine Kugel gegangen war. Was war nur diesem kleinen Vogel mit diesen Ohrlöchern geschehen, und wieviel Weh- und Wohllaute waren durch seinen kleinen Schädel in sein kleines Vogelherz eingezogen?

Er hat Ella lachen und weinen gehört. Er hat Ella tanzen gehört und auch gehört, wie sie aufstampfte im Zorn. Ja, so gerupft gehen wir alle aus der Lebensandacht hervor, dachte ich bei mir. Früher oder später zieht das Herz einen geknickten Fuß nach, oder man verliert die Locken des Mutes.

Plötzlich klang die Singstimme des gerupften blank schädeligen Vögeleins. O, er sang, als wäre er gerührt über sich selbst. Er sang so schmelzend und zärtlich, und nur, weil dein Bruder Nickel einen Spiegel geholt und der Kanarienvogel sein verunglücktes Bild im Glas gesehen hatte. Und er sang, um den trauernden gerupften Vogel im Spiegel zu trösten, sein lebenssüßestes Lied. Denn er erkannte sich selbst nicht und glaubte, für einen Fremden zu singen.

Da hätte ich gewünscht, Ella, du hättest mit meinen Ohren hören, mit meinen Augen sehen können, denn ich habe Wiedersehen gefeiert mit meinem eigenen Leid. In deinen sechzehnjährigen Augen sehe ich alle meine Wunden wie in einem Spiegel, wie soll es nur mit uns beiden weitergehen? Wenn du willst, werde ich ewig auf dich

Riva di Garda, 28. August 1982:

warten. Nur wie, wie kann ich dir das sagen? Morgen muss ich abreisen, es kann doch nicht alles vorbei sein.

Der Bericht endet, im Tagebuch klebt auf der nächsten Seite das Foto eines tanzenden jungen Mädchens mit eckigen Gliedern in einem Dschungel. Ein buntes Tuch flattert im Hintergrund. Ovid – Metamorphosen. Das war ihre letzte Vorstellung im Schultheater gewesen, das Foto schenkte sie mir einfach so zum Abschied. Ach Ella, ich liebe dich wie ein Wahnsinniger, wie kann ich diesen faszinierenden Ort nur ohne dich verlassen? Ich werde ganz bestimmt bald wieder zu dir zurückkommen.

Was soll ich denn nun davon halten? Mein Vater – verliebt in eine unschuldige, ungeküsste 16-jährige? Was für ein unangenehmer Gedanke, den ich einfach nicht mehr weiterdenken wollte. Wann war das gewesen? 1995? Da war ich gerade mal acht Jahre alt gewesen. Nicht auszudenken, wenn er die hierher nach Hause geschleppt hätte mit der Begründung: „Laura, meine Süße, sag mal guten Tag, das ist jetzt deine neue Mama," einfach schauderhaft, dieser Gedanke. Meine Mama war damals ja schon ausgezogen, sie hatte die Nase voll von all den Geschichten.

So, und wie geht es hier jetzt im Tagebuch weiter? Er war scheinbar doch nicht direkt nach Hause gefahren, sondern noch ein paar Tage da irgendwo geblieben, um noch irgendwo Urlaub zu machen. Tatsächlich, da gehen die Aufzeichnungen weiter.

Aber mich plagte schon wieder der Hunger, ich brauchte nur ein kleines Häppchen zwischendurch. Also machte ich mir ein Marmeladen-Brot mit Pflaumenmus, dazu trank ich

Riva di Garda, 28. August 1982:

eine große Tasse Cappuccino, und dann las ich wieder weiter, denn dieses Büchlein war wirklich spannend.

Myanmar, 17. April 1989.

Eigentlich sind meine Java Studien-Exkursion abgeschlossen, aber ich fand bis jetzt nur nicht den richtigen Abreise-Termin. Wenn ich ganz ehrlich sein soll, so zog es mich eigentlich gar nichts nach Hause, und das Semester würde sowieso erst wieder in drei Wochen beginnen. Da war der kurze Zwischenstopp in Myanmar die reinste Erholung, und dieser Luxus mit goldenen Wasserhähnen und dem exquisiten Essen im Beachy Sand Hotel hielt mich irgendwie am Ort fest.

ein Kind, daraus kann ja gar nichts werden, damit muss nun einfach Schluss sein. Aber warum spukt sie mir immer noch jeden Morgen im Kopf herum? Ade, also meine süße Ella, langsam geniere ich mich wirklich für meine dummen Gefühle.

In Gedanken versunken ging ich planlos durch die engen Tempelgassen, die Pflastersteine der dunkeln schmalen Gasse waren glitschig und fettig von den Füßen der tausend Pilger, die dort jeden Morgen zum Sonnenaufgang hinunter zum Meer ziehen. Zu beiden Seiten der höhlenartigen Gasse waren Öffnungen in den Hauswänden, die man zu Verkaufsständen benutzte.

Ich war auf der Suche nach kleinen Mitbringseln für zu Hause, und plötzlich blieb ich neugierig stehen, was war das nur? Ich drehe in meiner Hand ratlos einen kleinen Kupfernapf mit breitem Rand, der im Licht rötlich blitzte. Dieser kleine Napf ist winziger als ein Eierbecher und darin ist, halb hineingesteckt, ein schwarzes Marmorei.

Riva di Garda, 28. August 1982:

Ich betrat so eine Lingambude, wo auf hölzernen Tischen hunderte Lingams in allen Größen zum Verkauf stehen. Das schwarze Ei in dem kupfernen Eierbecher stellen zusammen ein Lingam dar, das indische Symbol geschlechtlicher Vereinigung, das heiligste Liebessymbol und Symbol des ewigen Lebens.

Sofort fiel mir wieder eine alte Sage ein. Also, der höchste Gott Rama ging eines Abends zum Ganges und traf dort ein schönes fremdes Weib, das Wasser schöpfte. Er begann sich für das schöne Weib zu erregen, und er näherte sich ihm und liebkoste es. Das Weib, von der Gewalt des obersten Gottes erschüttert, legte sich in den Sand und zog den Gott in ihren Schoß, und beide vereinten sich in süßer Liebesumarmung.

Aber Ramas Gemahlin war unruhig geworden, sie folgte den Fußspuren ihres Gemahles im Ganges-Sand, und als sie den ungetreuen Mann mit einem fremden Weibe
vereinigt fand, hob sie heimlich das Schwert, das Rama neben sich gelegt hatte, und holte zu einem Hieb aus, der den Gott von dem Weibe trennte, so dass das göttliche Glied in dem Schoße des Weibes zurückblieb.

Aber das abgehauene Glied Ramas befruchtete noch die Frau, aus deren Schoß neue Götter, ein neues Menschengeschlecht, ein neues Tier- und Pflanzenreich entstanden. Alle die von dem Gott und dem Weib Erzeugten, lieben sich jetzt ewig und müssen sich ewig unter dem Symbol des Lingam weiterzeugen.

Damit Mann und Frau nicht vergessen sollen, dass sie zur herzlichen sinnlichen Vereinigung auf die Welt gekommen sind, wird ihnen in allen Tempeln und in allen Häusern,

Riva di Garda, 28. August 1982:

und von klein auf, das *Symbol* des Lingam in tausend Formen immer wieder vor die Augen gestellt, denn die Menschen sind vergesslich, und alles muss ihnen immer wieder gelehrt werden, auch die Liebe - das bedenke, 0 Mensch.

Ich kaufte zwei Lingams zur Erinnerung, aber nicht als Geschenk für die Lieben zu Hause, sondern nur für mich selber. Mein Gepäck war schon ziemlich schwer, da würde es auf diese beiden geheimnisvollen Mitbringseln auch nicht mehr ankommen.

Ich lief weiter und plötzlich sah ich überall nur noch riesige Phallus-Symbole. In einem der Tempel wusch eine junge Frau einen großen hölzernen Phallus mit mitgebrachter Milch, eine alte Frau salbte hingebungsvoll einen großen schwarzen Phallus, der an ihrem Hauseingang angebracht sein, überall strotzten die Gassen vor praller sexueller Erotik.

Irgendwie erregt verließ ich die Altstadtgassen und verzog mich auf eine schattige Lichtung im großen Hotelgarten unter einem Baum, direkt vor mir wuchs eine große hellblaue Blume, die sich langsam gegen das Sonnenlicht kehrte. Es dauerte nicht lange, als mit weichen Schritten auf diesen verschlungenen Pfaden unendlich weich und geschmeidig ein Mädchen herankam, es war beinahe noch ein Kind.

Hatte ich etwa ein Ella-Syndrom entwickelt? Überall stieß ich hier auf diese faszinierenden Kindfrauen, aber diese schien erwachsener zu sein. Sie trug rote Lotusblüten im Haar und trug nur einen schmalen roten Seidengürtel um die zarten Hüften. Ein Hauch von Ambra begleitete sie wie

Riva di Garda, 28. August 1982:

unsichtbare Flügel der Jugend. Um den Hals trug sie eine doppelte Schnur aus roten Angolaerbsen, und ein breiter Goldring funkelte an ihrem Fußgelenk.

Sie kam zu dem kleinen Bach; sein klares Wasser kam in einem kleinen Wasserfall herab. Das Mädchen legte ihre Halsschnur ab und hängte sie nachdenklich in die Ranken, sie legte ihren Gürtel ab und blinzelte fröhlich in das warme Licht.

Das Wasser überrieselte ihren lieblichen Körper und ihre helle Bronzehaut. Dann legte sich das Mädchen auf einen gepolsterten Hügel aus weichem Moos, um sich in der warmen Luft zu trocknen. Die Sonnenstrahlen glitten spielend über die zierlichen Hügel der kleinen Brüste, über die Rundungen der warmen Glieder mit der Anmut eines Geliebten, der nach überwundenen Stürmen seine Wohltäterin beglückt hatte. Sie schien mit dem Boden zu verschmelzen; der Pulsschlag der Erde verband sich mit dem Pochen ihres Bluts, und die Blüten in ihrem Haar dufteten empor im Verein mit dem sanften Hauch von Müdigkeit, der wie ein Lied von ihrem Körper aufstieg.

Plötzlich sang ein kleiner Vogel mit hellem Flöten im Rankendickicht ein Lied, beinahe grell und erschreckend, und aus der Nähe drang eine gejubelte Antwort. Da erhob sich das Mädchen, legte bedächtig wieder ihren Schmuck an und bückte sich über die weit geöffnete blaue Blume nieder, brach sie und befestigte sie lächelnd an ihrem Gürtel.

Irgendwie hatte ich plötzlich das Gefühl, dieses Mädchen und ihre Blume schon lange zu kennen. Ich trat ihr in den Weg, ich konnte einfach nicht anders, und sie erschrak sehr,

Riva di Garda, 28. August 1982:

dass sie so plötzlich einen Mitwisser ihres lasziven Bades entdeckte. Ich lächelte sie vertrauensselig an, und so konnte sie nur noch zustimmen, dass ich mit ihr ging.

Auf mich wirkte diese Atmosphäre verwirrend wie die Ankündigung eines Fiebers. Die schwüle Luft roch nach verdunstendem Wasser, nach Pferden und Öl, kleine Teufel erhoben darin ihre nach Abenteuern lüsternen Narrenköpfe, und der nahende, rote Mond legte einen Schleier über uns, so dass ich sämtliche vernünftige Gedanken vergaß.

Wir ließen uns am Holztischchen eines Straßencafés nieder; es erschien mir, als würden mich die Vorbeigehenden mit mitleidiger Überlegenheit ansehen. Eine kleine, ganz in ein dunkles Tuch gehüllte uralte Straßenbettlerin hielt mir ihre braune, offene Hand hin, und unter ihrem wissenden Lächeln verstand ich plötzlich die hereinbrechende Nacht.

Als wir weitergingen, war es dunkler geworden, aus geöffneten Türen drang der Schein bunter Lichter, die Straßen wurden enger und die Passanten seltener. Vermummte Nachtgestalten schlichen an mir vorüber, jemand blieb stehen und sah mir nach, neugierig oder lüstern auf einen Raub, von einer Ahnung der Ruhlosigkeit und Unsicherheit angeweht, die auch mich gefangen hielt.

Einen Augenblick war ich um mein Leben besorgt, denn ich kannte die Gefährlichkeit dieser Stadtgegend, aber dann war mir, als wäre mein geliebtes und umsorgtes Leben eine ganz fremde und gleichgültige Sache für mich geworden. Jetzt kam es auf ganz andere Dinge an; die Nacht der Erde und die meiner unruhigen Seele forderte ihr Recht.

Riva di Garda, 28. August 1982:

Das Mädchen war plötzlich verschwunden. Was sollte ich nur tun? Ich betrat in die angelehnte Tür eines Holzhauses und als ich sie aufstieß, blickte ich in einen schmalen Flur, der durch eine grünliche Papierampel dämmerig erhellt wurde. Rechts und links waren an den kahlen Wänden Spiegel angebracht, die das matte, schwebende Gestirn dieses stillen
Bereichs nach beiden Seiten hin tausendfach in ein magisches All hinüber zauberten.

Von irgendwoher erklang gedämpft eine klimpernde Musik wie von einer Mandoline, aber viel unbelebter und wurden im Takt von einem lang anhaltenden Flötenton unterbrochen. Ein schwerer, süßer Geruch wie von gärendem Honig und betäubendem Räucherwerk drang mir entgegen.

Als ich dort eine kleine Weile gestanden hatte, öffnete sich der niedrige Vorhang und eine alte Frau trat zögernd und scheinbar überrascht auf mich zu. Sie war welk, und ihr ergrautes Haar flimmerte vermodert in dem blassfarbigen grünlichen Licht der Papierlaterne über ihrem Scheitel, ein gelbes Tuch war wie eine Fahne um ihren Körper geschlungen, so dass ihre Schultern und Arme sowie ihre Beine von den Knien an abwärts unbedeckt waren.

Nachdem sie sich von ihrer Überraschung erholt hatte, lächelte sie mir in feiner, unpersönlicher gastfreundlicher Herzlichkeit zu und lud mich nach einem prüfenden Blick über meine europäische Kleidung ein, näherzutreten.

Sie sagte ein paar Sätze, die ich nicht verstand, die wohl leicht ein Willkommen und eine ehrende Begrüßung war. Als ich ohne Zögern näher trat, verdoppelte sie ihre

Riva di Garda, 28. August 1982:

Unterwürfigkeit, und als wir eine Stiege im rötlichen Dämmerlicht erklommen, grinste sie süßlich und fast boshaft. Irgendwo bimmelte zaghaft ein Glöcklein, beklommen und fasziniert folgte ich ihr ohne richtige Erwartung; was geschehen sollte, mochte auch geschehen.

„Tritt ein, Herr", sagte sie leise und drückte sich an die Wand, die nachgab und schwankte. Ich hatte irgendwie den Eindruck, dass ich von allen Seiten beobachtet wurden. So tappte ich vorsichtig in das von Rauch und Nebel getauchte bläuliche Dämmerlicht eines niedrigen Raumes, in dem ich zuerst außer dem erlöschenden Mond einer stillen Ampel nur hängende Wandteppiche in vielen gedämpften Farben und seltsamen Ornamenten erkannte. Ein sanft betäubender Hauch von welkendem Jasmin und Opium beengte meine Brust. Zuerst erkannte ich nur ein breites niedriges Ruhebett, das mit vielfarbigen Decken und Fellen belegt war.

Die Alte verbeugte sich viele Male und sagte im Hinausgleiten in gebrochenem Englisch: „Du wirst mit Serena zufrieden sein." Ich war benebelt, und als ich ihr wortlos zunickte, lachte sie glücklich und stolz darüber, verstanden worden zu sein.

Ich sah mich neugierig im Zimmer um, jetzt musste alles so kommen, wie es mir für diese Nacht bestimmt war. Unter einer winzigen grünen Ampel dicht an der Decke erblickte ich ein rundes Tischchen mit unwahrscheinlich dünnen Beinen, darauf stand eine mit roten und blauen Ornamenten ausgelegte Messingschale mit trockenen, fremdartigen Früchten, Tabak, Hanf und Betel.

Riva di Garda, 28. August 1982:

Als sich meine Augen an das ebenmäßige, sanfte Licht gewöhnt hatten, sah ich mit übersinnlicher Deutlichkeit das Mädchen eintreten, das vorsichtig die Tür hinter sich schloss und verriegelte. Sie grüßte mich, indem sie die Spitzen ihrer Hände an die Stirn legte und sich tief verneigte. ihr schwarzes Haar war mit grauen Blumen geschmückt, unter einem feinen Schleier aus rauchfarbenem Seidenflor war sie völlig nackt, nur der schmale rote Ledergürtel lag locker wie ein Ring aus rostigem Metall um ihre Hüften. Am Gürtel trug sie eine große hellblaue Blume mit tiefem goldbraunem Kelch; der sich sanft vom Bronzeton des jungen schmiegsamen Mädchens abhob.

Ich war fasziniert, obwohl ich doch ganz genau wusste, dass Liebe mit Kindern verboten ist, aber sie hatte volle und weiche Rundungen und sie war eine richtige kleine Frau. Ich weiß nicht mehr, ob ich wirklich alles verstanden hatte, was dieses Kind alles in dieser Nacht zu mir sagte, aber wir verstanden uns ohne viele Worte, und es gab nur ein einziges Ziel für unser Blut.

„Soll ich für dich tanzen?" fragte Serena. „Sage *mir*, was du wünschst und was dir guttut!" Sie tanzte unter dem grünlichen Mond der kleinen Ampel, der eine ganze Welt bestrahlte. Es war schwül und totenstill in dieser Welt. Ich hörte nur den Schlag ihrer weichen Füße auf den Matten, und wenn ich die Augen schloss, so fühlte ich ihren zarten Fuß auf den Herzensquellen meines Lebens tanzen. *Mit* jedem neuen Erwachen meiner Blicke erschien *mir ihr* erblühter Kinderkörper erneut. Er blieb mir fremd und wechselte wie eine Landschaft im Flug

Riva di Garda, 28. August 1982:

Nun wurde es still, und ihre Frauenaugen lächelten erfahren, kindlich und begierig über den meinen: „Willst du mir nichts befehlen, Herr" fragte sie leise, aber sie war sich ihrer Anziehung bewusst. Nun hockte sie sanftmütig, merkwürdig beschienen vom Ampellicht, wie eine große, goldene Katze vor mir auf dem Lager, drehte bedächtig Papyrus, zerbröckelte Tabak und Hanf, und als sie Opium hineinmischte, verwandelte sie sich mir plötzlich in eine Göttin, die den Schlaf herbeiführt.

Serena war, wie die meisten Frauen Asiens, auf diese Art der Liebe erzogen worden, die die Folge einer grauenhaften männlichen Verwöhntheit war, aber über allen ihren Handlungen lag ein zauberhaftes Glück von einer Unschuld der Gesinnung, die wie Keuschheit wirkte. Kein Gewissen behinderte ihre geschäftige Treue gegen den einzigen Genuss, den sie kannte und freigebig austeilte.

Ich rauchte in tiefen, durstigen Zügen und sank davon mehr und mehr in Betäubung. Ihr Bild verwandelte sich unaufhörlich; und sie gab keines ihrer Geheimnisse preis, ohne ein neues ahnen zu lassen. „Vergiss dein Leben. Warum sagst du nichts? Bin ich nicht schön?" fragte sie leise.

„Du bist sehr schön, viel schöner als alle Mädchen, die ich jemals gesehen habe."

„Oh nein", antwortete sie nachdenklich, „die großen und blassen Mädchen sind viel schöner." Sie schaute mit ihren übergroßen Kinderaugen auf mich hin und lächelte weise, als ich schwieg. Ihre Nägel waren rot bemalt, und ihre Hände wie ihr ganzer Körper waren *mit* großer Sorgfalt gepflegt. „Die Menschen legen mit den Kleidern die Lüge

Riva di Garda, 28. August 1982:

nicht ab, aber ich glaube an nichts als an die Liebe und an die Lust, die durch sie kommt."

Sie hob ihre Arme, als sie mir eine Schale reichte, ihr Haupt verdunkelte die Ampel, so dass ihre Gestalt in magischen Lichträndern glomm. Sie las in meinen Zügen. „Vergiss doch alles", sagte sie leise; „woran musst du dauernd denken? Jetzt ist deine Zeit gekommen."

„Und doch, du kleine Geliebte dieser kleinen Ewigkeit, ist nicht das Leben länger als die Jugend?" .

„Nein", sagte Serena sicher, ihr Lächeln hatte etwas unfasslich überzeugendes; „vielleicht für euch Männer, aber für uns Mädchen nicht. Eine alte Frau ist schlimmer als eine ausgepresste Mango Frucht; mit ihren Gliedern welkt die Hoffnung, denn das Blut verliert seine Stimme, der der Gang der Welt gehorcht. Kein Kind mehr wird ihre Freude sein und so hat ihr Leben jeden Wert verloren."

„Also, was kann ich für dich tun, du Schöne? Nimm alles, was ich habe."

„Ich nehme nichts", sagte das Mädchen schlicht. „Ich habe niemals etwas genommen. Die Alte nimmt. Sage ihr, dass ich schön bin und dass ich dich beglückt habe, gib ihr das Geld, das sie fordert, und dann wird sie dich auch freudig gehen lassen."

„Und wenn ich nie mehr gehen will? Du bist so schön, dass ich dich immer nur ansehen kann. Lass mich doch für immer bei dir bleiben, und ich werde dein Diener sein. Oder geh doch lieber gleich mit mir, dann wirst du für immer meine Braut sein."

Riva di Garda, 28. August 1982:

Sie kam mir ganz nah und sah mir tief in die Augen, dann zog sie gelinde ihren Finger vom Winkel meines Auges über die Wange und um den Mund herum, seufzte tief auf und nickte wehmütig, dann hob sie die Hand an meine Stirn, tippte schnell mit der Spitze des Fingers an die Schläfen und sagte: "Das kalte Feuer dort, es kämpft mit der Wärme des Herzens und deines hat schon viele Herzen ausgelöscht. Mein Herz ist stärker als alle anderen Flammen und scheint viel heller, aber ihr Fremden müsst immer von einer zur anderen. Wer immer nur Hindernisse überwinden will, der verdirbt seine Ruhe. So, nun komm und vergiss alles, was bisher war." Und ich versank mit ihr in einer unendlich dauernden Nacht voller Glück und Rausch.

Als ich am frühen Morgen endlich wieder aus dem Haus trat, fiel mich die Sonne wie ein Raubtier an. Ich taumelte und tastete mich an den Häusern entlang voran, bis langsam meine Besinnung zurückkehrte. Im Hotel schlief ich trotz der Hitze der Mittagsglut sofort ein, erst nach Stunden erwachte ich vollkommen verwirrt, aber ich erinnerte mich nur noch an die Einzelheiten dieser Erlebnisse wie an einen tiefen Traum.

Immer noch ganz benebelt holte ich schnell mein Gepäck aus dem Hotel, vorbei am erstaunt guckenden Portier. Wieso wunderte der sich eigentlich? Er wusste doch schon lange Bescheid, dass heute Nachmittag um drei Uhr mein Flug nach Köln gehen sollte.

Ach, du süße, geheimnisvolle Serena, was mag gestern wohl alles mit uns geschehen sein? Ich erinnere mich an gar nichts mehr, es war wie in einem Opiumrausch. Eine habgierige Alte hatte mich in ihr Haus gelassen und ein

Riva di Garda, 28. August 1982:

verdorbenes Kind hatte mein Lager geteilt, aber das Leben trübt die Augen der Menschen mit Träumereien, Schmerzen und Tränen. Alles andere war im Laufe der Jahre zu einem magisch-verwobenem Traum geworden, aus dem ich nie mehr aufwachen wollte.

Damit endet das erste Tagebuch, denn es waren einige Seiten frei geblieben.

Oh Mann, mein lieber Papa, hoffentlich hast du deine süßen kleinen asiatischen Kindfrauen spätestens dann vergessen, als du danach wieder nach Hause gekomen warst. Da wartete nämlich deine süße Laura auf ihren lieben Papa, der ihr viele Geschenke mitbringen würde. Hast du eigentlich der Mama das alles erzählt, und hatte sie alles gewusst, als sie dich damals spontan verlassen hatte?

Aber was wäre denn, wenn ich mit einem Mann wie mit dir verheiratet gewesen wäre? Hätte ich dir das alles einfach so durchgehen lassen? Ganz bestimmt nicht, niemals! Denn ich bin schrecklich eifersüchtig, ein Grund für meinen letzten Freund, mich fluchtartig zu verlassen.

Ach ja, die Geschichte Männer, für mich ein eigenes Thema….. und zurzeit….. vollkommen ungelöst. Trotzdem, ich gebe die Hoffnung nicht auf. Mir wird ganz bestimmt irgendwann mal jemand begegnen, und du würdest mir bestimmt einen Wink geben, ob er dann auch der richtige ist, oder willst du etwa damit nichts zu tun haben?

Gute Nacht Papa, morgen werde ich mehr wissen, wenn ich weiterlese.

Heute früh rauschte immer noch der intensive, laue Sommerregen herunter. Es war erst sechs Uhr früh, und ich

Riva di Garda, 28. August 1982:

konnte nicht mehr schlafen, denn Vaters Aufzeichnungen zogen mich wie magisch an. Schnell hatte ich mir eine Tasse Pfefferminztee gebrüht, mit viel Zucker, Dazu zwei Zwieback mit Pflaumenmus, hm, das schmeckte genau wie früher in Kindertagen.

Neugierig öffnete ich die holzgeschnitzte Kiste, die sofort einen intensiven Sandelholz-Geruch nach Räucherstäbchen verbreitete. Zwischen einer Menge kleiner Schwarzweiß-Fotos lag ein eng beschriebenes, mit braunen Vogelfedern bespanntes Büchlein. Ich streichelte es vorsichtig mit den Fingern und staunte, denn so einen schönen Umschlag hatte ich noch nie gesehen. Bedächtig zündete ich ein Sandelholz-Räucherstäbchen an und steckte es in die kleine bronzene Shiva-Figur auf meinem Schreibtisch. So, mein lieber Papa, nun pack mal aus, was du mir sonst noch so alles zu berichten hast.

Kathmandu, 01. Februar 2004:

Es ist der Fluch und zugleich das Vergnügen des Reisens, dass es dir Orte erreichbar macht, die dir vorher unerreichbar waren. Nach Hannas Brief träumte ich andauernd vom Himalaya-Gebirge, ich kannte es gedanklich lange vorher im Sonnenschein, im Regen, im Winter, bald im Frühling, denn ich wanderte leicht in der Geisterlandschaft meiner Phantasie.

Hanna war meine erste große Liebe unter den Kölner Studentinnen, und die Gedanken an sie ließen mich einfach nicht mehr los. Seitdem sie plötzlich und unangemeldet bei meinen Archäologie-Seminaren aufgetaucht war, faszinierte sie mich so sehr, dass ich Tag und Nacht nur noch an sie denken musste. Ihre Nähe machte mich

Riva di Garda, 28. August 1982:

unruhig, und ich begann zu stottern, sooft ich allein mit ihr zusammentraf.

Unsere heftige, aber kurze Liebe begann mit einem echten Ehebruchstraum mit einem Tanz auf dem Uni-Rosenmontagsball. Sie war vom Hals bis zum Fuß in einen weißen Seidenschal schlank eingewickelt, ihre tiefschwarzen Haare glänzten geheimnisvoll wie Krähenflügel, und dabei sahen ihre unbeschreibbaren Augen unerbittlich wie eine Messerklinge auf schwarzem Samt. Danach liebten wir uns in meinem Büro wie Ertrinkende, deren Letze Rettung der geliebte Partner war.

Ein paar Tage später traf ich mich mit Hanna am Eingang des Zoos. Ich erkannte sie sofort in ihrem schwarzen Samtmantel mit schwarzem Skunk Schal und schwarzer Samtkappe mit schwarzem Reiher. Aber ich war fasziniert von ihren saturnschwarzen, glitzernd kalten und gefährlichen Augen, und dem eindringlichen Blick aus dem immer todbleichen Gesicht.

„Wo wollen wir zuerst hingehen? Ich war schon so lange nicht mehr im Zoo," fragte ich sie, und sie sagte spontan: „Ich möchte zuerst zu den Eulen gehen, denn sie sind die schönsten Vögel der Welt, und besonders ihre riesigen Augen hast du bestimmt noch nie richtig betrachtet." Dabei lächelte sie wie der Rattenfänger von Hameln, der an der Spitze einer Kinderschar schreitet und diese mit seinen eindringlichen gleichmäßigen Flötenlauten in einen finsteren Berg lockt, der sich bald hinter den Ahnungslosen schließen wird.

Da saßen die Eulen, diese weichen, lautlosen Nachtgeschöpfe, auf den Ästen abgestorbener Bäume

Riva di Garda, 28. August 1982:

hinter den Gitterstäben wie seltsame weiße und graue Federpuppen. Einige konnten die Köpfe ganz rund um den Nacken drehen, andere spitzten die Pinselohren, andere hatten wunderbar silberweißes Gefieder, und die weißen sahen wie ungeheuerliche Riesenschneeflocken aus. Andere Eulen waren graue wie ein dicker Ballen Spinnweben. Und wenn sie nicht manchmal ihre Köpfe rundum gedreht hätten, so dass das Gesicht nicht auf der Brust, sondern plötzlich auf den Rücken stand, so hätte man in ihnen kein Leben vermutet.

Aber als wir nähertraten, da verschwanden die Federkörper lautlos, nur ihre ungeheuerlichen schwarzen Augen starrten uns groß und rund in ihrer Schwärze an, als ob sie alles bis in die Tiefe des ganzen Weltalls durchdringen wollten, alle Schmerzen und alle Trostlosigkeiten der Abgründe des Lebens.

Diese Vögel hatten ja Hannas schwarze Augen, und wahrscheinlich war sie darum so von diesen Eulenaugen begeistert. „Haben diese Vögel nicht die schönsten Augen der Welt? Da sprechen die Menschen immer von glotzenden Eulenaugen. Ich finde, sie haben die ausdrucksvollsten, geheimnisreichsten und schicksalsschwersten Blicke, mit denen nur je ein lebendes Wesen auf die Welt herabsehen kann. Solche Augen möchte ich haben," setzte Hanna hinzu. „Worauf warten sie nur, diese geheimnisvollen Eulenaugen?"

Unsere Liebe war kurz und heftig, und wir trafen uns jeden Mittag in ihrer Wohnung. Sie hatte mir nie viel über ihr sonstiges Leben berichtet, und ich wusste nur von ihr, dass sie eine starke, mutige, das Leben herausfordernde tapfere, junge Studentin war. Leider liebte *sie* einen anderen Mann,

Riva di Garda, 28. August 1982:

aber es war eine hoffnungslose, einseitige Liebe. Hanna hatte ihm den Namen Dragon gegeben.

„Aber woher hast du ausgerechnet den Namen Dragon gewählt? Was ist das für eine Gottheit, von der ich noch nie etwas gehört hatte?"

„Dragon ist der der indische Gott des Ungeheuerlichen, der Gott des Verschlingens ohne Ende, der Gott der Lebensunsicherheit, zu dem alle Sterblichen beten, der ihnen für ihr Gebet nichts gibt, außer der Gewissheit auf einen schrecklichen Tod. Er ist der Gott des grauenhaften Nichts, der Schicksalsdrachen, der die Menschheit zermalmt, dem niemand Widerstand leisten kann, der Gott, für den die Blumen welken und die Vögel tot aus dem Himmel fallen." Sagte Hanna mit Grabesstimme. Dabei schimmerte ihr weißer Körper in der schwarzseidenen Bettwäsche wie ein Fremdkörper, und mich beschlich ein unheimlich gruseliges Gefühl.

Sie trug damals ihr schwarzes Haar kurzlockig geschnitten und nach Jungenart in der Mitte gescheitelt, und sie wäre am liebsten immer in Herrenkleidung herumgelaufen. Ihr immer elfenbeinblasses Gesicht zeigte rote frische trotzige Lippen, und ihr junger Körper war knabenhaft verwegen und widerspruchsvoll.

„Warum liebst du ausgerechnet ihn? Komm und bleib für immer bei mir. Hier bei mir wirst du deinen Frieden finden," bat ich sie eines Tages.

Nein, sie war an Dragon gebunden. Ich recherchierte in der Bibliothek und ich wurde tatsächlich schon nach kurzer Zeit fündig. Dieser Dragon kam in einer Kurzgeschichte **von** H. P. Lovecraft aus dem Jahr 1917 vor.

Riva di Garda, 28. August 1982:

Das Buch handelt vom Testament eins Morphiums abhängigen Mannes, der vor seinem Selbstmord von einem grauenhaften Erlebnis erzählte, durch das er seine geistige Gesundheit verlor und drogenabhängig wurde. Der Erzähler war Offizier eines Handelsschiffes, der in der Anfangszeit des Ersten Weltkriegs den Pazifik befährt. Ein deutsches Kriegsschiff kaperte seinen Frachter und nahm ihn und die Mannschaft gefangen. Es gelang ihm, auf einem Rettungsboot aus der Gefangenschaft zu entkommen und trieb einige Zeit ziellos auf dem Meer.

Eines Morgens strandete er nach unruhigen Träumen in einem endlos erscheinenden, schwarzen und schleimigen Sumpfland, das von verwesenden Fischen und anderen, ihm unbekannten Meerestieren bedeckt war. Hier fand er einen riesigen, geheimnisvollen weißen Stein voller Hieroglyphen und bedeckt von Wassertieren, Fischen, aber auch mit menschenähnlichen und fischähnlichen Wesen. Plötzlich erhob sich plötzlich vor ihm eine gewaltige Kreatur aus dem Wasser, umschlang den Monolithen und gab schreckliche Laute von sich. Wahnsinnig vor Furcht floh der Seemann zurück zu seinem Boot.

Seine letzte verschwommene Erinnerung war die an einen großen Sturm. Als er wieder zu sich kam, lag er in einem Krankenhaus in San Francisco, wohin er nach seiner Rettung durch ein US-amerikanisches Schiff gebracht worden war. Niemand glaubte seine Geschichte, und so zog es der Gerettete vor, über sein Erlebnis zu schweigen. Ein berühmter Ethnologe identifizierte später dieses grauenhafte Wesen als den Fischgott Dragon der Philister.

Durch Drogen versuchte er dann, das schreckliche Erlebnis und die immer wiederkehrenden Träume und Visionen des

Riva di Garda, 28. August 1982:

Monsters zu vergessen. Er fürchtete, dass die in den Tiefen des Ozeans lebenden „namenlosen Dinge", deren Abbilder er auf dem Monolithen gesehen hat, eines Tages an die Oberfläche kommen und „die kümmerlichen Reste einer vom Krieg geschwächten Menschheit" ins Verderben stürzen werden.

Diese Geschichte endete mit den Worten: „Er ist da. Das Ende ist nahe. Ich höre ein seltsames Geräusch an der Tür, als ob ein gewaltiger glitschiger Leib dagegen drücken würde. Er soll mich nicht finden. Gott, da ist sie, diese Hand! Das Fenster! Das Fenster!" So viel also über Dragon, den schrecklichen Gott der Vergeltung und der Rache.

P.S.: Durch Zufall fiel mir das „Buch der besten Gruselgeschichten" in die Hände, dass sich mein Töchterlein Laura aus der Leihbibliothek ausgeliehen hatte. Mit ihren 11 Jahren lieh sie sich dort immer wieder Bücher aus, die sie eigentlich noch gar nicht richtig verstand. Und ausgerechnet dieses hatte sie nicht zurückgebracht, und die Bücherei hatte es nicht gemerkt. So ein Zufall aber auch.

„Oh ja, Mann, Papa, ich erinnere mich genau an diese furchtbare Geschichte aus dem Gruselbuch von früher. Ich konnte seitdem nie mehr allein in den Keller gehen, immer wiedersah ich diese glitschige Fischgestalt irgendwo herauskriechen und mich anfallen, schauderhaft. Und seitdem musste ich abends immer erst unters Bett gucken, ob er nicht da schon auf mich wartete, um bei Dunkelheit herauszukriechen und mich zu überfallen. Trotzdem hatte ich das ganze Grusel-Buch auf einmal bis zu Ende gelesen, und später hatte ich es einfach nicht mehr zurückgegeben. Es muss bestimmt noch irgendwo im Kinderzimmer sein.

Riva di Garda, 28. August 1982:

Aber was stand hier weiter im Büchlein? Dazu antwortete sie: „Wir beide können uns einfach nur lieben, und mir ist, als könnte Dragon alles Feste in Wolken auflösen, als ob ich einem Zauberer zusehen würde, wenn er mich leise und lächelnd immer schon belügen wird.

Lange Zeit sah ich Hanna gar nicht mehr, und als ich sie unerwartet besuchte, stand sie am Teetisch und trug über dem schwarzen Seidenrock eine goldgelbe Seidenjacke, und ich fragte mich erstaunt: „was geht in dir vor?" Nur ihre schwarzen Augen waren seltsam entkräftet und schienen außerhalb des Zimmers traumwandelnd herumzugehen.

Ich erfuhr dann, dass sie sehr krank wäre, sie hustete, sie hatte Fieber bekommen. Sie meinte dazu nur, dass es eine rein äußerliche Krankheit war, denn sie trug diese Krankheit wie ein Weihnachtsgeschenk des Himmels mit sich. Sie, die früher so stark war, dass sie nicht für den Tod geboren schien, freute sich, dass ihr Fieber täglich stieg, freute sich, dass ihre Augen bald erlöschen wollten. Und wenn man sagte, dass sie sich pflegen müsste, lächelte sie nur. Sie erwartete das Sterben und freute sich sogar darauf. Aber der Tod kam nicht zu ihr. Die Schwäche ging vorüber, wie sie gekommen war.

Genauso plötzlich, wie sie gekommen war, verschwand meine Hanna mit den nachtschwarzen Eulenaugen wieder aus meinem Leben. Nur ab und zu erhielt ich einen kurzen Brief aus Katmandu von ihr, und dann hörte ich über Jahre gar nichts mehr. Ich wusste nur, dass sie dort irgendwo verschollen war. Trotz alledem konnte ich sie nicht vergessen. Mein liebes Tagebuch, ich schwöre dir, dass ich sie bestimmt irgendwann in Katmandu besuchen und ich schwöre, ich werde sie ganz bestimmt wiederfinden.

Riva di Garda, 28. August 1982:

Dann war zum Ende dieses Berichtes eine dunkle Vogelfeder eingeklebt, zwei Seiten weiter beginnt ein neues Kapitel, aber das werde ich erst morgen weiterlesen können, denn heute muss ich endlich mal einkaufen gehen. Außerdem gehe ich auch mal beim Reisebüro vorbei, vielleicht haben die Prospekte über Nepal, auf der Grundlage kann ich bestimmt im Internet weiterforschen, denn ich weiß quasi überhaupt nichts über Nepal.

So, ich lasse all die Sachen offen auf seinem Schreibtisch liegen, und morgen werde ich ganz bestimmt weiterlesen. Also tschüs, lieber Papa, sage ich leise dem Foto mit seinem Bild, ein ernstes Gesicht, aber mit vielen Lachfalten um die Augen. Dein Foto werde ich ab sofort immer mitnehmen, egal, wo ich hinreise und bin, mein Papa soll mich überallhin begleiten, als Talisman sozusagen."

Der Gesang einer Amsel weckte mich in der Morgendämmerung, denn das liebe Tierchen saß genau vor meinem Schlafzimmerfenster. Verwirrt sah ich hinaus, heute war ein wunderschöner klarer Sommermorgen abgebrochen, nur die Sonne war noch gar nicht ganz aufgegangen. Alle Gedanken an den unheimlichen, bösen Dragon waren vom Schlaf weggespült worden.

Ich saß wie eine Königin auf meinem Frühstücksplatz im Garten, heute natürlich auf trockenen Polstern, denn davon gab es ja genug im Keller. Mit einer großen Tasse Frühstückstee versehen, begann ich in Hannas federgeschmücktem Tagebuch weiter zu lesen.

Köln, den 31. Dezember 1997:

Mein Familienleben ist nun endgültig im Arsch, jetzt bin ich endlich vollkommen allein. Draußen knallen die ersten

Riva di Garda, 28. August 1982:

Silvesterraketen, aber mir ist heute gar nicht nach Feiern zumute. Mein einziger Trost bleibt eine gute Flasche Merlot, die ich gerade entkorkt habe.

Mein Privatleben zu Hause ist eine einzige Hölle geworden, diese ewigen Sticheleien und Hasstiraden meiner Frau hielt ich einfach nicht mehr aus. Wie froh bin ich jetzt, dass sie in die Scheidung endgültig eingewilligt hatte.

Meine kleine Laura habe ich schon über ein Jahr nicht mehr gesehen, ich musste einsehen, dass ein Schweizer Internat in dieser Situation das Beste für sie wäre. Dieser ewige böse Streit hatte auch sie total zermürbt, denn meine Frau wollte sie mit allen Mitteln gegen mich aufbringen, und sie und ihre schulischen Leistungen versanken dahinter immer weiter. Das war nicht mehr mein süßes, unbeschwertes Töchterlein, das ich kannte. Wenn man jetzt nicht aufpasste, hatte ich plötzlich zwei Giftspritzen zu Hause, das war einfach zu viel für mich, dann wollte ich lieber in der Zukunft ganz allein bleiben.

Oh, mein lieber Papa, war ich damals denn wirklich genauso bösartig wie meine Mutter? Unvorstellbar, das kann doch eigentlich gar nicht sein. Aber wenn ich länger darüber nachdenke, dann fällt mir doch die eine oder die andere Begebenheit schlagartig ein. Es wäre doch besser gewesen, er hätte mir mal richtig die Ohren langgezogen. Aber nun ist es zu spät. Lieber Papa, pass gut auf mich auf da oben.

Aber da ist ja noch Hannas Brief aus Katmandu, vier Seiten Luftpostpapier, eng beschrieben. Sie schreibt, dass sie sich gern an unsere alte, aber sehr heftige Liebe erinnert, die jetzt genau vier Jahre her ist. Dragon, der böse Dämon, sei

Riva di Garda, 28. August 1982:

endlich für immer von ihr gegangen. Sie sei jetzt eine andere geworden, schrieb sie, aber sie sei trotzdem für immer meine alte Liebe geblieben. Ich sollte sie besuchen kommen, dort würde ich alles über ihr neues Leben erfahren.

Das werde ich bestimmt bald möglich machen. Ein Freisemester werde ich bestimmt leicht bekommen. Ach Hanna, ich sehne mich so nach dir...

Kathmandu, den 05. Februar 2004

Das Freisemester war bewilligt, der Ärger mit meiner Frau war mir jetzt egal, ich musste zu Hanna. Die Sehnsucht zu ihr war unerbittlich geworden.

Es war alles gut gegangen, am späten Nachmittag landete die Maschine planmäßig und schon am nächsten Morgen ging ich mit meinem Gepäck aus dem Flughafen-Hotel. Ein Zug würde mich bis zum Abend hinunter in die Kaffeegärten und Zuckerrohrpflanzungen Indiens bringen. Während dieser Zugfahrt fuhr ich die finsteren Abgründe des Himalaja hinunter, überall sah ich im Dampf, der aus der Lokomotive kam, hunderte Male die Gestalt einer alten Frau, wie sie bald gebückt und geduckt suchte, und wie sie hinterher aufgerichtet forttanzte über die Urwaldwipfel.

Die Wagenkette raste zu Tal. Die Luft strotzte von den Gewürzen der Nelkenbäume und der Kampferstämme. Palmenkronen überwölbten den Schienenweg, menschenkopfgroße Früchte hingen in Bündeln dazwischen; gelbe und braune Mango Früchte hingen zwischen gesträubten Riesenblättern zu beiden Seiten des Bahngeleises. Auf den Bahnstationen drängten sich

Riva di Garda, 28. August 1982:

kaffeebraune, sehnige Singhalesen, nackt bis auf die nackte Haut wie Herden brauner, fetter Maikäfer drängelten, die durcheinander krabbelten.

Vor lauter Erschöpfung musste ich dann irgendwie eingeschlafen sein, denn als ich bei der Ankunft erwachte, sah ich nur noch ein tanzendes schlankes Mädchen mit Apfelbrüstchen vor mir wegtanzen. Der Gedanke an Hanna erschien mir so unendlich fern. Wie würde ich sie wieder vorfinden und wie würde ich sie beim ersten Mal wieder in die Arme schließen?

Vom Morgen bis zum Spätnachmittag fuhr der kleine, kletternde Bahnzug weiter in die höchsten Berge, die Zimtgärten verschwanden, und die immer gleich wiederkehrenden grünen Amphitheater der strauchigen Teeanpflanzungen und die Reisterrassen versinken wie ausgespannte Fallschirme neben dem ansteigenden Schienengleis.

Täler voll Silberseen blinken wie Riesenperlmuttermuscheln herauf, verlassene alte Tempeltürme stehen wie hoch gerichtete Fernrohre an den Seen, zugespitzte Bergkegel, geformt wie Räucherhütchen, um ragen als blaue Pyramiden den Horizont, und der riesige Berg wirft seinen berühmten dreieckigen Schatten als riesigen Sonnenuhrzeiger bis Sonnenuntergang über das Innere der Insel.

Die Bahn mühte sich oben in Darjeeling weiter bis auf dreitausend Meter hoch. Dies war der weltbekannte Erholungsort der englisch-indischen Beamten, Offiziere und reichen Kaufleute, aber jetzt im Februar waren die meisten Villen geschlossen. Ihre Glasveranden lagen wie

Riva di Garda, 28. August 1982:

aus Bergkristall aufgebaut an den Berglehnen im hohen Gelände.

Dazwischen zogen sich Teegärten mit niedrigem Teegebüsch hin, denn der Tropennebel, der vom großen indischen Reich am Fuße des Himalaja zu den Höhen von Darjeeling heraufrauchte, brachte einen Atem von Fruchtbarkeit über die Südabhänge des Himalaja.

Kurz vor Sonnenuntergang erreichte der Bahnzug in den Bergwellen auf der Höhe von fast 3000 Metern große moosumwucherte Laubholzwälder, die wie graue Versteinerungen regungslos ineinander gewachsen waren, als ob sie sich im dünnen Luftzug gegenseitig festhielten, damit sie nicht plötzlich auf den schiefen Ebenen in die in die Tiefe gerissen wurden.

Dort oben war die Endstation des Zuges. In drei Tagen würde es mit Packpferden weitergehen. Hier oben mit Rasen vor den Waldrändern wohnten reiche Kaufleute und hohe englische Beamte in ihren Villen, in englischen Giebelhäusern mit Vorgärten vor den Erkern. Hier gibt es

Abends Straßenlicht wie in Europa. Hier oben sind Tennisplätze und exakt geschorene Fußballrasen, und die Luft ist dünn wie die Gesichtshaut der blassen und blonden englischen Damen.

Wunderschön lag das Eden-Hotel in einem Garten wie ein blaurot und gelber indischer Seidenschal, feierlich hingehängt an den Bergwald hoch über den Abgründen. Blumenbeete mit den Blumen aller Jahreszeiten schoben sich in die Höhe und in die Tiefe vor dem Äther des windstillen Himmels. Dort wuchsen europäische Kornblumen, Veilchen, Astern, Kapuzinerkresse, Rosen,

Riva di Garda, 28. August 1982:

Anemonen, Tulpen, Schlüsselblumen, Lotos und Kakteen unter Kokospalmen und es gab sogar richtige Bananenbäume.

Dies war ein exquisiter Beginn, sich an die Höhenluft des Himalayas zu gewöhnen. Die Inhaber waren ein reizendes älteres, englisches Ehepaar, die jeden Abend amüsante Gesellschaften abhielt, zu denen ich auch eingeladen worden war. Wir saßen gemeinsam an der Bar, und sie hatte mich ganz einfach zu einem Sherry eingeladen.

„Diese Menschen hier werden Sie nie richtig begreifen können, denn sie sind völlig undurchschaubar", meinte Miss Shaper, eine mittelalte, sehr gepflegte Persönlichkeit. Sie nippte gerade an ihrem fünften doppelten Sherry.

„Aber sie gehen sehr liebevoll miteinander um, obwohl sie irgendwie eine ganz andere Mentalität als wir haben." meinte Mister Shaper behaglich, der gerade zu uns getreten war.

„Ich weiß genau, was du damit meinst," bemerkte Miss Sharper anzüglich. „Die Männer denken hier immer nur an das eine, eheliche Treue ist denen wirklich schnurzegal. Und die Frauen lächeln immer sanftmütig zu allen Eskapaden ihrer Männer. Es ist für uns Europäerinnen vollkommen unverständlich, das dauernd zu ertragen."

„Das stimmt aber nicht ganz, ihre Liebe ist nur ganz anders strukturiert als unsere, denn sie kennen gar keine Eifersucht. Denk doch nur mal an die Geschichte von Bulram und seiner Frau TaIora, die ich vor kurzem von unseren Nachbarn gehört hatten. Soll ich sie euch erzählen? Na, dann hört mal gut zu.

Riva di Garda, 28. August 1982:

Die kleine Talora war schon mit neun Jahren ein Teemädchen gewesen. Bulrams Vater hatte sie damals in den Edengarten geholt, weil sein Sohn bald vierzehn Jahre alt war, und endlich eine Frau brauchte. Sie wurde Bulram gegeben wie ein Ohrring oder ein Haarkamm, und der hatte sich nie gefragt, ob er jemals eine andere Frau haben wollte. Talora war das Geschenk seines Vaters für ihn und selbstverständlich einfach und zufrieden nahm er die kleine Talora als seine Frau hin. So bauten sie sich hinter dem Haus des englischen Verwalters ihre kleine, weiße, niedrige Hütte an der Gartenmauer, die schräg den Berg hinaufsteigt.

Die Blicke der beiden waren so ruhig wie die windstillen Täler, sie lebten halb betrunken wie Mäuse, und sie waren in der verdünnten Luft in einen sanft schläfrigen und zarten Zustand von Kraftlosigkeit verfallen, nur eine ideale, blaue Leere schwang in ihren Adern, denn niemand hat dort oben die Kraft zu einer wilden Tat.

Eines Morgens sagte der Verwalter zu Bulram: „Höre! Du wirst mich morgen zum Hafen hinunterbegleiten. Soviel ich weiß, warst du noch niemals drunten an der Küste, seitdem du lebst. Es wird dir Spaß machen, Menschen und Land da unten zu sehen. Und deine Talora wird dich wohl für drei Tage entbehren müssen."

Bulram sagte: „Herr, solange Talora und ich verheiratet sind, waren wir noch keinen Tag getrennt." Aber der Verwalter meinte nur beschwichtigend: „Dann tröste deine Frau, und sage ihr, dass du ihr von dort einen schönen, bunten Seidenschal mitbringst. Der Zug geht um neun Uhr ab."

Riva di Garda, 28. August 1982:

Schon am nächsten Morgen kletterte der kleine Zug die Engpässe hinunter in die silbernen Täler. Bulram trug einen schönen halbkreisrunden Schildkrötkamm im schwarzen Haar, der das Haar aus der Stirn zurück hielt. So glatt gekämmt sah er fast wie ein europäisches Schulmädchen aus.

Er trug ein breites braunrotes, zitronengelb getüpfeltes Tuch, es wurde wie ein Frauenrock um die Hüften von einem Ledergürtel zusammengehalten und sein Oberkörper steckte in einer weißen kurzen Leinwandjacke, die von Taloras Händen frisch gewaschen und frisch gebügelt war. Hinter seinem Ohr trug er zu Ehren des Reisetages ein Büschel dunkelblauer Kornblumen. Sein breiter goldener Ehering glänzte am großen Zeh seines rechten Fußes. Er ging sonst immer barfuß und zog seine Pantoffeln nur vor seinem Herrn an. Diese Pantoffeln verwahrte er in einem kleinen grünbemalten Blechkoffer.

Der Zug ratterte mit rasender Schnelligkeit gerade aus den nebeligen Farrenkrautwäldern zu den hitzigen Zimtgärten hinunter, die Tropenluft schlug Bulram wie roter Pfeffer um die Nase, er musste andauernd niesen. Er fühlte sich vor den Menschenmassen wie ein Kleefeld unter den Füßen einer Hammelherde, alles trampelte über die blaue Ätherruhe seines Herzens. Er war todmüde und hielt sich krampfhaft auf dem Kutscherbock des Wagens fest, der ihn und seinen Herrn zum Galle Face-Hotel an das Meer fuhr. Bulram verstand einfach nicht, warum die Erde so viele verschiedene Menschen hatte, die ihn alle anzustarren schienen.

In diesem riesigen Steinhallenhotel an der Meeresbrandung, fühlte sich Bulram wie ein

Riva di Garda, 28. August 1982:

Mondsüchtiger, der im Schlaf auf einer Dachkante aufwacht, und überall den Absturz fürchtet.

Am nächsten Morgen war Bulram plötzlich verschwunden, und acht Tage ließ der Verwalter überall in der Stadt nach ihm forschen. Dann reiste er wieder nach Hause, weil er glaubte, er sei vor lauter Menschenfurcht zurück auf die hohen Berge zu seiner Frau Talora geflohen.

Aber Bulram war auch nicht zu Hause angekommen. Talora stand voll Harmlosigkeit, klar, freundlich und sanft im Garten und lächelte wie eine Allwissende, während der Verwalter über sein Verschwinden tief bestürzt war. Talora antwortete lächelnd: „Er wird kommen, der Herr soll nicht um Bulram traurig sein."

Nach vier Tagen stand Bulram plötzlich wieder mitten im Paradiesgarten, beladen mit Geschenken, Gewürzen und neuen Samen für seine Frau und den Edengarten. Talora strahlte in seinen Armen und sagte ewig lächelnd: „So bist du also wieder da. Mein Liebster, ich habe so auf dich gewartet."

Und niemand konnte jemals herausbekommen, wo er sich die ganze Zeit aufgehalten hatte. Es gab keinen Streit, keine Vorwürfe, nur bedingungslose Liebe. Ja, das ist die alte Geschichte von Talora und Bulram, ist sie nicht wunderschön?" meinte der alte Herr und zupfte an seinem Backenbart herum. „Bekomme ich nun noch einen Sherry, meine Liebe?"

„Aber selbstverständlich, mein Liebling. Wir Engländer haben den Tibetern die Kultur gebracht, Sie glauben ja gar nicht, was wir alles hergeschafft haben, um ein

Riva di Garda, 28. August 1982:

einigermaßen zivilisiertes Leben für uns und die Erziehung unsere Kinder zu gewährleisten. Klaviere, Kronleuchter, Billardtische, Möbel und sogar griechische Plastiken. Ja, sogar einen Rolls Royce haben 60 Träger mit einem speziellen Tragegerät über die steilen Gebirgspfade geschleppt, obwohl es hier anfangs gar keine Straßen gab, als Statussymbol sozusagen. Wir haben die Eisenbahnen gebaut, natürlich hatte das Vorteile für das britische Empire.

Aber erzählen Sie uns lieber etwas über Ihr Leben in Deutschland, was führt Sie in unser Paradies? Sie sind doch Archäologe, Sie haben doch bestimmt einen Forschungsauftrag? Ich schenke Ihnen noch einen Sherry ein, er ist exquisit und sehr gut abgelagert, vielleicht etwas stark. Lassen Sie sich doch nicht so drängeln, mein Lieber, denn wir sind sehr neugierig, Fremde findet man hier nicht so oft."

Ich fürchte, ich war kein allzu gesprächiger Gast für meine Gastgeber. Ich erzählte ein paar Anekdoten von meinen Studenten, erwähnte meine erste Reise mit dem VW-Bus, dem Klausi, und am Schluss zeigte ich ihnen ein Foto meiner süßen kleinen Tochter auf unserer ersten gemeinsamen Fahrt, das ich immer bei mir trug. Der exquisite Sherry tat seine Wirkung, mich überkam eine lähmende Müdigkeit, dass mir immer wieder die Augen zufielen.

„Was, Sie wollen schon schlafen gehen? Sie sind doch noch ein junger Mann, und Sie sind doch so ein charmanter Plauderer. Wir gehen meistens sehr spät zu Bett. Natürlich hatten Sie so eine weite Reise zu bewältigen, dafür haben wir natürlich das vollste Verständnis"

Riva di Garda, 28. August 1982:

Der Strom war ausgefallen und daher wurde ich mit Kerzenschein in mein Zimmer begleitet. Man ermahnte mich eindringlich, die Kerze sorgfältig zu löschen, denn ich würde in einem Holzhaus wohnen. „Good night, darling", hörte ich nur noch, fiel in mein Bett und war fest eingeschlafen.

Es ist der Fluch und zugleich das Vergnügen des Reisens, dass es dir Orte, die dir vorher unerreichbar waren, plötzlich erreichbar macht. Nach Hannas Brief träumte ich andauernd vom Himalaya-Gebirge, ich kannte es gedanklich lange vorher im Sonnenschein, im Regen, im Winter, bald im Frühling, denn ich wanderte leicht in der Geisterlandschaft meiner Phantasie.

Aber als ich dann dort die ersten wirklichen Tage erlebte, waren meine schönen Träume schnell in der Wirklichkeit aufgegangen. Da waren keine eisernen Gletscher und kein eisblauer Himmel mehr, jetzt Anfang März war die Erde grau in grau, Nebel stiegen in allen Schattierungen auf, in Schatten und Beleuchtungen wechselnd. Es war, als ob die Berge fliegen würden, dann wieder versanken sie im Nebel. Und in den Sternennächten wirbelten diese Nebel im Mondschein.

Wenn ich an den Himalaja zurückdenke, erinnerte ich mich nur an den unendlichen, lautlosen, träufelnden Februarregen, der aus den Nebelschwaden niedertroff, und ich musste immer in die nebelwandernden Berge ansehen, die nie mehr stillstehen würden.

Der riesige Himalaja schien sich fortzuwälzen. Bald stellten sich die Nebel wie Riesentreppen auf, schlugen sich zum Himmel hinauf und drehten sich um ihre Achsen

Riva di Garda, 28. August 1982:

wie ungeheure Windmühlenflügel. Es blieb kein Oben, kein Unten, kein Links und kein Rechts mehr bestehen, als wäre der Himalaja eine Gedankenwelt geworden, in der sich fluchtartig Bilder und Eindrücke, Wirklichkeit und Unwirklichkeit jagten.

Mein heutiges Ziel war der einzige tibetanische Tempel, der ganz am Ende des Bergdorfes am senkrechten Abhang lag. Er sah einfach wie ein weißgekalktes, tibetanisches Bauernhaus aus, und man hätte ihn ebenso gut von weitem für einen kleinen Gasthof halten können. Ich ging durch einen nassen Vorgarten und hörte von weitem den regelmäßig klingenden Ton der Gebetsmühlen. Ein Tempelknabe in gelber Kutte drehte mit der Hand den gelben Zylinder, der sich auf einem Gestell rund um eine Achse bewegte. Jede Umdrehung des Zylinders galt so viel wie das vollständige Ablesen der tausend Gebete, die eingedrängt auf ihr geschrieben waren.

Drinnen im Tempel war es dunkel und es stank wie in einem Stall. Hinter dicken Holzgittern standen die geschnitzten Götter, deren alte gebräunte Vergoldung kaum noch glänzte. Ganze Reliefs waren überladen mit Göttern, die in wilden, sexuell betonten verrenkten Stellungen wie die wallenden Nebel draußen verharrten. Darunter war kein friedlicher Gott. Aus unzähligen Ölnäpfchen voller kleiner Nachtlichter flimmerten winzige Flämmchen. Wie die Futtertröge der Götter standen sie da vor den Gittern und nährten die speckigen Goldgesichter mit ihrem Ruß und belebten mit dem Gewimmel ihrer knisternden Flämmchen.

Nicht an allen Wänden standen Götterbilder. Es waren da Lücken, und dort am berußten und schmutzigen Wandkalk

Riva di Garda, 28. August 1982:

entdeckte ich Photographien, Ansichtspostkarten und Holzschnitte aus illustrierten englischen Zeitungen. Es waren Bilder von englischen, deutschen, französischen, russischen Prinzen und Generälen und Abbildungen von neu erfundenen Maschinen, Bilder, die von den tibetanischen Priestern heiliggesprochen waren, vielleicht um den Europäern zu schmeicheln, vielleicht auch aus abergläubischer Furcht vor unbekannten fremden Seelenkräften.

Auf dem Fußboden hockten ein paar tibetanische Priester mit ihren glattrasierten kahlen Köpfen, in schmutzig gelben Kutten am Boden und rauchten, lehnten mit dem Rücken an der Wand und starrten zur offenen Tür hinaus, zu der ein wenig Tageslicht in den fensterlosen Raum hereinfiel und glasig auf den Augäpfeln der Priester glänzte. Die knisternden Reihen von Nachtlichtern, die glasigen Augen der Priester und hinter den Gittern ein Götterbauch, an dessen abgenütztem Gold sich die Ölflämmchen spiegelten, dazu betäubte mich der süßliche Tabakrauch aus den Priesterpfeifen und ein noch süßlicherer Geruch von erkaltetem Räucherwerk, die grotesken Papierfetzen aus illustrierten europäischen Zeitschriften.

Aber wie die Abgründe draußen vor der Tempeltür, an deren Rändern das Schwindelgefühl saß, das Menschen, Tiere und Steinmassen in die Himalaja Schluchten reißen konnte, so lag hinter dem Gefühl der dumpfen Dummheit, die in dieser stallartigen Tempelstuben hockte, zugleich eine kaltblütige Grausamkeit. Sie blickte beinahe schelmisch aus den stieren Augen der kahlköpfigen tibetanischen Priester und grinste grotesk freundlich aus

Riva di Garda, 28. August 1982:

den lachenden Mäulern der Gesichtsmasken der im Halbdunkel hockenden Götterfiguren.

Meine Reise ging weiter. Mein tibetanischer Wagen wurde von fünf Hünen mit sackartigen Kleidern gezogen, es ging immer weiter an fast senkrechten Bergwegen hinauf. Sie machten sich einen Riesenspaß draus, sie wieherten sie wie Pferdchen, meckerten wie Geißböcke und prusteten wie die Walrosse.

Die ganze Zeit verfolgten meinen Wagen drei tibetanische Riesenfrauen, die ihre Schmuckketten aus kleinen blauen Türkisen, Brocken Bergkristall und Stücken ungereinigter Silberbronze, mit rötlichem Karneol verarbeitet, vom Hals und von den Armgelenken rissen und mir zum Verkauf vor mein Gesicht hielten.

Eine der Frauen nahm sich während des Springens die Türkisohrringe ab, eine andere drehte von ihrer Hand einen plumpen Silberring mit rotem Carneolstein, die dritte zog sich bronzene Haarpfeile aus ihrem ungekämmten, verwilderten und vom Regen nassen Haarknoten. Einige Worte Englisch und hundert geschnatterte tibetanische Worte wurden begleitet vom Gelächter und Geschnauf meiner schwitzenden Wagenschieber.

Ich musste sie los werden, daher kaufte ich der einen Frau einen Ring ab, und da der Rikschawagen an den Abhang wegen keines Augenblicks halten konnte, wurde der bewegte Handel durch Zuwerfen des Ringes und Zurückwerfen des Geldes abgeschlossen. Zwei der Frauen blieben jetzt zurück. Nur das dritte Weib, das immer noch ihre Haarpfeile verkaufslustig in der Luft schwang, haftete

Riva di Garda, 28. August 1982:

noch an der Seite meines Wagens, vom Gekläff der Hunde umgeben.

Als die Tibetanerin mich so kaufunlustig sah, lockte sie mit den Augen, so dass ihr die Wagenschieber tibetanische Scherzworte zuriefen, gegen die sie sich eifrig verteidigte. Da mich ihre Augen mich nicht überreden konnten, sprang sie immer weiter neben dem Wagen her, fuhr mit den Händen in die Falten ihres groben Mantels und fischte aus ihrer Tasche ein kleines Bronzeamulett, das an einer Darmsaite angebunden war, und flog zu mir in den Wagen auf meinen Schoß.

Mit einem Blick sah ich, dass dieses Amulett ein echtes kleines Bronze-Götzenbild war, nicht größer als ein Fingerglied. Es stellte in viereckigen primitiven Formen zwei winzige Menschen

dar, einen nackten Mann, an dem eine nackte Frau hochkletterte. So etwas hatte ich noch nie gesehen.

Ich schloss meine Hand, in die das Amulett gefallen war, griff mit der anderen Hand in meine Westentasche, in der ich loses Silbergeld trug, und warf der Frau ein paar große Silbermünzen zu. Sie sah mich erstaunt an, fing blitzschnell das Geld auf und blieb zurück.

Das Amulett war nach dem Alter der Darmsaite zu schließen, sehr alt und hatte bestimmt schon auf der Brust verschiedener Leute geruht. Darüber waren bestimmt manche Menschenleben dahingegangen.

Die an der Männergestalt emporkletternde kleine Frauengestalt bestand aus geschwärzter Silberbronze, der Mann schien aus Eisenbronze zu sein. Vielleicht war sie in

Riva di Garda, 28. August 1982:

einer tibetanischen Klosterschmiede gearbeitet worden, in einem dieser ungeheuerlichen Klöster, die an völlig unzugänglichen Stellen, an Bergabhängen und Bergseen auf der Straße nach Lassa zerstreut liegen, die zu der geheimnisvollsten Klosterstadt der Welt führt.

Plötzlich erkannte ich, dass mir die Tibetfrau wahrscheinlich das Amulett versehentlich zugeworfen haben musste. Sie wollte mir bestimmt irgendein beliebiges Silberkettchen zuwerfen, denn ihr Gesicht war plötzlich verblüfft und nachdenklich gewesen, als sie meine Silbermünzen auffing und einsteckte. Jedenfalls aber hatte ich das Amulett mit meinem Geld bezahlt, und es gehörte jetzt mir.

Die Dinner-Glocke läutete, um aufmerksam zu machte, dass es an der Zeit ist, sich für das Abendessen umzuziehen. Denn auch hoch oben im Himalaja erscheinen die englischen Herren abends in Frack und Smoking und die Damen in Schleppkleidern, tief ausgeschnitten und frisiert, als wären sie für eine Gala Oper geschmückt.

Ich ging in mein Zimmer, wo eben ein tibetanischer Zimmerbursche das Kaminfeuer angezündet hatte und Wasser in die Badewanne schleppte. Der Baderaum hatte einen besonderen Eingang durch einen Balkon, der an der Rückseite des Hauses entlang lief. Der tibetanische Diener murmelte „all Right Sir" und verschwand durch die Hintertür des Badezimmers.

Nachdem ich ins Bad gestiegen war, aufrecht im dampfenden Wasser stand und einige Turnübungen ausführte, fühlte ich im Rücken einen eiskalten Luftstrom, als ob jemand die Hintertür des Baderaumes zum Balkon

Riva di Garda, 28. August 1982:

geöffnet habe. Ich rufe auf Englisch: „Tür zu!" Und um mich vor dem eisigen Luftstrom zu schützen, tauchte ich im heißen Wasser der Badewanne bis zum Hals unter. Ich bemerke zugleich durch den Dampf den Schatten einer Gestalt und fragte: „Wer ist da?"

Als ich auf meine Zurufe keine Antwort erhielt, erhob ich mich wieder aus dem dampfenden Wasser. Im gleichen Augenblick fühlte ich wieder den Eishauch von der Tür her. Der menschliche Schatten, den ich vorher gesehen hatte, war verschwunden. Ich tastete in den Dampfnebel, fragte noch ein paar Mal, beendete dann mein Bad schneller, als ich es sonst getan hätte, wickelte mich ins Badelaken, machte Licht im Schlafzimmer und leuchtete in den Baderaum, fand aber niemand.

Dann zog ich mich an, klingelte und fragte den Diener, ob man jemanden hereingelassen hätte, während ich im Bad gewesen war. Dieser schüttelte den Kopf und wusste von nichts. Ich vergaß auch diese Begebenheit wieder. Aber nach Mitternacht, als ich mich zu Bett legte, schloss ich vorsichtig alle Türen.

Ich weiß nicht, wie viele Stunden ich geschlafen hatte, als ich plötzlich durch einen Knall und ein Scherbenklingen geweckt wurde. Ich fuhr auf und hörte ein Geräusch wie von flatternden Flügelschlägen. Das Kaminfeuer war vollständig niedergebrannt, und der kleine Glutbrocken leuchtete nicht mehr an die Zimmerdecke und nicht mehr an die Wände, von wo aus das klatschende Flügelschlagen herkam. Ich machte Licht und sah ein großes schwarzes Tier aufgeregt von Winkel zu Winkel fliegen.

Riva di Garda, 28. August 1982:

Als ich auf einen Stuhl stieg, sah ich, dass es eine große Vampirfledermaus war. Ich öffnete die Schlafzimmertür, die nach der Treppe ging, weit, und rief ins Treppenhaus hinunter. Unten am Kaminfeuer saßen immer einige Diener, die Nachtwache hatten.

Einer der Männer kam herauf, riss die Bettdecke von meinem Bett und schlug mit dem in die Nacht hinaus. Im Fenster selbst fanden wir dann eine Ecke der Scheibe eingestoßen. Trotzdem war es mir unerklärlich, wie diese weiche und zartknochige Fledermaus es fertig gebracht hatte, diese harte Fensterscheibe durch zu stoßen, um hereinzukommen.

In dieser Nacht schlief ich nicht mehr. Ich ließ das Licht brennen und befahl dem Diener, das Kaminfeuer zu schüren. Dann setzte ich mich an den Kamin und las, das heißt, ich wollte lesen, um nicht einzuschlafen. Aber mehrmals musste ich aufhorchen. Es war mir, als hörte ich plötzlich wieder Schritte auf dem Balkon. Ich sah vom Lesen nicht auf. Ich sagte mir, es wird einer der Diener sein, der sich überzeugen will, ob mein Kaminfeuer noch brennt, und der mich nicht zu stören wagt und deshalb auf dem Balkon herumschleicht und hereinsieht.

Wenig später verbreitete sich ein durchdringender Blumengeruch im Zimmer. Ich schloss die Augen, lehnte meinen Kopf im Ledersessel zurück und überlegte, ob die Nachtnebel, die aus den Himalajateegärten und aus der indischen Tiefebene heraufstiegen, solch einen betäubenden Blütengeruch mit sich führen könnten. Durch das zerbrochene Fenster schien dieser Geruch mit dem Nebelrauch hereinzuziehen, und ich sah einen feinen

Riva di Garda, 28. August 1982:

bläulichen Dampf, der vom zerbrochenen Fenster her das Zimmer erfüllte.

Ich wollte aufstehen, ein Handtuch oder einen Reiseschal nehmen und die zerbrochene Scheibenecke zustopfen, um den betäubenden Nebel abzuwehren. Aber es blieb bei dem Wunsch, aufzustehen und wegzugehen. Meine Augen waren plötzlich zugefallen und ich versank in wabernden Nebelgedanken.

Klopfte da jemand auf meinen Schädel? Draußen war es immer noch Nacht. Das Klopfen kam von den verschiedenen Zimmertüren im Korridor. Die Hotelgäste wurden geweckt.

Unsere Reisegesellschaft hatte sich hier im Hotel verabredet, um drei Uhr morgens bei Mondschein aufzubrechen, um auf Passwegen zu dem zweitausend Fuß höher gelegenen „Tigerhill" zu reiten, wo man den Sonnenaufgang über dem Mont Everest erwarten wollte.

Im Zimmer war noch immer dieser süßliche Dunst. Ich zog mich im halbbetrunkenen Zustand an. Ein Diener brachte mir den Morgentee und sagte, dass die Pferde gesattelt wären und unten an der Veranda warteten.

Als ich ein paar Minuten später aufs Pferd stieg, freute ich mich über die klare Bergluft, über den eisklaren Halbmond, der am Himmel hing, und über den reinen Neuschnee, der gefallen war, und ich hatte bald ganz und gar den betäubenden Blumendunst vergessen und den schweren Schlaf, der mehr ein Alpdruck als ein gesunder Schlaf gewesen waren.

Riva di Garda, 28. August 1982:

Auf den schmalen Passwegen, auf denen die Pferde hintereinander gehen mussten, schwiegen alle, und es war, als ritten wir nicht auf der Erde, sondern auf den Wolken an den Wolkenrändern entlang. Die Mondsichel hatte nicht Kraft genug, die Himalajagründe auszuleuchten. Meere von Finsternis lagen an den Rändern der Passwege. Bäume, die so alt waren, dass sie kein Blatt mehr trieben und nur wie moosbehangene Skelette ragten, waren durch Nebel und Schnee wie vom Erdboden abgeschnitten und hingen in der Luft wie vom Himmel herab.

Diese Abgründe wollten mich wieder einschläfern, viel stärker noch als der Blumengeruch es vorher getan hatte. Der warme, schweißdampfende Pferderücken, der mich trug und durchrüttelte, war das einzige Stück Wirklichkeit, das ich noch fühlte, wollte mich in die Abgründe ziehen. Endlich erreichten wir in der blaugrauen Dämmerung vor Sonnenaufgang die Höhe des Tigerhill.

Tibetanische Diener waren vom Hotel vorausgeschickt worden, sie hatten einen großen Holzstoß angezündet, aber das Holz war nass und es rauchte mehr als es brannte. Wir umwanderten stampfend den qualmenden Holzstoß und versuchten damit, unsere vom Reiten erstarrten Füße beim Feuer zu wärmen, vertrieben uns die Zeit mit Teetrinken und warteten auf die ersten Zeichen des Sonnenaufgangs.

Drüben im Nebel erschienen in gigantischen Dimensionen die Umrisse des Mount Everest und des Kantschindschanga, die wie ein nacktes Riesenpaar höher als der Mond mitten im Himmel lagen.

„Da ist die Sonne," flüsterte eine Dame. Plötzlich durchzuckte mich nur ein einziger Gedanke: Sehen die

Riva di Garda, 28. August 1982:

großen Gletscher dort nicht genauso aus wie die Männer- und die Frauenfigur deines Amuletts, das du der Tibet Frau gestern abgekauft hattest?

Aber wo ist das Amulett abgeblieben? Es war wie verhext, das geheimnisvolle Amulett fand ich nirgendwo wieder, es blieb für immer verschwunden. Es war nicht auf meinem Tisch im Hotelzimmer, nicht in meinen Taschen und auch nicht in meinen Koffern oder in meiner Westentasche. Als Ersatz dafür lagen die drei großen Silberstücke wieder in meiner Westentasche, die ich gestern der fremden Frau gegeben hatte. Das Ganze war mir vollkommen unerklärlich. Nur aus der Kleiderwärme quoll mir wieder dieser geheimnisvolle Blumengeruch entgegen, und dieser Geruch steckte noch von der letzten Nacht her in meinen Kleidern.

Jetzt wandte ich mich an den Reiseführer, der zufällig neben mir stand: „Glauben Sie, dass es Amulette gibt, die ihren Besitzern so teuer sind, dass er diese niemals verkaufen würde? Und wenn eine tibetanische Frau ein solches Amulett zufällig von sich geschleudert hätte, würde sie alle Listen anwenden, um das Amulett wieder zu erhalten, dass sie sogar durch Hintertüren in die Häuser eindringen würde und die sich auch nicht scheuen würde, sogar eine Fensterscheibe einzustoßen?"

Das beantwortete er mit einem klaren Ja. Ein solches Amulett würde sie niemals verkaufen, und sollte es trotzdem einmal verloren gehen, so würde sie ihr Leben daran setzen, um dieses kostbare Amulett der Treue zurück zu erhalten.

Riva di Garda, 28. August 1982:

Er kennt diese Frau sogar, sie sei eine sogenannte „ewige Witwe", die nicht mehr das Verlangen haben, einen anderen Mann als den Gestorbenen zu lieben. Um aber auch sicher zu sein, dass dieser ihr im nächsten Leben treu bleibt, trägt eine solche Frau an einer unzerreißbaren Darmsaite ein Amulett an der Brust, dass ein solches Menschenpaar darstellt. Wenn die Witwe aber dieses Amulett verliert, dann hat sie damit die Treue des Toten verloren und sie wird ihren Geliebten im nächsten Leben nicht wieder finden.

Die nächste Nacht im Hotel verbrachte ich in tiefem Schlaf, morgen würde ich mich von der Reisegruppe trennen und meinen Weg allein zu Hanna finden.

Auf der nächsten Seite klebte eine Hotelrechnung in tibetanischer Sprache, mit Mühe entzifferte ich: Übernachtung 9 Tage, Begleitung und Ausflüge, dann waren wieder zwei Seiten freigelassen.

Ich ritt am frühen Morgen durch die morastige Dorfstraße, begegnete buddhistischen Mönchen mit glattrasierten Schädeln und alten Männern, die ihre Lieblingsvögel in kleinen Käfigen mit sich spazieren trugen. Drollige Kinder, auf deren Köpfen die noch kurzen Haare zu mehreren starr abstehenden Zöpfchen geflochten waren, umstanden einen alten, blinden, fahrenden Sänger; mit mageren, gelben Fingern griff er in die Saiten einer Gitarre; und schrill zirpende Töne begleiteten sein einförmig klagendes Lied.

„Der ist auch ein Wanderer auf der weiten Welt", dachte ich wehmütig, dann warf ich dem Alten eine Münze zu, ritt weiter zum Tore hinaus und schlug einen schmalen

Riva di Garda, 28. August 1982:

Pfad ein. Unterwegs atmete alles Verfall, aber aus dem Vergehenden wuchs Neues in uralter, gleichtöniger Wiederholung. Aus dem morschen, berstenden Gemäuer drängten sich Buschwerk und blühende Gräser zum Leben hervor ans Licht; in dem Abfall am Boden wühlten kleine schwarze Ferkel, pickten und scharrten Enten und Hühner, und alle suchten nach Nahrung.

Ich verließ die Landstraße und ritt zwischen den Feldern auf die Berge zu, mit jedem Schritt wurde es immer stiller. Unter hohen alten Bäumen standen graue Steinstelen am Wegesrand neben Reihen kleiner verwitterter Pagoden, von Unkraut überwuchert, das waren die Gräber früherer Mönche. Von den Bergen herab kam eine kleine Quelle entgegen gerieselt. Dort, wo sie in die Erde sickerte, war sie grün geworden von zarten Farben und bunt von zahllosen wilden Blumen.

Zwischen dunkeln Baumkronen, funkelten goldgelb, saphirblau und malachitgrün die Kacheldächer der Türme und Hallen, der Tore und Klöster. Höher und höher ansteigend, erhoben sie sich längs des dichtbewaldeten Abhangs und leiteten den Blick hinauf zu den Bergspitzen, die wie eine schneeweiße Pagode schimmernd gegen den türkisfarbenen Himmel stand.

Endlich war ich am Ziel meiner Träume bei Hanna in der kleinen Stadt angekommen, vom Pferd gestiegen, hatte die Zügel um den Hals einer der riesigen Steinschildkröten geschlungen, die unter knorrigen Bäumen zu beiden Seiten des Eingangstores seit Jahrhunderten Wache stehen.

Sofort kam mir meine Freundin Hanna aus dem Tempelgelände entgegen gelaufen. „Sei mir willkommen

Riva di Garda, 28. August 1982:

im Tempel zu den späten Glückseligkeiten", sprach sie mit leiser, süßer Stimme, und ihre einst so tiefschwarzen Augen hatten einen milderen Glanz bekommen.

Wir sahen uns einen Augenblick fragend an, wie es Menschen tun, die sich lange nicht gesehen haben, ob wir dieselben geblieben waren und unsicher, wie sie sich wiederfinden werden. Meine alte Freundin Hanna hatte sich irgendwie verändert: ein Witwenschleier umhüllte sie und, wehe Trauer sprach aus ihrem sanften, stillen Gesicht. Nur ihre schwarzen Eulenaugen leuchteten geheimnisvoll wie immer.

Am weitausgeschweiften Kacheldach eines verwitterten Turmes tönten leise im Winde die kleinen Pagodenglöckchen: „tingting, tingting." „Märchenluft weht hier", sagte ich ergriffen beim Gurren der wilden Tauben: „rukuru, rukuru."

Ein kühler Abendwind wehte und wir traten hinaus auf die Galerie vor der Halle. Von dort sah man über die Baumwipfel und die bunten Dächer der vielen Tempelbauten hinab auf die weite Ebene tief unten. Am fernen Horizont standen grau und verschwommen die Umrisse alter Tempelmauern und Türme. Man sah sie nicht deutlich; es war mehr ein Ahnen, dass dort hinten die große Stadt mit ihren vielen Leiden liegen müsse. In der Stille hörten wir nur die wilden Tauben: „rukuru, rukuru."

Meine Freundin lehnte sich über die Brüstung und sagte leise: „Mir ist, als würden sie mir zurufen: „ruhe du, ruh, ruhe auch du. Ach, wenn ich doch nur zu ihm könnte." Der Himmel wurde immer nachtdunkler, und Hannas

Riva di Garda, 28. August 1982:

glühten. In ihren Augen war kein Blick mehr, den man tiefer hätte fühlen können.

Wir gingen ein paar Schritte und kamen an einer dunkeln Felsengrotte vorbei, aus deren geheimnisvollen Tiefe die ungeheuerlichen Umrisse eines Götzenbildes auftauchten: ein feister, grinsender Alter mit quellendem Bauch, der auf berstenden Säcken thronte. „Das ist der Gott des Reichtums", erklärte meine Freundin, und ich meinte dazu lächelnd: „Wer sich den sofort am Anfang als erste Gottheit erwählt, erspart sich wohl hinterher manchen Umweg zur Glückseligkeit, aber Geld ist nicht alles, denn man kann es nicht essen."

Wir stiegen weiter aufwärts zwischen rauschenden Baumwipfeln zu den Tempelhallen. Die einen enthielten in tausendfacher Wiederholung ein und dieselbe kleine Buddhafigur; und in einer Grotte waren die Qualen der Hölle mit chinesischer Erfindungsgabe fratzenhaft dargestellt. Weißstämmige Baumriesen erhoben sich gespenstisch, reckten ihre Äste wie Glieder bleicher Knochengerippe aus; die mächtigen Wurzeln bohrten sich durch die Pflasterung, hatten die Fliesen gehoben, und traten dazwischen hervor wie geblähte Leiber von Pythonschlangen.

Bemooste Steinstelen standen im Schatten der Bäume neben uralten Opfergeräten, deren dunkle Bronze Patina mit fahlgrünen Flecken bezog. Dazwischen lagen stille Klosterhöfe, umgeben von niedrigen, einstöckigen Häuserreihen, die sich unter ihren hohen grauen Dächern zu ducken schienen. Sie enthielten die Mönchsklausen. „Und wo wohnst du jetzt?" fragte ich neugierig.

Riva di Garda, 28. August 1982:

„Immer noch in demselben obersten Klosterhof, den wir schon damals von dem Abt gemietet hatten", antwortete die Freundin.

Wir betraten ein stilles Gebäude, die Wände waren mit phantastischen Gebilden bemalt, spukhaft im Zwielicht, altersgebleicht, die Umrisse verschwimmend. Davor überragte, nur von Sonnenlicht überflutet, eine ungeheuerliche Gestalt! Ein meergrün bemaltes Monster, ein chinesischer Krieger in Helm und Rüstung. Rollend die Augen, breitaufgerissen das Maul. Tiefe Furchen im verzerrten Antlitz.

In der einen erhobenen Hand ein langes Schwert. Weitausholend zückte er es gegen eine riesige Fledermaus, die, von der Wand in hohem Relief abstehend, auf ihn zuzufliegen schien. Sein Gesicht war grimmig. „Das ist der fürchterliche Dragon, erinnerst du dich noch an ihn?" fragte sie leise.

„Tatsächlich, das ist er. Man spürt förmlich, ihn vor böser Freude über sein Vernichtungswerk brüllen zu hören," sagte ich ergriffen, ich dachte an die bösen, eiskalten Augen ihres damaligen Partners. Sie setzte dann melancholisch hinzu: „Wir werden ihn wohl mit Weihegaben besänftigen müssen, sonst wird er uns verschlingen. Komm ruhig herein, dort kann er uns nichts mehr tun."

In der Halle setzen wir uns in niedrige Rohrsessel, ein Diener brachte uns den Tee. Als er wieder verschwunden war, begann Hanna zu erzählen: „Es war sehr schwer, diese Halle zu bekommen, denn sie gehört zu den eigentlichen Tempelräumen. Schon, als ich sie zum ersten

Riva di Garda, 28. August 1982:

Mal betreten hatte, musste ich sie unbedingt haben, aber da waren die Priester. Zuerst ging ich ganz schüchtern herein, brachte den Götzen Blumen und stellte Vasen vor ihnen auf; und die Mönche ließen mich gewähren und sahen vielleicht in mir eine angehende Konvertitin. So erwarb ich mir stillschweigend das anerkannte Recht, meine Tage in dieser Halle zu verbringen."

Ich sah mich suchend um. Hier drinnen sah es sehr wohnlich aus: Wandschirme, auf deren Goldgrund Drachen und Phönixe spielten, teilten ihn ab in behagliche Ecken; Liegestühle mit bunten weichen Kissen luden zu ruhigem Verweilen; und bequem zur Hand lagen auf Tischen viele Bücher und die neuesten, ziemlich alte Zeitungen aus der westlichen Welt.

So erzählte mir Hanna mit leisen Worten ohne Pathos und ohne große Geste, mit schwarzblanken Augen immer mehr über die Abgründe ihres Unglückes. Mit diesem Dragon lebte sie damals in einer Unglücksekstase, und ihre Augen wurden immer glänzender, je unglücklicher sie mir darüber berichtete.

Sie wurde schwanger und bekam ein Kind. Dieser Dragon hatte sie besiegt, Hanna sollte nichts anderes fühlen und nichts anderes mit ihm teilen als die Lust ihrer Liebe, dabei sollte sie sich bis zur Selbstaufgabe selbst verleugnen. Sogar über ihre Mordgedanken schien er zu lachen. Also wartete sie geduldig auf seine ungeheuerliche Todesstunde, die Dragons ungeheuerliches Herz töten würde. Er schwärmte für den ewigen Drogenrausch. Alle ihre Kraft verpuffte wie nasses Pulver, da Dragons Schicksal feindlich gegen ihr eigenes gerichtet war. Dragon

Riva di Garda, 28. August 1982:

lebte sein eigenes Leben. Darüber wurde ihr eigenes Herz ganz dürr.

Zum Glück hatte sie nach dem Tode ihrer Mutter ein Vermögen geerbt, aber nichts machte ihr Freude, aller Elan starb, jede Liebeslust und jede Arbeitslust waren in ihr abgetötet. Sie lebte nur noch für ihr Kind, das sie fernhalten wollte von dem Unheilschatten jenes Mannes, dem sie glaubte, bald endlich entronnen zu sein. Nur mit ihrem einzigen Willen wartete sie mit stummer Macht auf seinen Untergang.

Dann geschah das Unfassbare, aber auch das Langersehnte. Dragon war mit dem Kind zur Hauptstadt unterwegs gewesen, um sie in der dortigen Schule anzumelden. Während der Fahrt begann es stark zu regnen, ein Erdrutsch riss ihr Auto von der Straße. Dragons Todesnachricht nahm sie teilnahmslos und ohne große Emotionen hin, alles war in ihr abgestorben.

Nur, als man den kleinen Körper ihrer Tochter in den kleinen weißen Sarg bettete, seufzte sie tief auf. Sie erhielt ein Grab unter einem großen Baobab-Baum, Hanna stellte jeden Tag frische Blumen auf das Grab.

Darum also hatte sich Hanna nicht mehr von diesem Orte trennen können, und hier führte sie seitdem ein stilles, weltvergessendes Dasein. „In diesem Tempel, wo ich das Glück gekannt hatte, mein Kind zu lieben, habe ich, nachdem ich es verloren, jetzt die Ruhe gefunden."

Doch endlich fragte sie nun mich voll warmer Anteilnahme: „Aber du selbst? Wie ist es dir seit unserer letzten Begegnung ergangen? Warum hattest du dich nicht mehr bei mir gemeldet? Ich hatte dir doch so oft

Riva di Garda, 28. August 1982:

geschrieben. Sind meine Briefe nicht angekommen oder war es eine Flucht vor der ausweglosen Situation?"

„Von mir und meinem Leben? Was gibt es da viel zu wissen? Eigentlich war es immer dasselbe: Ein Archäologe ist immer auf Reisen, und du hattest damals wohl kein rechtes Interesse an einer weitergehenden Beziehung, und mir erschien weiteres Warten ziemlich sinnlos. In den vielen Jahren hatte ich andere Frauen kennengelernt, aber ganz vergessen hatte ich dich eigentlich nie, und darum war ich ja auch jetzt deiner Einladung gefolgt."

Gemeinsam fanden wir in dem Tempel und in den umgebenden Gärten etwas Ruhe. Stundenlang saßen wir an dem kleinen Teich, in dem große Goldfische mit seltsam gezackten Flossen träge im Wasser lagen und zu uns aus glasigen Glotzaugen aufschauten.

Immer um die Mittagszeit tauchte ein kleiner blauer Kampffisch auf, wir brachten ihm eine Gabe, die er gnädig annahm, um danach wieder mit einem einzigen Flossenschlag in den Fluten abzutauchen. Und täglich erfreuten wir uns aneinander, wir waren endlich erlöst wie von einem langen, schweren Bann.

Nach nur einem Mondwechsel teilte Hanna mir mit, dass sie von mir ein Kind empfangen hatte. „Freust du dich?" fragte sie leise und ich sah sie beglückt an, denn ich konnte es kaum glauben, dass ich noch einmal Vater werden sollte. Sie würde mir ein echtes Kind unserer verwunschenen, späten Liebe schenken.

Jeden Tag durchstreiften wir gemeinsam die heiligen Haine, und wir kehrten zurück, mit Herbstblumen und roten Ranken für unser Heim beladen, die wir in der Halle

Riva di Garda, 28. August 1982:

ordneten. Die schönsten Blumen wurden in einer hohen Vase vor den grimmigen Krieger mit der Fledermaus gestellt. „Warum ausgerechnet vor ihm?" fragte ich leise.

„Dieser Dragon ist der Held einer chinesischen Sage, und dieser Tempel trägt seinen Namen „zu den späten Glückseligkeiten". Er zog aus und kämpfte sein ganzes Leben lang, um irgendwo in der Welt das Glück zu gewinnen, aber er konnte es nie finden.

Da endlich, nach langer Zeit kam es zu ihm geflogen in Gestalt einer Fledermaus, die ja das chinesische Glückssymbol ist. Aber für ihn war das Glück zu spät gekommen, denn das Leben hatte ihm schon zu viele grausame Wunden geschlagen. Darüber geriet der Krieger in so große Wut, dass er ein letztes Mal sein Schwert zog und die Fledermaus tötete. Klingt doch recht logisch, oder?"

„Das finde ich eigentlich nicht," antwortete ich mich seltsam gequältem Ausdruck, „denn es kann doch geschehen, dass das Glück wirklich zu spät kommt."

„Aber auch für ein kurzes Glück ist es doch nie zu spät" entgegnete die Freundin. „egal, ob wir es am Morgen des Lebens in der Heimat fänden, ob es uns abends in der Fremde begegnete, und wenn wir es auch nur eine einzige kurze Stunde besitzen könnten, dann würden wir ihm in Dankbarkeit die Hände entgegenstrecken und es willkommen heißen und an die heiße Brust drücken. Mein sehnlichster Wunsch wurde endlich erfüllt. Bleib für immer bei mir, denn wenn du jetzt gehst, bricht es mir das Herz."

Riva di Garda, 28. August 1982:

Ich schwieg bedrückt, was sollte ich auch dazu sagen? Ich wusste doch ganz genau, dass ich nicht für immer bei ihr bleiben konnte, das Leben und mein Alltag an der Uni wollten mich wieder zurück ins Leben da draußen ziehen. Durch das tiefe Schweigen klang nun ihre Stimme. „Wie ist das nur möglich? Wie kannst du so einfach weggehen? Wer wartet da draußen auf dich? Willst du's mir nicht anvertrauen?

Du bist einer, der sich selbst kennt und wohl weiß, dass ihm die Märtyrerkrone zu schwer geworden ist, die man zu tragen bereit sein muss, wenn man, sich erbarmend, andere von ihrer Schuld erlösen will. Bleib doch hier, mein Freund, denn da draußen erwartet dich nichts Gutes. Ich fühle es ganz genau und ich will dich davor bewahren."

„Ich muss aber irgendwann wieder zurück, ich habe meine Professur in Köln, das ist meine Zukunft, ich bin dort fest angestellt und bekomme ein festes Gehalt. Du magst das als belanglos empfinden, aber darum kann ich nirgendwo lange bleiben und woanders sesshaft werden, ohne zu kündigen, und das nimmt mir meine Lebens- und Arbeitsgrundlage. Die Gefahr ist einfach zu groß, damit meine gesamte Zukunft zu verspielen."

„Warum, mein lieber Freund, ist das so? Hier haben wir doch alles für unser Glück, was willst du in der Welt da draußen? Warum hat dich plötzlich diese tiefe Rastlosigkeit erfasst, warum wanderst du so unstet über die Erde auf einsamen Wegen? Hier bei mir brauchst du nicht vor dem Tod zu fürchten, hier wird dich dieser letzte Gast erst sehr spät finden. Hier ist alles ganz einfach, hier hast du doch alles, was du brauchst, Essen, Trinken, ein Heim, Kleidung, den schnöden Mammon und die Welt da

Riva di Garda, 28. August 1982:

draußen braucht man hier nicht. Bleib also für immer bei mir und genießen wir doch die Freuden der späten Vater- und Mutterschaft in vollen Zügen."

Ich gab nach und ließ mich einfach fallen, ich blieb und vergaß für eine Weile die Existenz der Welt da draußen, und wir lebten einfach nur noch für unser spätes Glück. Der Monsun kam, es wurde stickend schwül, und am frühen Morgen war es dann soweit, ich wurde aus ihrem Bereich verbannt, und sie flüsterte mir hastig im Vorbeigehen zu: „Es ist endlich soweit. Egal, was passiert, ich werde dich immer lieben und pass gut auf unser Kind auf."

Die weisen Frauen hatten schon alles vorbereitet. Bei der Geburt kämpfte sie zwei Tage lang, bis Hanna zwei winzige Kinder gebar, einen Jungen und ein Mädchen. Als ich das erste Mal wieder an ihrem Bett stand, fand ich meine total abgekämpfte, aber überglückliche Freundin wieder, und an ihrer Brust saugten zwei winzige Kinder voller Inbrunst.

„Sieh mal, sind sie nicht schön? Das sind deine Kinder, sie haben noch keinen Namen, aber sie werden eine große Zukunft haben. Hilf ihnen durch das Leben, denn ich habe nicht mehr viel Lebenszeit übrig."

„Was sagst du da für einen Unsinn? Du wirst noch ewig leben, meine Freundin. Sieh mal, die beiden werden dich noch so lange brauchen, bis sie endlich laufen können. Ach, sie sind wirklich süß, so winzige Füßchen haben sie, aber wie kannst du sie nur auseinanderhalten? Sie sehen doch total gleich aus, na ja, da ist nur der eine winzig

Riva di Garda, 28. August 1982:

kleine Unterschied, aber der ist ja nicht immer sofort sichtbar."

Die beiden wurden auf die Namen Vinod und Saroj getauft, und sie gediehen prächtig, ihnen schien das stickige Klima überhaupt nichts auszumachen. Nur meine Hanna gefiel mir nicht, sie wollte sich von der schweren Geburt einfach nicht erholen und wurde von Tag zu Tag apathischer und teilnahmsloser, so dass ich schon bald das schlimmste befürchten musste.

Inzwischen kümmerten sich nun drei Dienstboten um Haushalt, Frau und Kind. Ja, ich hatte sogar einen persönlicher Diener, Panja kümmerte sich Tag und Nacht um mich und meine Befindlichkeiten, denn bei diesem lähmenden, ewig gleich heißen und schwülen Klima konnte ich mich manchmal nicht mehr aufraffen, meine lang geplante Publikation zu Papier zu bringen. Nein, diese lähmende, schwüle Hitze nahm mir jede Energie und jeden Lebensmut. Und wenn ich ehrlich war: Ich sehnte mich einfach nur nach Hause zurück.

Aber wie konnte ich mein Leben ändern, dieses Leben im ewig blühenden Paradiesgarten zu verlassen, ohne dass meine kleine Familie darunter leiden würde? Eins war klar, Hanna wollte diese Dschungelheimat nicht verlassen.

Jedes Mal, wenn ich etwas Erklärendes sagen wollte, empfing mich ihr schmerzvolle Blick, ich fand einfach keine tragbare Lösung. „Ja, ja, ich weiß, bald wirst du uns verlassen, was willst du auch auf Dauer hier in der Wildnis? Du gehörst in eine andere Welt, aber ich bin hier neu geboren worden, und hier will ich auch irgendwann mal sterben. Glaub mir, ich kann dir einfach nicht in die

Riva di Garda, 28. August 1982:

kalte westliche Welt folgen, sie würde mich schon in kurzer Zeit töten."

So verging ein ganzer Monat, und jeder Tag schien in seiner Monotonität derselbe zu sein. Jeden Morgen färbte sich die ferne Fläche des Meeres im Dämmern silbern, wenn ich am frühen Morgen mein Lager verließ, um wenigstens die kühlsten Stunden des Tages nicht zu verpassen.

Jedem Morgen ging ein ganz besonderer Glanz voraus, aber schon eine Stunde später kreisten die Geier auf der Suche nach ihrer täglichen Beute im blassblauen Morgenhimmel. Gegen Mittag nahm die Temperatur schlagartig zu und ich wurde jeden Tag immer schlapper. In der Mittagsstunde schlief ich in der Hängematte, erwachte unfroh und matt, und auch meine Bücher blieben tagelang offen auf der gleichen Seite auf dem Schreibtisch liegen. Die sinkende Sonne am Abend brachte auch keine Abkühlung und oft schlief ich in großer Traurigkeit ein, wie ich sie früher nie gekannt hatte.

„Sahib, du bist doch ein großer Herr, und du kannst tun, was du willst, aber jetzt tust du einfach gar nichts mehr. Die Tage verstreichen, einer nach dem andern, wie die Wasserwogen an der Meeresküste, aber sie lassen keine Spuren zurück. Wer lebt so wie du? Früher hattest du über die Brahmanen gelacht, die den ganzen Tag nur in der Sonne liegen und den Tempelreis fressen, der ihr Anrecht ist, aber was machst du?

Früher hattest du alles in deinen Büchern aufgeschrieben, und du hattest mich immer so viel gefragt, aber nun tust du auch das nicht mehr, und viele deiner Bücher hast du sogar einfach verbrannt, so eine Verschwendung."

Riva di Garda, 28. August 1982:

Das war sein größter Kummer, denn ich hatte ihn in meinen verbrannten Tagebüchern sehr oft zitiert, und er hatte sich schon auf den Ruhm der fremden Welt da draußen sehr gefreut. Dafür lachte ihn einfach aus, und er reagierte darauf sehr beleidigt und war einige Tage nicht mehr ansprechbar.

Irgendwann erwachte ich mit trockenem Mund und einer scheußlichen Leere hinter der Stirn, ich saß in der Mittagshitze frierend am Fußboden. Ich überließ mich willenlos meinem Diener, ließ mich von ihm in Wolldecken wickeln und erwartete meinen Verbrennungstod in diesen phantastischen Feuern meines Bluts, die von boshaften Dämonen geschürt wurden.

Später trieb ich melancholisch in graue, sanft klingende Sphären hinein, mein Bewusstsein war noch nicht völlig erloschen, aber irgendwann war ich dann wirklich gestorben, und das beunruhigte mich sehr. Ich begriff nun deutlich die qualvolle Ungewissheit, die über meinem ganzen Leben gelegen hatte, und ich versank in seltsamen Kreisen und stumpfer Gleichgültigkeit gegen die Wirklichkeit, ein brennender Durst durchglühte meinen Körper, und dann lebte ich nur noch in meiner Erinnerung.

Nur Panja Gesicht irritierte mich noch manchmal, dass ab und zu wie ein Wolkenschatten über mir erschien, mein Dahinziehen durch das flimmernde All verhinderte und mich in sinnloser Aufdringlichkeit immer wieder ansprach. Wieso hatte er denn ein Recht dazu, was soll das ganze lebendige auf dieser winzig kleinen Erde? Warum können die Menschen sich nicht einmal ruhig verhalten? Sind wir eigentlich noch in Indien? Was passiert als nächstes?"

Riva di Garda, 28. August 1982:

„Jetzt zeige ich dir dein Grab." Wisperte es von irgendwo. „Sieh doch, dein Diener hat dich im Wald verscharrt, und die Waldblumen wachsen genau über deinen Augen." Ich lag tatsächlich ich in einem Grab, und dann überwältigte mich eine unbeschreiblich wohlige Ruhe.

Das also war nach dieser langen und ermüdenden Wanderung voll ungesunder Hast und qualvoller Befürchtungen am Ort meiner Bestimmung angekommen, ich schwebte im friedlichen Rausch einer überirdischen Musik und ich schwebte in Glückseligkeit. Ich erschrak, als sich der tastende Wurzelkeim einer Pflanze in mein Herz drang, und mein ganzes Wesen wurde plötzlich in das warme, leuchtende Brausen der Erdoberfläche emporgerissen. Über meinem Grab brach eine große, blaue Blume auf und sie öffnete sich gegen die himmlische Sonne.

Plötzlich sah ich einen fremden Gegenstand auf meinen Knien liegen. Erschrocken erkannte ich, dass es meine eigene Hand war, aber sie war abgemagert und ganz weiß. Ich versuchte sie zu heben, und sie gehorchte mir sogar. Der unbeschreibliche Schauer eines neuen Lebens ließen meine Glieder erbeben; sie rieselten wie Lichtgarben durch meine Adern, heiß, lau, kalt. Ich weiß heute noch gut und genau, dass ich laut sagte: „Das kann doch wohl nicht alles gewesen sein."

Das war Panja, und er starrte mich fassungslos an. „Sahib!" schrie er plötzlich, als er in meine Augen sah. „Sahib, du lebst ja wirklich!"

„Natürlich, was denkst du denn? Aber wo sind wir hier, Panja?" fragte ich matt. „Was ist passiert?"

Riva di Garda, 28. August 1982:

Mein Diener starrte mich verständnislos und voller Angst an. „Sahib, sprich gute Worte", bat er zweifelnd. Da merkte ich erst, dass ich meine Fragen auf Deutsch gestellt hatte, und als ich sie auf Englisch wiederholte, schrie er: „Sahib, endlich bist du erwacht und der Sinn ist in deine Augen und in deine Worte zurückgekehrt." Da begriff ich erst, wie krank ich eigentlich gewesen war. „Was ist denn dort für eine blaue Wand? Die kenne ich ja gar nicht."

Panja erhob sich mit glücklichem Lachen und sagte: „Das ist das Meer. Wir sind hoch oben in den Bergen, und du siehst auf das Meer hinab. Wir haben dich da unten aus dem Dschungel heraufgetragen, zwei Tage und zwei Nächte lang, ohne zu schlafen, bis wir in die leichtere Luft kamen, in die Kühle und die Ruhe.

Sieh dich mal um, dies ist der verlassene Bungalow einer englischen Farm. Wir brauchten nur die Affen zu vertreiben, die von ihm Besitz ergriffen hatten. Leider ist ein Teil deines Gepäckes verlorengegangen, aber deine Aufzeichnungen habe ich alle gerettet."

Erst als ich mir zum ersten Mal wieder eine Zigarre anzündete, lächelte Panja melancholisch und meinte: „Nun wirst du auch noch das Schlimmste ertragen, wo deine Lebenskraft zurückgekehrt ist. Deine liebe Frau, unsere Herrin, ist gestorben. Wir waren alle sehr traurig, aber wir konnten nichts mehr für sie tun. Sie starb an der gleichen Infektion wie du, aber sie hatte längst nicht genug Abwehrkräfte, daher ging sie schon nach drei Tagen ins Nirwana."

„Oh mein Gott, meine arme Freundin Hanna ist gestorben, das ist ja furchtbar. Und was ist mit den Zwillingen, sind

Riva di Garda, 28. August 1982:

sie etwa auch tot? Was ist mit meinen Babys passiert?"

„Nein, deine Zwillinge leben, sie sind Gott sei Dank gesund und munter und in Sicherheit, und ich habe sie auf die Hochebene zu meiner Familie gebracht, denn sie sollen ihre angestammte Heimat nicht verlieren. Wenn du willst, kannst du sie jederzeit besuchen kommen."

„Danke, Panja, das werde ich dir niemals vergessen. Wann fahren wir, sie heimzuholen?"

„Sahib, was meinst du mit „heim"? Wo ist dein „Heim", wo ist dein richtiges Zuhause? Dieser Bungalow taugt nur für die regenlose Zeit, und in den Tempeln da unten herrscht ein mörderisches Klima voller Infektionskrankheiten, Moskitos und Schlangen, das ist kein gutes Klima für aufwachsende Kinder und auch nicht für dich.

Also würde es für mich in der Zukunft nur noch ein einziges „Heim" geben, und das war weit weg in Köln, in Europa. Aber was sollte ich als Professor mit so kleinen Zwillingen anfangen? Außerdem hatte ich dort eine Ehefrau, die zwar auf mich wartete, aber nur, um eine endgültige Trennung herbeizuführen. Nicht auszudenken, wenn ich dort mit einem Diener und zwei winzigen Kindern auftauchen würde? Sie würde bestimmt einen Riesen-Skandal machen, obwohl mir das eigentlich ja ziemlich egal war. Aber würden sich die Kinder ohne liebende Mutter überhaupt in einer so fremden Welt zurechtfinden und wohlfühlen können?

Nein, im Augenblick gab nur eine einzige Lösung für unsere gemeinsamen Probleme. Die Zwillinge waren auf der Hochebene bei Panja bestens versorgt und konnten in östlicher Liebe in ihrer Heimat bei ihm in einer Gastfamilie

Riva di Garda, 28. August 1982:

aufwachsen. Ich würde ein Konto für sie einrichten, und sie sollten später mal ein gutes Internat in Indien besuchen. Das bedeutet aber auch, dass ich jetzt so schnell wie möglich Indien verlassen sollte. Viel Gepäck außer meinen restlichen Manuskripten besaß ich sowieso nicht mehr, das meiste war da unten im Monsun abgesoffen.

Ich spürte, wie meine Körperkraft langsam wiederkehrte. Bei meinem Aufbruch am nächsten Morgen fühlte ich mich überhaupt nicht mehr traurig, sondern immer besser bei dem Gedanken, schon bald wieder im sauberen und kühlen Deutschland zu leben.

Die Kinder blieben in Panjas Familie, seine Frau Palora war klein und rundlich, sie strahlte eine ruhige Zufriedenheit aus, denn sie hatte an ihrer mütterlichen Brust schon vier Kinder großgezogen, und auf die beiden hellen Kleinen kam es nun auch schon nicht mehr an. Hier würden sie ungestört aufwachsen können, und aus der Ferne würde ich ihr Weiterkommen weiter begleiten können.

Den Packen Geld, den ich für die Kinder ablieferte, verstaute sie in einem Schränkchen unter einem Heiligenschein mit ewig brennenden Räucherkerzen, zu dem nur sie Zutritt hatte. Nun war alles geklärt, jetzt fühlte ich mich endlich stark genug für die Zukunft, egal, was sie bringen wird.

Vielleicht würde ich sie sogar später mal zu einem Besuch nach Deutschland abholen können, aber nur, wenn es zu ihrem Vorteil wäre. Auf also, nach Hause in mein neues, nein, wieder zurück in mein altes Leben in Köln. Es wird mir sauer genug werden.

Köln, den 12. September 2014

Riva di Garda, 28. August 1982:

Nach nur vier Tagen Rückreisezeit bin ich endlich wieder daheim in Köln, und das Haus ist glücklicherweise gerade leer und verlassen. Meine Frau war, wie sie es schon mehrfach angekündigt hatte, endgültig wieder zurück zu ihrer Mutter in die Schweiz gezogen.

Sie hatte mir einen langen Brief hinterlassen, in dem sie mir langatmig ihre Gründe mitteilte. Ich legte ihn einfach ungelesen in die nächste Schublade, es stand doch immer wieder dasselbe drin ...Unterhalt ...Scheidung ... Abstandszahlung ...Gütertrennung....Anwalt, das war im Augenblick nicht zu ertragen.

Unsere gemeinsame Tochter, die kleine Laura, hatte sie ohne meine Zustimmung in Luzern in einem Nobel-Internat untergebracht. Nun würde ich mich wohl zuerst darum kümmern, mein geliebtes Kind wieder nach Hause zu holen. Diese Frau war wirklich ein Fehlgriff in meinem Leben gewesen, wie hatte ich sie nur jemals heiraten können.

Meine Studenten hatten mich schon sehnsüchtig erwartet, und die Professorenschaft war anfangs etwas angesäuert wegen meines überlangen Fortbleibens, aber als ich ihnen Einzelheiten über mein halbfertiges Manuskript berichtete, konnten sie gar nicht mehr aufhören, mehr zu erfahren. Der Institutsleiter stellte mir spontan zwei studentische Hilfskräfte zur Seite, um es möglichst schnell veröffentlichen zu können.

Alles in allem: ich war hochzufrieden, im Institut lief wieder alles bestens, jetzt musste ich nur noch zu Hause Ordnung schaffen. Und das wird mir ganz bestimmt auch schnell gelingen.

Riva di Garda, 28. August 1982:

Köln, den 24. September 2014

Das neue Kindermädchen ist endlich angekommen, Gott sei Dank, denn diese Verstärkung habe ich wirklich schwer nötig. Meine Süße, Laura, mein blondes Engelchen, meine Kleine hat sich mit ihren neun Jahren inzwischen als rabiates, kratzbürstiges Wesen entpuppt. Sie ist frech wie Dreck, sie will unbedingt wieder zurück ins Internat, sie will nichts vernünftiges essen, und wenn man nicht aufpasst, futtert sie stattdessen nur noch Chips, Erdnüsse und Nutella.

Ihr neu eingerichtetes Kinderzimmer hatte sie in Rekordzeit in ein Trümmerfeld verwandelt, und der extra neu gekaufte Fernseh-Apparat lief Tag und Nacht auf voller Lautstärke. Die neu eingestellte Haushälterin weigerte sich strikt, in ihrem Zimmer Ordnung zu schaffen, weil sie dort andauernd von Laura mit Kartoffeln bombardiert wurde. Dazu saß sie auf dem Kleiderschrank und war durch nichts wieder runter zu bringen. Nach nur zwei Tagen waren wir die Haushälterin wieder los. Mit einem großen Kochlöffel bewaffnet, rannte ihr Laura triumphierend hinterher, sie hatte gewonnen.

So konnte es einfach nicht mehr weitergehen. Darum hatte ich jetzt ein echtes Kindermädchen, Catherine Bertheou geordert, empfohlen von einer Kollegin aus der Uni, die könnte sich angeblich bestens durchsetzen, die hätte sogar ein paar Jahre in einem Heim für schwer erziehbare Jungen gearbeitet, und die muss ja schließlich etwas können. – So dachte ich wenigstens, aber ich hatte nicht mit Lauras Hartnäckigkeit gerechnet.

Riva di Garda, 28. August 1982:

Catherine Bertheous erster Tag war eigentlich erträglich abgelaufen, aber schon am zweiten Tag hatte Laura ihr Quark in ihre Schuhe gefüllt, in den Jackentaschen saßen die Frösche und an jeder Ecke rief Laura: „Gaggaaaack, die Witwe Berta, guck doch mal, da kommt die dicke Henne Berta, na, wo hast du deine Eier versteckt?"

Über ihre eigenen Witze konnte sie so herzhaft lachen, dass sie nicht mehr damit aufhören konnte. Ein Riesenspaß für das Mädchen, aber ich raufte mir verzweifelt die Haare, was für ein schreckliches Kind hatte ich da in die Welt gesetzt! Na ja, die dicke Berta ging jedenfalls am dritten Tag, es war absolut sinnlos, sie wollte nicht mehr bleiben, ich konnte ihr bieten, was ich wollte.

„Ich bin mit meinem Latein am Ende, ich kann nicht mehr. Los, pack deine Klamotten, du gehst wieder zurück ins Internat, ich habe mich lange genug an dir abgemüht, du kleine Bestie raubst mir den allerletzten Nerv. Ich ertrage dich nicht länger, dein Verhalten ist einfach zu viel für mich. Kein Wunder, dass dich deine Mutter im Internat untergebracht hat, die ist nämlich auch nicht mit dir zurechtgekommen. Du bist vollkommen unmöglich," brüllte ich sie entnervt an.

Da geschah ein Wunder. Sie begann zum ersten Mal zu heulen, sie heulte Rotz und Wasser, denn sie wusste auch nicht mehr weiter. Ich spürte ihre echte Verzweiflung und nahm sie einfach tröstend in die Arme, das ließ sie sich zum ersten Mal gefallen, und das half sofort.

Schnell trockneten ihre Tränen und dann spielte sie mir das volle Programm des lieben, kleinen Seelchens vor. Ich war so gerührt und erleichtert, dass ich ihr am Schluss sogar

Riva di Garda, 28. August 1982:

eine neue Barbiepuppe zugesichert hatte, mit quietsche rosa Klamotten, und deren Lover Ben für den nächsten Monat. Plötzlich strahlte ihr Gesichtchen wieder, ja, dieses kleine Miststück hatte jetzt schon wie ihre Mutter alle Register drauf, die wusste ganz genau, wie sie mich um den Finger wickeln konnte.

Am nächsten Morgen stand ein selbstgepflückter, ziemlich struppiger Blumenstrauß auf meinem Schreibtisch. Laura hatte die Kaffeemaschine zum Frühstück angestellt und mir sogar zwei Nutella-Brote geschmiert und die Zeitung aus dem Briefkasten geholt. Ich guckte nur ganz verdutzt, als sie sich mit vier Nutella-Broten bewaffnet an den Frühstückstisch in der Küche setzte, und die sie seelenruhig in ihr Schnäuzchen schob.

„Allerliebster Papa, weißt du was? Ich habe mal nachgedacht. Wir brauchen doch gar kein Kindermädchen mehr, aber eine Putzfrau wäre gar nicht schlecht, denn putzen finde ich eklig. Und ich könnte doch immer für dich kochen, das kann ich und das mache ich sogar richtig gerne. Ich komme ja immer vor dir nach Hause, dann kann ich einkaufen und dann kochen. Ist das nicht ein toller Vorschlag? Was meinst du dazu?" meinte sie mit einem strahlenden Lächeln.

„Na, das kann ja was werden, du willst wirklich kochen? Hast du dir das auch genau überlegt? Du bist erst neun Jahre alt, und die Schule ist doch bestimmt anstrengend genug für dich. Wer soll denn einkaufen? Und dann gibt es jeden Tag Miracoli zum Abendessen? Nee danke, da esse ich lieber in der Uni-Mensa, das ist wenigstens einigermaßen genießbar."

Riva di Garda, 28. August 1982:

Daraufhin war sie erst mal drei Tage beleidigt und schmollte so lange, bis ich ihr eine richtige Pizzaorgie anbot. Ich mochte das Zeug zwar überhaupt nicht, aber Laura liebte Pizza heiß und innig, sie hätte sich davon jeden Tag ernähren können.

Wir einigten uns darauf, dass unser neu engagiertes Putzteufelchen, die herzensgute Frau Walter, die Mahlzeiten vorkochte und in den Kühlschrank stellte, meistens gab es irgendwelche Eintöpfe, Überbackenes und dazu viel Gemüse, das wir nur noch aufzuwärmen brauchten. Und am Wochenende gingen wir essen, zum Lieblings-Italiener Beppo, wo ich ihr so langsam die Pizza abgewöhnte, denn Beppo kochte himmlisch und seine Seebarben waren im ganzen Viertel berühmt.

Ich weiß auch nicht, was sich da plötzlich in ihrem Köpfchen abgespielt hatte. Sie räumte plötzlich ihr Zimmer ohne Anmahnung auf und war ab sofort das bravste Mädchen der Welt. Seitdem ist „ihr Papa" der beste, und gemeinsam besprachen wir abends dann alles, was anlag. Sie wurde sogar in der Schule in Rekordzeit die Klassenbeste, obwohl ihre Lehrer anfangs sehr genervt waren und ziemlich wenig mit ihr anzufangen wussten. Und mit ihrem sturen Schädel konnte sie sich bestens durchsetzen.

Im nächsten Jahr besorgte ich mir für die Exkursionen mit den Studenten einen VW-Bus, den wir nach und nach komplett einrichteten. Jeden Sommer waren wir dann mit unserem „Klausi" unterwegs, wie er sofort liebevoll von Laura getauft wurde. Und meine Laura war das Maskottchen der Studenten, bei langen Fußmärschen trug sie immer einer auf dem Buckel zurück zum Camp. Dafür

Riva di Garda, 28. August 1982:

machte sie das Frühstück, holte die Brötchen und machte sogar Tee für alle.

Als Laura größer wurde, führte sie die Reisetagebücher, zuerst in sehr krakeliger Kinderschrift, aber jedes Jahr wurde sie besser. Alle fertigen Büchlein waren für uns unterwegs eine richtige Goldgrube, über die wir uns kaputtlachen konnten. Lauras Lachen war einfach ansteckend, wenn sie einmal damit anfing, konnte sie nicht mehr aufhören. Sie sammelte alle Quittungen und trug die Kosten in das Rechnungsbuch ein. Ja, das war eine wunderschöne Zeit, und diese Klausi-Reisen waren für uns beide sowieso immer das allerwichtigste auf der Welt gewesen. Das ganze Jahr konnten wir davon zehren, und wir hatten uns andauernd lustige Geschichten zu erzählen....."Weißt du noch....."

......

Im Büchlein liegt ein Luftpost-Brief, die Schrift ist sehr seltsam, lauter runde Kringel und Pünktchen, das ist jedenfalls nicht europäisch. Drinnen hatte jemand mit einem dünnen Bleistift eine Übersetzung daruntergeschrieben.

Köln, den 24. Dezember 2017:

Heute ist Heilig Abend und ich bin total allein, zum allerersten Mal richtig allein. Ach was, so ein Weihnachtsabend ist auch nicht viel anders als ein normaler Tag, er wird bald vorbei sein, und ein Fläschchen Rotwein wird mir den langen Abend wärmen.

Zwar ist heute ist ein langer Brief mit Weihnachtsgrüßen aus Indien von meinem Diener Panja gekommen. Den

Riva di Garda, 28. August 1982:

Zwillingen geht es prima, sie gehen schon in die Schule und sind schon in der ersten Klasse. Das Foto ist leider etwas verwackelt, ein Junge und ein Mädchen mit einem lachenden Gesicht sehen mich an, sie tragen sogar richtige Schuluniformen und ganz moderne Schulranzen. Sie brauchen schon bald wieder neue Schuhe und Kleidung, weil sie so schnell rauswachsen.

Neues Geld schicke ich ihnen gerne. Wie schade, dass ich nicht dabei sein kann, wenn sie Schuhe kaufen gehen. Sie sollen alles bekommen, was sie für ihr Leben und gesundes Aufwachsen brauchen, aber ich bin schließlich ihr Vater und ich werde immer für sie da sein. Ich werde sie ganz bestimmt bald besuchen, aber ich verschiebe es von Jahr zu Jahr.

Meine Laura, mein süßes Töchterlein, ist schon im September ausgezogen, sie studiert jetzt Ethnologie in Münster. Ach meine Kleine vermisse ich jeden Tag mehr. Ich werde langsam alt, und ich kann ihr jetzt nur noch beim Erwachsenwerden zugucken, aber sie muss ihren eigenen Weg gehen. Vielleicht werden wir bald mal gemeinsam nach Nepal verreisen und meine Zwillinge besuchen? Na, die wird vielleicht Augen machen, wenn sie erfährt, zwei Geschwister draußen in den Bergen zu haben.

Ach, ich dummer, alter Mann, ich würde am liebsten eine Kommune mit allen Frauen und Kindern gründen, und mich dann wie in Indien glücklich wie ein Pascha von ihnen verwöhnen zu lassen.

Stille Nacht, heilige Nacht, alles schläft, einsam wacht, und ich.... Bin allein. Jetzt bloß kein Selbstmitleid, das wäre wohl das allerletzte.......

Riva di Garda, 28. August 1982:

„Mann Papa, wieso verstehst du das denn nicht? Vor zwei Jahren war ich das erste Mal frei von Zuhause und froh, endlich mal nicht mehr Weihnachten zu Hause feiern zu müssen. Damals hatte ich gerade Frank kennengelernt, er war schon Doktorand und er nahm das ganze Studium furchtbar ernst, nur für mich hatte er nie allzu viel Zeit. Er war so ein Langweiler, aber trotzdem schleppte er mich nach drei Monaten zu seinen Eltern und stellte mich als seine zukünftige Braut vor.

Seine Mama musterte mich argwöhnisch und fragte misstrauisch, ob ich auch nicht schwanger wäre und wann wir denn endlich heiraten würden. Das wurde mir zu viel und ich hatte einfach Schluss mit ihm gemacht. Ja, es gab nur sehr wenige Studenten in Münster, die mir auf Anhieb gefallen hätten, die meisten waren furchtbar langweilig, und die interessanteren waren alle fest vergeben. Den richtigen habe ich bis jetzt noch nicht gefunden, wahrscheinlich müsste es genauso jemand sein wie du, Papa, aber dich gab es sowieso nur ein einziges Mal.

Als ich heute Morgen wach wurde, regnete es schon wieder heftig. Was, das soll ein richtiger Sommer sein? Ob ich gleich wieder ins Bett gehe, bis es mit dem Regen aufhört? Nein, das wäre doch das allerletzte, die Studenten-Rumgammelei habe ich langsam hinter mir. Also, nichts wie raus aus dem Bett und angezogen, dieser Tag hat bestimmt noch einige Überraschungen für mich bereit, und das Gefühl täuscht mich selten.

Gestern hatte ich mir warme Socken in der Stadt gekauft, mitten im Sommer, eigentlich ziemlich blöd, oder? Mit einer großen Tasse Cappuccino und einem Croissant setze ich mich gleich gemütlich an Papas Schreibtisch. Sofort

Riva di Garda, 28. August 1982:

hatte ich ein schlechtes Gewissen, denn das hätte er bestimmt niemals geduldet, mit seinem Schreibtisch war er immer sehr pingelig gewesen, und Frühstück gab es bei ihm nur in der Küche.

Und siehe da, mein Papa hat ja mal wieder recht gehabt, als ich die Tasse mit einem Schwupp absetzte, landete das ganze Getränk über der Zeitung, ich bin eben ein Idiot. Wütend wischte ich alles trocken, und nun hatte ich zwei total gematschte Handtücher, eine unleserliche Zeitung und beinahe hätte es noch eine grüne Mappe getroffen, die ich gerade aus der untersten Schublade gezogen hatte, um sie gleich zu lesen. Mit dicken Buchstaben steht oben drauf:

Südamerika 1982 - Die Chronik von Akakor - Tatunca Nara –Inka - Peru- Dänicken??

Mein lieber Papa, du überraschst mich immer wieder. Von deiner Südamerika-Reise hatte ich ja noch nie etwas gehört, wann war das denn gewesen?

Neugierig schlage ich die Akte auf, ganz oben drauf liegt ein weißer Zettel mit dem Namen: Dissertations-Thema für Laureen Wiesenthal- in Verbindung mit Matchu Picchou und Antrag 2014 auf ein Reisestipendium nach Brasilien und Peru.

Aha, damit also hatte sich Laureen an seinem Institut beschäftigt, und jetzt fiel mir auch wieder ein, dass sie mir irgendetwas davon erzählt hatte. Das war eigentlich ein sehr interessantes Thema, denn über die gesamte Historie Südamerikas wusste ich überhaupt gar nichts. Ethnografisch ja, am Amazonas sind genug Ureinwohner vorhanden, denen man jetzt von den ganzen Regenwald-Rodungen die Lebensgrundlage nimmt.

Riva di Garda, 28. August 1982:

Stopp mal, mein lieber Papa, jetzt erinnere ich mich. Du hattest doch früher diese ganzen Maja-Pyramiden und Matchu Picchu niemals ernst genommen, und die ganzen Bücher von Dänicken waren für dich doch alles wilde Spinnereien gewesen, von einem wirren Kopf erfunden.

Es ist schon komisch, wo die Liebe hinfällt und was sie bei manchen Menschen für Verwirrungen anrichtet. Diese Laureen hatte dich wahrscheinlich mit diesen Indianer-Jones-Filmen verrückt gemacht, mit dem Märchen des Verschwindens der Bundeslade, dem Goldrausch und dem ganzen Nazi-Kram mit der Ansiedlung des deutschen Volkes und der geraubten Kunst.

Nee, mein lieber Papa, diese Mappe lege ich wieder nach ganz unten, vielleicht mache ich ja später mal etwas selber damit, denn ich kann mir kaum vorstellen, dass Laureen jetzt noch an diesem Projekt arbeiten wollte, denn du, mein lieber Papa, kannst ihr nun keinen Antrag mehr auf ein Reisestipendium stellen. Ach, sie hat jetzt genug geerbt, soll sie doch hingehen, wo sie will, die war bestimmt nicht gut für dich, mein lieber Paps.

Ach, Papa, wir haben doch einiges von der Welt gesehen, und da gab es auf gar keinen Fall so spinnerige Dinge wie Dänicken, unsere Antike war immer ganz real, logisch und nachvollziehbar, oder etwa nicht? Wir waren echte, ehrliche und seriöse Wissenschaftler.

Nachher werde ich mal rausgehen, mir fällt sonst die Decke auf den Kopf.

Und dann kam doch alles ganz anders, als ich dachte. Auf der Zülpicher Str. hatte ein neues Reisebüro aufgemacht. Im Schaufenster hing ein riesengroßes, selbstgemaltes

Riva di Garda, 28. August 1982:

Plakat, und drauf stand nur: "Katmandu" nur noch wenige Restplätze – nur für Studenten mit Ausweis. Das war der Wink des Himmels, das musste ich sofort wissen, nichts wie rein. Da gab es doch noch ein unaufgelöstes Versprechen an meinen Vater, denn Nepal ist das letzte Ziel. Dort leben wohl hoffentlich noch meine unbekannten Geschwister.

Eine Stunde später hatte ich bei einem kleinen, asiatisch aussehenden Typen eine Trekkingtour in den Himalaya gebucht, inklusiv Flug von Frankfurt nach Kathmandu, inklusiv Visum mit 30 Tagen Gültigkeit. Abflug: übermorgen –naja, zeitlich etwas knapp, aber ich bin doch topfit und reiseerfahren.

Katmandu – was für ein geheimnisvolles Wort. Nepal, das Land der Götter, dort ist immer noch Shangri-la. Schneegipfel und Tempel, Tiger und Rosen, Paläste und Götter – Götter –Götter. Alles und jedes ist dort Gott: Menschen, Tiere, Steine und Götter.

Und was stand in den diversen Reiseführern im Netz? Eigentlich überall dasselbe:

Auch nach dem großen Erdbeben will Nepal schnell wieder auf die Beine kommen, und es gibt keinen Grund zu warten. Die freundlichen Nepalesen geben sich große Mühen, ihre Gäste herzlich zu empfangen.

Aufgrund der extremen Höhenunterschiede variieren die Klimazonen des Landes von subtropisch bis alpin. Auf einer Trekkingtour sollten Wanderer auf Temperaturunterschiede von bis zu 50 Grad eingestellt sein: Von 35 Grad in niedrigen Lagen bis zu minus 20 Grad am Thorong La Pass.

Riva di Garda, 28. August 1982:

Auf der gesamten Strecke gibt es einfache, unbeheizte Lodges oder Teehäuser, in größeren Siedlungen auch Hotels mit eigenem Bad und warmer Dusche. Ein eigener Schlafsack ist dringend zu empfehlen. In höheren Lagen können Decken und Wärmflaschen ausgeliehen werden. Eine Übernachtung im Doppelzimmer kostet je nach Höhenlage zwischen zwei und vier Euro. Soweit zur theoretischen Vorbereitung, das alles kannte ich ja schon aus deinen Aufzeichnungen.

So, mein lieber Papa, übermorgen geht es los, dann werde ich wieder auf deinen Spuren unterwegs sein. Dein Tagebuch kommt natürlich mit, und dann werde ich auch die letzte Asche verstreuen und an die geheimnisvolle Erbin auszahlen. Ich bin ja schon so neugierig.

Abflug Frankfurt / Flughafen – Oman Air - Warten auf den Flug nach Kathmandu,

11. August 2018:

Es ist zum Haare ausraufen, ich sitze auf dem Flughafen fest und warte bereits zwei Tage auf den Abflug nach Kathmandu, weil das Bodenpersonal streikt. Aber heute soll es irgendwann weitergehen, nur den ganz genauen Abflugtermin weiß noch niemand.

Zu viert sitzen wir nun in der Flughafen-Lounge und vertreiben uns die lange Wartezeit mit Reiseschilderungen. *Juliane Köpcke erzählt, wie sie und ihre Mutter von Lima in die peruanische Provinz zur Forschungsstation geflogen waren, die ihre Eltern, beide promovierte Biologen, im Regenwald errichtet hatten.*

Riva di Garda, 28. August 1982:

Kurz vor dem Zielort Pucallpa steuern die Piloten der Fluggesellschaft LANSA das Flugzeug in eine Gewitterfront, wo es vom Blitz getroffen wurde und in der Luft auseinandergebrochen war. Sie war noch bei Bewusstsein, als sie zusammen mit ihrer Sitzbank der Erde entgegengestürzt war, und sie wachte schließlich mit einer schweren Gehirnerschütterung und mehreren leichten Wunden auf dem Urwaldboden auf.

„Aber wir hält man das Gefühl aus, als Einzige überlebt zu haben?" Fragte ich sie neugierig.

Sie antwortete mit einem sparsamen Lächeln: Das Schreckliche, was ich erlebt hatte, der Absturz aus 3000 Metern Höhe, kam zuerst gar nicht richtig an mich heran. Ich empfand keine großen Gefühle, keine Schmerzen und keine Angst.

Das einzige Gefühl war die Verzweiflung darüber, dass ich nun vollkommen allein war - und meine Verzweiflung wuchs und wuchs, je länger ich im Regenwald unterwegs war. Intuitiv hatte ich mich seitdem gegen alles Schreckliche abgeschottet und versucht, danach normal weiterzuleben. Vordergründig hat das auch geklappt, aber tief in mir drin spürte ich, dass mit mir etwas nicht in Ordnung war - weil ich nicht trauern konnte.

Auch mein Vater war in seiner Trauer versteinert. Er behandelte mich nun anders als vorher und hielt Abstand zu mir. Vor dem Unglück hatten wir vieles gemeinsam gemacht, aber nun ging ihm all das zu nahe, weil ich ihn immer an den Verlust seiner Frau, meiner Mutter, erinnerte. Später haben wir wieder zusammengefunden und über vieles geredet, auch über meine Mutter, aber nie

Riva di Garda, 28. August 1982:

über den Absturz, seinen Schmerz und meine eigenen Probleme.

Tagsüber ging es mir oft ganz gut, aber nachts sind dann die Erinnerungen gekommen und die Albträume. Beim ersten hörte ich ein ungeheures Brausen, das Dröhnen der abstürzenden Maschine mischt sich mit den verzweifelten Schreien der Leute, die Dunkelheit in der Kabine wird von Blitzen durchzuckt, dann ist da das Gefühl des freien Falls, das ich im Traum als ein waagerechtes Dahinrasen an einer Wand empfunden habe, die ich aber nicht sehen konnte.

Im zweiten Traum sehe ich meine Mutter auf der anderen Straßenseite oder irgendwo in der Ferne, ich bin überglücklich und möchte zu ihr rennen und rufen: Du lebst, und alles ist wieder in Ordnung! In diesem Moment bin ich immer aufgewacht, und nichts war in Ordnung.

Ich denke viel an die anderen Passagiere und ich habe ihnen und ihren Angehörigen gegenüber Schuldgefühle, weil ich überlebt habe und nicht sie. Die Leute aus meinem Umfeld sagen dann, du spinnst doch, der Absturz war doch nicht deine Schuld. Aber das kann nur jemand verstehen, der selbst so etwas erlebt hat. Ich wurde auserwählt, den Absturz zu überleben, und das ist einerseits ein wahnsinniges Glück, etwas ganz Wundervolles, und gleichzeitig ist es manchmal fast ein Fluch, der einen belastet und der auch mit den Jahren nur ganz langsam vergeht.

Nach fünf Jahren bestieg ich zum ersten Mal wieder ein Flugzeug, ein Filmteam wollte Originalfotos der Absturzstelle machen, und was ich dann draußen im Dschungel sah, ließ mich erstarren. Alles sah so aus, als

Riva di Garda, 28. August 1982:

wäre das Flugzeug gerade erst abgestürzt. Da lag ein großes Stück vom Bauch des Flugzeugs im Dschungel, und das Räderwerk ragte nach oben. Es sah aus wie ein gestorbenes Tier. Dieser Anblick hat mich sehr berührt: Er hat mir noch einmal die Endgültigkeit der Geschehnisse vor Augen geführt - dass alle Passagiere tot waren und ich als Einzige überlebt hatte.

Ich habe lange dagegen gekämpft, dass mein Leben vom Absturz und den Erinnerungen daran geprägt sein würde. Inzwischen habe ich gelernt, dass ich diese Erinnerungen als Teil meines Lebens akzeptieren muss, so wie die Narben auf meinem Körper. Ich denke weiter jeden Tag an das Unglück. Es sind Gedankenblitze, die durch meinen Kopf schwirren, ausgelöst durch Gerüche, Geräusche, Farben, Stimmungen oder manchmal nur ein einziges Wort, das irgendjemand sagt. Die Vögel, deren Rufe ich im Dschungel gehört habe, oder das Geräusch der am Himmel kreisenden Suchflugzeuge. Die letzten Momente, in denen ich meine Mutter gesehen habe, auf dem Platz neben mir in der Maschine.

Als die Oman-Air-Maschine endlich abflugbereit nach Kathmandu auf dem Rollfeld stand, zögerte ich beim Einsteigen. Ich gebe ja zu, eigentlich hatte ich jetzt fürchterliche Angstgefühle, denn ich wusste ganz genau, dass ich so einen Absturz niemals überleben würde. Also betrat ich das Flugzeug als letzter Passagier, ach, es würde schon alles gut gehen.

Die Maschine hat ihre normale Flughöhe erreicht, die Stewardessen verteilen das übliche: Tomatensaft, Snacks und ein Täfelchen Schokolade. Ich sah hinaus, unter mir lag das Gewirr riesiger Berge und Schluchten, dann wieder

Riva di Garda, 28. August 1982:

Wolken, auf denen sich der Schatten unseres Flugzeuges abzeichnete.

Nach 12 Stunden endlich eine Wolkenlücke, und unter uns lag grün und golden ein großes, flaches Tal, in dessen Mitte ein glitzerndes Wasserband heraufblinkte, dann eine Stadt mit goldblitzenden Türmen und Dächern. „Katmandu", schrie mir eine Tibeterin ins Ohr.

„Ich weiß" schrie ich zurück, ich konnte meinen Blick da unten nicht mehr abwenden. Der Flieger verlor an Höhe, da unten lagen grüne und gelbe Felder, ockergelbe kleine Bauernhäuser mit Ziergärten, Berge und Wälder wie in der Schweiz oder Norditalien. Da war die Flugpiste, Flugzeug setzte auf, die Tür wurde geöffnet und wir stiegen aus.

Die Luft war nicht schwül warm, sondern eine weiche Frühlingsluft mit Kräutergerüchen und Blumenduft umschmeichelte uns. Katmandu – wir sind auf 1500 m Höhe im Tal gelandet. Tatsächlich, hier erfasste mich sofort eine seltsam euphorische Stimmung, ob das wohl dieser viel beschriebene Höhenrausch ist?

„Nepal ist nicht da, um verändert zu werden, sondern um Sie zu verändern", gab der Everest-Erstbesteiger Sir Edmund Hillary vor vielen Jahren Nepalreisenden auf den Weg.

Einatmen, ausatmen. Loslassen. "Yo Nepal ho."

Die Tour rund um den Manaslu, mit 8163 Metern der achthöchste Berg der Welt, dauert knapp drei Wochen, es sind 220 Kilometer, von 550 Meter bis hinauf auf 5135 Meter und wieder hinunter auf 840 Meter. Alle Vegetationszonen zwischen Subtropen und ewigem Eis werden

Riva di Garda, 28. August 1982:

zweimal durchwandert. Schritt für Schritt entfernt man sich von den Annehmlichkeiten der Zivilisation. Die Lodges sind sehr einfach - meist gibt es nicht mal eine Heizung und kein warmes Wasser.

Lodge-Trekking hat den Vorteil, dass die Mannschaft keine Zelte und Kochgeräte mitschleppen muss, aber es ist immer noch genug Krempel, den die Träger für die Touristen auf den Rücken laden: Jeder darf 15 Kilo Gepäck pro Person mitnehmen, und eine Urne mit Papas Asche ist gut und sicher in einem dicken Plastikbehälter in meinem Handgepäck verstaut. Bis jetzt brauchte ich zum Glück keine Zollkontrolle mehr zu überstehen, und das hatte mich eigentlich doch sehr verwundert.

Unsere Gruppe besteht aus sieben Gästen von 21 bis 70 Jahren, begleitet von Trekking-Guide Mingma Nuru Sherpa, seinen Helfern Neymar und Om, dazu vier Träger. Ein Teilnehmer ist sogar Arzt, was für ein beruhigendes Gefühl. Aber auf dieser Tour um den Manaslu zeigt sich aber trotzdem: So einfach ist es nämlich nicht im Himalaya-Gebirge.

Das Wetter weiter oben ist ziemlich schlecht, es hat viel geregnet und geschneit, der über 5000 Meter hohe Larkya-Pass ist nicht passierbar, heißt es. Ein Lager wurde von einer Lawine weggerissen, eine Frau war von einem Mulus abgedrängt worden und in die Schlucht gestürzt. „Darum immer auf die Bergseite ausweichen!", schärft uns Mingma ein.

Auf den engen Pfaden kommt uns eine Muli-Karawane entgegen. Die Treiber pfeifen und rufen, aber die Mulis nehmen keine Rücksicht auf die Touristen, sie rempeln

Riva di Garda, 28. August 1982:

einen einfach an. Das ist nicht lustig, wenn es neben dem Weg 80 Meter senkrecht nach unten geht, wo der Gebirgsbach Buri Gandaki tobt.

Es ist ziemlich viel Verkehr auf dem Pfad, einem alten Handelsweg zwischen Nepal und Tibet. Mal geht es über schwankende Hängebrücken, mal über ausgetretene Steinstufen, meistens über schwindelerregend enge und steile Wege.

Während der ersten Woche passieren wir Dörfer, in denen Lehmöfen rauchen und Ziegen meckern, wir wandern zwischen Reis- und Hirseterrassen. Die Bewohner des Tals sind arm, sie leben von ein bisschen Landwirtschaft und dem Verkauf von Kleinigkeiten an die Touristen.

Unsere Träger sind im Vergleich zu den Bergbauern Großverdiener, sie bekommen inklusive Trinkgeld zehn Euro am Tag. Sie schleppen jeden Tag bis zu 40 Kilogramm auf dem Rücken, und das mit Gummischlappen oder abgewetzten Turnschuhe, Jeans und T-Shirt. Keiner von ihnen beklagt sich. Die Sherpas mussten alle Lebensmittel, einen Erste-Hilfe-Koffer und eine aufblasbare Überdruckkammer mitschleppen, falls einer der Teilnehmer höhenkrank wird.

Da ist einmal Neymar, ein durchtrainierter, schweigsamer Sherpa, für den scheint die Trekking-Tour sowieso nur eine Art längerer Spaziergang zu sein. Und Om, der stets gut gelaunte Koch, sagt, dass er vom Verdienst der Tour mit seiner Familie mehrere Monate leben kann. Das Durchschnittseinkommen in Nepal liegt bei 600 Dollar pro Kopf - im Jahr. Für eine zwei- bis dreiwöchige Trekkingtour bezahlen Touristen ungefähr fünfmal so viel. Diese

Riva di Garda, 28. August 1982:

Trekkingtouren sind also für sie eine relativ sichere Einnahmequelle. Das heißt allerdings nicht, dass Wandern im Himalaja prinzipiell ungefährlich ist.

Am Wegesrand sitzen drei alte Frauen, sie zeigen mit dem Finger auf uns und kichern. Unsere Trekkinggruppe scheint auf sie irgendwie erheiternd zu wirken. Zum Spaß auf den Manaslu? Oder um den Achttausender herum laufen? Wieso das jemand freiwillig macht, scheint vielen Einheimischen schwer begreiflich zu sein.

Das ist unser erstes Basislager, in dem wir übernachten. Mitten in der Nacht hören wir vor dem Haus Trommelschläge, Getute, Glockengebimmel und Gesang zu hören. Beim Frühstück erfahren wir, dass es sich um einen Schamanen handelte, der einen Stall vor bösen Geistern schützen sollte. Mingma Sherpa hat seine eigene Strategie, um die Dämonen zu bannen. Vor dem Betreten jeder Hängebrücke zupft er ein Blatt von einem Busch und legt es auf den Pfeiler, der die Trageseile hält. Dabei wünscht er sich im Stillen etwas.

Das ganze Unternehmen ist ein Stufenplan, es geht von 500 Metern über mehrere Zonen bis in über 5000 Meter Höhe, von einer subtropischen Umgebung mit Bananenstauden, Mangobäumen und Affen über Pinienwälder und haushohe Rhododendren bis zu den Gletschern. Von einer Höhe von 3500 Metern an verzichten die meisten Wanderer auf das Duschen, die Gefahr, sich zu erkälten, ist größer als das Bedürfnis, angenehm zu riechen.

Von 4000 Metern Höhe an sind die meisten trotzdem krank - alle husten, röcheln, schniefen. Das ist eine Folge der dünnen, trockenen Luft. Nachts ist es bitterkalt, zwischen

Riva di Garda, 28. August 1982:

den Steinen der unverputzten Hüttenwände pfeift der Wind durch. Jeder Gang zum Plumpsklo wird zu einer kleinen Expedition. Von einer gewissen Leidensstufe an stellt sich die Frage, warum man sich all die Strapazen überhaupt antut.

Uns durchdringt ein Gefühl der Erhabenheit, als im Morgengrauen der Gipfel eines Achttausenders rosa zu glühen beginnt. Es ist sechs Uhr früh in Samagaun am Fuß des Manaslu, der Himmel ist klar, die Luft eiskalt. Der Manaslu schickt einen donnernden Gruß, eine Eislawine rauscht polternd vom Gletscherbruch in 4500 Metern Höhe ins Tal. Wir wandern mit Blick auf den spitzen, matterhornartigen Nordgipfel.

Hier hat man den Eindruck, dem Gipfel schon ganz nah zu sein - dabei ist er noch dreieinhalb Kilometer höher. Durch das Fernglas kann man Träger beobachten, die Gasflaschen, Zelte und Gepäck durch den Gletscherbruch schleppen.

Manaslu - das heißt "Berg der Seele" auf Nepali. Der Berg hat seine Seele noch nicht verloren, hier geht es noch einigermaßen ruhig zu, da der Zustieg so lange dauert. Und das Leben in den Bergdörfern ist größtenteils noch so, wie es vor Hunderten Jahren gewesen sein muss. In Samdo, einem Ort auf 4000 Metern Höhe, klebt Dung an den Wänden der Häuser. Der getrocknete Yak Mist wird als Heizmaterial verwendet, Bäume gibt es hier oben so gut wie keine mehr.

Weiter geht es zur schwersten Etappe über den Larkya-Pass. Der Weg auf den 5135 Meter hohen Pass ist lang, es geht stetig bergauf, anfangs über Schotter, später durch Schnee. Der Pfad ist gut ausgetreten, vor uns sind einige

Riva di Garda, 28. August 1982:

Gruppen unterwegs. Im Schein der Stirnlampen stapfen wir durch eine Mondlandschaft, bis sich die Spitzen der Berge rosa verfärben. Dann kommen bunte Fahnen in Sicht, wir sind am höchsten Punkt unserer Reise angelangt. Mingma hängt eine Gebetsfahne auf und wirft Reiskörner in die Luft, als Dank an die Götter.

Der schwierigste Teil der Etappe kommt aber noch, der Abstieg über vereiste, schneebedeckte Flanken hinunter nach Bimthang. Einige Träger kommen ins Rutschen, Taschen kullern den Hang hinunter, und links neben dem Pfad sind Gletscherspalten. Der Abstieg zieht sich, es sind fast 1500 Höhenmeter bis zur ersten Siedlung im Tal. Als wir ankommen, brennt im Ofen der Gaststube ein Feuer. Die Zimmer haben echte Fenster aus Glas und sogar Kleiderhaken - der pure Luxus. Es ist überall still und friedlich.

Ein bisschen nervös ziehen wir in der Morgen-Dämmerung die Schulterriemen unserer Rucksäcke fester. Ingwertee wärmt die in der Morgenluft klamm gewordenen Finger. Noch ist die Stille ein einziges Dröhnen. Flankiert von donnernden Wasserfällen beginnen wir unseren Marsch, umgeben vom satten Grün der Reisterrassen. Hupendra, der uns als Guide über die 162 Kilometer lange Strecke begleiten wird, gibt den Takt vor. Ein Tempo, bei dem ein normaler Spaziergang durch die Fußgängerzone wie ein Sprint erscheint.

Doch wir vertrauen dem Mann aus der Everest-Region. "Ihr werdet sehen: Wir holen alle Raser wieder ein", sagt er. "Spätestens am Pass." Die Hitze lässt in wenigen Stunden sowieso jeden sportlichen Ehrgeiz verdampfen.

Riva di Garda, 28. August 1982:

Die saftige subtropische Landschaft weicht am Ufer des Marsyandi-Flusses langsam dichten Eichenwäldern. Einatmen. Ausatmen. Loslassen. In den kommenden Tagen verinnerlichen wir den Rhythmus der Berge. Im Gänsemarsch schweigen wir uns durch die Landschaft, die mit zunehmender Höhe alpiner wird. Immer ist ein bis zu 8000 Meter hoher Schneeriese in Sicht. "Ukkalo-orralo, yo Nepal ho - Hoch und runter, das ist Nepal!"

Bergauf und bergab wandern wir durch Farndschungel und knorrige Zauberwälder. Apfelbäume gehen über in Fichten- und Föhrenwälder. Graue Felsplatten und braunverbrannte Flure verdrängen das tiefe Grün von wildem Hanf, Reisfeldern und Bambushainen. Verspielte Affenbanden weichen scheuem Wild, meckernden Ziegenherden und behäbigen Yaks.

Je weiter wir Richtung Norden gelangen, desto mehr durchdringt der Buddhismus die Landschaft des mehrheitlich hinduistischen Nepals. Gebetsfahnen flattern im Wind und tragen weiß, rot, grün, gelb und blau segensreiche Worte in den Himmel. Gebetsmühlen flankieren die kleinen Siedlungen mit den flach gedeckten Steinhäusern.

Das allgegenwärtige Mantra "Om mani padme hum" begleitet uns. Langsam werden die Berge auch körperlich spürbar. Je höher es geht, desto öfter ermahnt uns Hupendra zur Vorsicht. Knoblauchsuppe und literweise Ingwertee sollen uns vor der Höhenkrankheit schützen, die besonnene Trekker umkehren lässt - und jedes Jahr weniger besonnene tötet.

Riva di Garda, 28. August 1982:

Überhaupt ist der gesamte Trek bestens auf die Bedürfnisse westlicher Wanderer eingestellt. In regelmäßigen Abständen warten einfache Lodges, ein eigenes Zelt ist überflüssig. Ausgestattet mit einem Vorrat an Hefegebäck, Schokoriegeln und dem Segen des ortsansässigen Lamas geht es steil dem Pass entgegen.

Nach zwölf Stunden erreichen wir erschöpft Muktinath. In einem der vier heiligsten Hindhutempel wärmen wir uns an der heiligen Erdgasquelle der Feuergöttin, waschen die geschundenen Glieder bei einem Lauf durch 108 bronzene Wasserspeier und verschlingen Unmengen Curry und löschen alles in Strömen von eiskaltem Bier.

Die Reise geht noch weiter, denn ich habe mich entschlossen, noch Land und Leute Nepals mehr kennenzulernen.

Ich habe Glück und bekommen im Bus einen super Deluxe-Platz in der ersten Reihe mit extra viel Platz für die Beine. Leider hat unser Fahrer heute Nacht wohl nicht so gut geschlafen oder ist bekifft oder besoffen oder hat einfach überhaupt keinen Plan vom Busfahren. Jedenfalls bemüht er sich, dass das linke und rechte Vorderrad immer denselben Abstand von der Mittellinie haben und ist offenbar jedes Mal total überrascht, wenn auf der schnurgeraden, ebenen Straße jemand entgegen kommt. Jedenfalls weicht er immer erst in allerletzter Sekunde aus.

Einmal reicht das leider nicht ganz und er fuhr einem entgegenkommenden LKW den Außenspiegel ab. Das interessiert aber weder ihn noch den LKW-Fahrer und die Fahrt geht einfach weiter. Zwischendurch rammen wir noch eine Kuh, die nicht mehr schnell genug zur Seite

Riva di Garda, 28. August 1982:

springen kann und unsere Nerven werden von der unglaublich penetranten Hupe, die der Fahrer oft und lange ohne Gründe einsetzt.

Schweißgebadet erreiche ich wir nach fünf Stunden das Ziel. Ich checke wieder in einer Yogilodge ein und muss mich erst Mal ein bisschen erholen und Mittagessen. Anschließend laufe ich ein bisschen durch den winzig kleinen Ort.

In einem älteren Ortsteil sprechen mich ein paar Jünglinge an, fragen, wo ich herkomme, wie mir Nepal gefällt... Zuerst sind die auch erst Mal ganz nett. Sie zeigen mir das Dorf und schleppen mich schließlich zu einem kleinen Tempel, in dem gleich eine spektakuläre Tanzshow starten soll.

In dem Tempel sitzt ein alter Mönch, der seine Gefolgsleute um sich geschart hat und mit ihnen wahrscheinlich Marihuana raucht. Unsere Begleiter führen mich zu dem Sadhu, der Asche auf unser Haupt streut und uns auffordert, von der Asche zu essen. Mein Begleiter schaufelt sich erst Mal einen ordentlichen Loeffel davon in den Mund und ich nehme eine winzige Fingerspitze, um den Mönch und seine Marihuana Asche nicht zu enttäuschen.

Der Typ, der mir die ganze Zeit wie ein Schatten folgt, geht mir langsam gehörig auf die Nerven. Er erzählt irgendwelchen pseudophilosophischen Quatsch und möchte wohl, dass ich ihm bewundernd zu Füßen liege. Irgendwann kann ich die Endlosmonologe der Jungs nicht mehr ertragen und flüchte in das nächstbeste Restaurant zum Abendessen. Hier kann man in einem Baumhaus

Riva di Garda, 28. August 1982:

sitzen und essen. Das ist eine äußerst wacklige Angelegenheit und ich bin nicht mehr sicher, ob das so eine gute Idee war. Aber der Blick auf die Tempel ist fantastisch und ich versuche mich so wenig wie möglich zu bewegen. Dass Essen ist leider schieße.

Ich gehe zurück zum Hotel. Ich kann das Gelaber von den Typen draußen und die hunderttausenden Shop Besitzern, die uns in ihre Shops locken wollen (Come in, looking is free... maybe later? maybe next live?) beim besten Willen nicht mehr ertragen und darum mache ich mich allein auf den Weg.

Heute Abend habe ich ein Date zum Tee, ich muss den anderen Hotelgästen aber versprechen, um neun zurück zu sein, nicht mit dem Typen nach Hause gehe und im neuen Teil des Dorfes bleibe. Der Typ (ich bin so beeindruckt von ihm, dass ich nicht Mal seinen Namen behalten hab) ist auch schnell zur Stelle. Wir setzen uns in einen kleinen Einheimischen-Strassenstand am Rand des Dorfes und er lädt mich zu Chai, Bier und kleinen Zigaretten, die aus Blättern gemacht werden ein. Wir unterhalten uns auch erst Mal ganz nett.

Aber dann kommt das Gespräch auf die Tempel und wie sie entstanden sind und er erzählt mir stolz, dass er ein großer Meister im Tantra-Yoga ist, was er wohl aber bisher immer allein praktiziert hat (das soll sich heute offenbar ändern). Ich will gar nicht wissen was das ist und versuche das Gespräch wieder auf unverfänglichere Themen zu lenken. Aber er meint "I can show it to you."

Als ich nicht darauf eingehe, versucht er es auf die etwas weniger subtile Art: "Do you wanna have sex with me!" Ich

Riva di Garda, 28. August 1982:

pruste los und die Hälfte meines Chais spritzt auf die gute Tischdecke, deren Farbe aber ohnehin schon seit langem nicht mehr definierbar ist. Ich lache erstmal, in der Hoffnung, dass das ein Scherz war. Aber er guckt mich erwartungsvoll an.

"NO!!!"

"Why not?" fragt er, als hätte er mich gefragt, ob wir morgen zusammen joggen gehen. Eigentlich hätte ich einfach aufstehen und gehen sollen, aber aus irgendeinem, mir jetzt nicht mehr ersichtlichen Grund, versuche ich diesem Bubi, der halb so groß wie ich und wahrscheinlich auch noch halb so alt ist, zu erklären, warum mir nicht der Sinn nach Geschlechtsverkehr mit ihm steht.

Nach 15 Minuten Erklärungsversuchen ("Because... I don't wan't"... "But here you have to be open for different culture and different people..."). Der Typ ist echt unglaublich! Ich lasse ihn einfach sitzen und mache mich schließlich auf den Rückweg (seine Bilder hab ich übrigens nicht zu Gesicht bekommen. Kein sex, keine Bilder... naja).

10 Minuten zu spät komme ich im Hotel an und meine neuen Freundinnen Yvonne und Sara haben schon Pläne geschmiedet, wie sie mich aus den Fängen der sexbessenen Dorfbewohner befreien könnten. Wir sitzen noch ein bisschen zusammen und es wird noch ein netter Abend.

Am nächsten Morgen quälen wir uns um 5 Uhr morgens aus dem Bett. Wir wollen die Puja (eine Art hinduistische Messe, keine Ahnung wie man das schreibt) in dem einzigen noch benutzten Erotiktempel besuchen. Die soll um halb sechs anfangen. Yvonne verliert den Kampf gegen

Riva di Garda, 28. August 1982:

den Tiefschlaf leider. Also machen wir uns allein auf den Weg zu dem Tempel.

In der Mitte des Tempels steht eine zwei Meter hohe Steinsäule mit einem Meter Durchmesser In Phallusform. Das ist ein Lingam und gilt als Zeichen des Gottes Shiva. Wir umrunden das Ding einmal, setzen uns dann auf den Boden und beobachten das Geschehen. Alles wirkt schon sehr befremdlich, dass die Gemeinde das Ding mit Wasser und Blumen bestreut, küsst und streichelt. Nach einer Viertelstunde glauben wir, dass hier wohl nicht mehr viel passiert. Wir lassen noch eine kleine Spende da und trollen uns.

Nach dem Frühstück machen wir uns mit Bus und Zug auf den Weg. Die fünfstündige Busfahrt verläuft relativ ereignislos. Leider entspricht unsere Definition von "proppevoll" der indischen von "so grade halbvoll" und der Bus hält bei jeder Kuh an und lädt unfassbar viele Leute ein.

Ein Typ unterhält sich mit mir und berichtet von seinem Plan, in Deutschland Sanskrit (sehr alte nordindische Schrift und Sprache) zu unterrichten und will wissen, was ich davon halte. Dazu kann ich ihm leider nichts sagen, aber er labert und labert und irgendwann hab ich einfach keine Lust mehr. Das versteht er aber nicht, selbst als ich demonstrative die Ohrstöpsel meines MP3 Player in die Ohren stecke.

Wir machten eine Teepause. Hier hätte ich auch gerne etwas von meinem Tee wieder weg gebracht, aber als ich die "Toilette" sah, wusste ich nicht, ob ich lachen, oder weinen sollte. Es war ein Häuschen mit einer Blech Tür. In

Riva di Garda, 28. August 1982:

dem Boden war wohl mal ein Loch gewesen, aber das war total überfüllt, so dass auf dem Boden nun ein einziger Haufen Scheiße war. "Toilette is everywhere!" sagte der Wirt grinsend. Na toll! Und das hier oben, wo es keinen einzigen Busch gibt. Also ab durch den Schnee hinter den nächsten Hügel!

Endlich ging es wieder bergab, denn da oben war es eisig kalt. Der restliche Weg war sehr steinig und verschneit, so dass man tierisch aufpassen musste, um nicht hin zu fallen. Nach einiger Zeit öffnete sich vor uns das Tal und die Aussicht war fantastisch. Eine riesige Mondlandschaft lag vor uns. Leider war das Wetter immer noch recht diesig und es begann wieder zu schneien, was die Sicht verschlechterte. Nach 9 langen Stunden erreichten wir endlich unser Tagesziel, wo wir sofort von unserem Träger empfangen und in eine Lodge seines "very good friend" geschleppt wurden.

So langsam wurde das Klima wieder wärmer, die Bäume kehrten zurück und schließlich waren wir umgeben von dutzenden duftenden Zitronen- und Orangenbäumen. Abends dann wurde es etwas kalt, aber der Blick auf den Sternenhimmel entschädigt uns für alle Strapazen!

So, das Schlimmste ist geschafft, morgen werde ich noch zwei bis drei Stunden über flaches Land zu wandern haben. Vielleicht nehme ich mir ein Taxi, dann geht es etwas schneller, denn ich habe ja noch etwas ganz wichtiges zu erledigen, bevor ich wieder nach Deutschland zurückfliege, zurück nach Hause, in eine ganz andere Welt.

Chirr, den 20. März 2017:

Riva di Garda, 28. August 1982:

Das Dorf hat den seltsamen Namen Chirr, dort werde ich erst mal übernachten, und dort werde ich wohl hoffentlich diesen Panja und seine Familie finden.

Das kleine Hotel in Chirr schien mir ziemlich verwanzt zu sein, denn ich musste mich nach der Nacht ununterbrochen kratzen, obwohl ich geduscht hatte. Daher machte es mir gar nichts aus, sofort frühmorgens loszuwandern.

Die Urne mit Papas Asche und das dicke Paket mit den Geldscheinen hatten bis jetzt alles heil überstanden, niemand hatte mich unterwegs kontrolliert. Bald wird die Asche hier in alle Winde verstreut werden und dann habe ich Papas Vermächtnis endgültig erfüllt.

Ich hatte ihnen vor ungefähr vier Wochen einen Brief geschickt. Ob der wohl angekommen ist? Sonst weiß die Familie ja gar nicht, dass ich sie überhaupt besuchen komme. In meinem Gepäck liegt der vier Jahre alten Weihnachtsbrief von Papas altem Freund und Diener Panja mit dem verwackelten Foto der Zwillinge im Alter von 5 Jahren. Heute sind sie 10 und ich frage mich, ob sie wohl noch immer so aussehen werden.

Vor mir liegt das winzige Dorf Chirr in der Ebene von Kathmandu, begrenzt von den riesigen nepalesischen Bergen. Hoffentlich werde ich Panja mit seiner Frau und meinen Halbgeschwistern und in einem dieser Lehmhäuschen wiederfinden. Ich frage die herbeilaufenden Kinder, die mich sofort als Fremde entdeckt haben, und die mich lärmend umringen. Einige sprechen mich sogar auf englisch an und natürlich wissen alle, wo Panja und seine Familie wohnt. Aber zur Zeit sind alle unterwegs, und erst abends werden sie wieder zurück erwartet.

Riva di Garda, 28. August 1982:

Der Kinderlärm hat auch zwei uralte Frauen neugierig werden lassen, sie begrüßen mich mit einem strahlenden Lachen und bitten mich, unter dem schattigen Maulbeerbaum Platz auf einer bunten Decke zu nehmen. Erleichtert nehme ich den schweren Rucksack von der Schulter und lasse ihn vorsichtig auf dem Boden ab. Ein kurzer Ruf, und ein kleiner dicker Junge kommt mit einem Krug mit eiskaltem Wasser angelaufen, ein anderer bringt zwei Tonbecher, von denen das Kondenswasser herunter perlt. Wortreich schenkt man mir einen Becher eiskaltes Wasser ein, und ich trinke durstig, es ist herrlich frisch-

Dann fragen mich unermüdlich beide nach dem wohin und woher. Irgendwie verständigen wir uns und ich erfahre von ihnen, dass Panja ganz früh morgens zu seinem Maurerjob ins Nachbardorf gefahren war, und Sarojs Zwillingsbruder Vinod war mit dem Bus zur Schule gefahren und die beiden älteren Schwestern Pinky und Poonam, 17 und 19 Jahre alt, waren draußen auf den Feldern, um Mungobohnen zu pflücken. Saroj würde irgendwo da draußen die Kühe hüten. Alle werden erst am Abend zurückkommen. Ihre drei Kleinsten spielen dort hinten im Schatten, die ab und zu von den beiden Alten beaufsichtigt werden.

Mit schmerzendem Rücken vom vielen Bücken, mit rissigen Händen und doch fröhlich lächelnd, begannen die Alten, sich das Tuch von den Haaren zu ziehen und die langen Strähnen zu reiben, sie wieder hochzubinden. Danach bereiteten sie ohne Unterbrechung das Abendbrot für die ganze Familie zu. Alle hatten für die Kleineren die Mutterrolle übernommen, seitdem ihre Mutter, Panjas Frau,

Riva di Garda, 28. August 1982:

vor zwei Jahren bei einem Unfall ums Leben gekommen war.

Sieben Stunden täglich treiben die größeren Kinder von Chirr die Tiere. Diejenigen, die mit den riesigen Wasserbüffeln unterwegs sind, suchen Wasserlöcher und kleine Seen. Die anderen, die Kühe und Ziegen treiben, suchen Stellen, an denen genügend Gras wächst. Heute früh war auch Saroj mit der Kuh und dem Kalb losgezogen. Die störrischen Ziegen, die mal hierhin, mal dorthin sprangen und die 10-Jährige den ganzen Tag auf Trab halten, blieben heute im Verschlag. Saroj war sowieso spät dran gewesen, denn sie hatte noch ein paar Matheaufgaben für heute abend durchgerechnet.

Die meisten der kleinen Hirten sind Mädchen, die meisten Jungen arbeiten auf den Feldern, nur Sarojs Zwillingsbruder Vinod war mit dem Bus zur Schule gefahren, er war der klügste Junge des Dorfes und auf ihm lagen alle Hoffnungen.

Erst spät am Nachmittag werden die Kinder in ihr Dorf zurückkehren. Saroj muss dann vom Brunnen Wasser holen, Tee kochen und im Hof ihres Hauses Mehl und Wasser in einer flachen Schale so lange mit den Händen kneten, bis ein geschmeidiger Teig entstanden ist. Den wird sie zu flachen Fladen rollen und über dem Feuer zu Chapati backen.

Wenn man Saroj fragt, was Mathe ist; dann wird sie erzählen, Mathe sei die Menge an Heu, die ihre Kuh frisst oder die Anzahl von Holzscheiten, die sie braucht, um das Wasser für den Tee zu wärmen. Und wenn man sie fragt, was Biologie ist, dann wird sie erzählen, wie sie ihre Kuh

Riva di Garda, 28. August 1982:

gesund halten kann und welche Kräuter die Ziegen essen sollten und was ein Kind wie sie, Saroj, zum Essen braucht, um gesund aufzuwachsen.

Und schon in diesem Moment wird man denken, wie nah das Schulwissen der 10-jährigen Saroj an ihrem Leben ist und wie fern jede formale Bildung diesem Leben wäre. Denn was sollte dieses Kind aus dem nepalesischen Dorf Chirr mit Gleichungen zweiten Grades oder mit Genetik anfangen? Sie will nur vom Leben, dass sie eine richtige Hirtin sein wird.

Sarojs Schule liegt am Ende von Chirr, dort, wo ein paar große Bäume stehen, unter denen tagsüber oft ein paar Wasserbüffel Schatten suchen. Gegenüber steht der Tempel von Chirr, wie alle Gebäude in diesem Dorf aus Lehm und Stroh erbaut, weiß gekalkt und oben mit einer Dachterrasse, auf der man an den heißen Tagen - und davon gibt es viele in diesem Bezirk - sitzen und sich vom Wind ein wenig kühlen lassen kann.

Saroj geht in die Night School, der Unterricht dort findet von 19 bis 22 Uhr statt, das ist zwar noch nicht in der Nacht, doch nahe genug an dieser dran. Im Gegensatz zum Unterricht an den Day Schools, den staatlichen Schulen, aber auf so eine kann Saroj und Hunderttausende von anderen nepalesischen und indischen Kindern nicht gehen. Weil sie tagsüber arbeiten müssen. Das Vieh treiben, kochen, bei der Ernte helfen, und Wasser holen.

Alle Kinder aus armen Schichten lernen in diesen Night Schools, was sie für ihr selbstbestimmtes Leben brauchen. Kinder, die aus den untersten Kasten kommen, aus Familien, die von weniger als einem Dollar am Tag leben

Riva di Garda, 28. August 1982:

müssen, groß gezogen von Eltern, die selber wenig oder gar keine schulische Bildung erfahren haben. Kinder, die nicht in eine staatliche Schule gehen können, weil sie am Tag arbeiten müssen, so wie die meisten aller nepalesischen indischen Kinder aus ländlichen Gegenden.

Denn nur in der Statistik der indischen Regierung steht, dass fast alle 6- bis 10-jährigen Kinder des Landes zur Schule gehen. Tatsächlich aber ist es nicht einmal die Hälfte.

Hinter den Night Schools steckt eine Philosophie, die sich auf den Ideen Mahatma Gandhis stützt. Einfachheit, Bescheidenheit und Dienst am Menschen, der Gemeinschaft. Am Anfang stand die Barfußbewegung, eine Bildungskampagne, mit denen den Ärmsten der Armen geholfen werden soll.

In Tilonia wurde vor 40 Jahren die erste Night-School von Roy gegründet. Er war damals ein junger Mann, heute ist er schon 69 Jahre alt. Er wurde als Kind reicher Eltern an Eliteuniversitäten ausgebildet und kam erst als Student während einer Hungerkatastrophe in Berührung mit der armen Bevölkerung auf den Dörfern. 1971 zog er nach Tilonia, und das veränderte sein ganzes Leben. „Da hatte ich bereits erkannt, dass eine teure Bildung nur zu Arroganz und Überheblichkeit, aber nicht zu Weisheit und Lebenstüchtigkeit führt", sagt Roy heute.

„Wir glauben fest daran, dass jeder Mensch, auch ein Analphabet, durch Learning-by-doing Wissen erwerben kann. Bei uns ist jeder Lehrer auch ein Schüler und jeder Schüler ein Lehrer. Wir unterscheiden zwischen Bildung - das ist das, was man durch formale Unterrichtsprozesse

Riva di Garda, 28. August 1982:

lernt - und Wissen - also dem, was jeder Mensch aus seinem Leben einbringt: „Traditionelles Wissen, Fähigkeiten und Erfahrungen mit dem kulturellen und sozialen Umfeld."

Um den Beweis zu erbringen, dass seine Ideen keine versponnenen Luftschlösser sind, ließ Roy Anfang der 70- iger Jahre das College von örtlichen Maurern bauen, die weder lesen, noch schreiben konnten - und die es bis heute nicht können. Sie bauten das Haus ohne Wasserwaage, ohne Zeichnungen, ohne Maßband. Sie bauten kraft ihrer Erfahrung und wurden die ersten Barefoot-Architekten".

Vierzig Jahre später ist aus Roys Idee eine der ambitioniertesten Hilfsorganisationen der Welt geworden. Fast alle Menschen, die dort arbeiten, lehren und zugleich lernen, sind entweder Analphabeten und kommen aus der Armut. Dazu kommen die Experten, Professoren, die ihr Wissen in den Dienst der Idee stellen. Das Gehalt ist für alle gleich, die kargen Lebensbedingungen auch. Neben den Kindern werden vor allem Frauen besonders gefordert.

Berühmt wurde Roy weltweit, als er Frauen aus abgelegenen Dörfern in armen Ländern nach Indien holte und sie zu Solaringenieurinnen ausbilden ließ. Geschieden, arm, bildungslos, im mittleren Alter und Alleinversorgerin von Kindern und Enkelkindern, das sind Voraussetzungen, die nicht nur in Indien, sondern wahrscheinlich weltweit Frauen in das Elend führen. Bei Roy ist das die ideale Voraussetzung, um eine Ausbildung an einem der mittlerweile 13 Barefoot Colleges zu erhalten.

Man hatte ihn als Kommunisten beschimpft wegen seiner Ideen von Gleichheit und Brüderlichkeit. Doch Roy ließ sich nicht beirren. Als er 1989 begann, Night Schools zu

Riva di Garda, 28. August 1982:

gründen, warf man ihm vor, Kinderarbeit zu fördern, und zu sanktionieren, dass die Kinder nicht in staatliche Schulen gehen konnten.

„Alles Unsinn", sagt Roy. Dass die Kinder auf dem Lande, wo alle arm sind, arbeiten müssen, ist eine Tatsache, und die werden wir nicht ändern können. Was wir aber tun können, ist, ihnen das Wissen zu geben, mit dem sie sich später ernähren können und nicht in die Elendsviertel der Städte ziehen müssen. Unser Anliegen ist es nicht, Karrieristen heranzuziehen, sondern Menschen, die in Frieden mit ihrer Gemeinschaft und der sie umgebenden Umwelt leben. "

Sarojs Night School war früher einmal eine staatliche Schule gewesen. Die aber wurde lange aufgegeben und nur eine Tafel, auf der der Menüplan für die Woche steht, erinnert noch an den Ursprung des inzwischen heruntergekommenen Gebäudes. Stühle gibt es nicht, alle Kinder sitzen, lernen, und schreiben auf dem Boden. Niemand in einem westlichen Land würde seinem Kind eine solche Schule zumuten wollen. Einerseits. Und andererseits vielleicht doch. Denn diese Night Schools sind ein Ort, an dem die Kinder vieles dürfen, fast nichts müssen und an dem der Lehrstoff in direktem Zusammenhang mit ihrem Alltag steht.

Und: sie bestimmen über alles selbst. Zum Bildungskonzept der Night Schools gehört eine Basisdemokratie. Alle Kinder wählen ein Parlament mit allen Ämtern, einen Premierminister, einen Erziehungsminister. Die Verwaltung der Schulen unterliegt diesem Parlament. Es kann Lehrer entlassen und einstellen und Empfehlungen

Riva di Garda, 28. August 1982:

für die Lehrpläne abgeben. Jeder Minister hat das Recht, alle Schulen zu besuchen und zu beurteilen.

Und Sonu hat keine Angst, sich als 12-jährige gegen Erwachsene behaupten zu müssen? Sie schüttelt energisch den Kopf. "Wir sind ja nicht alleine. Wenn wir nicht weiter kommen, hilft uns die Lehrerin oder jemand *vom* College."

Für die Kinder der Dörfer sind die Night Schools nicht nur Bildungsstätte, sondern auch ein Ort, an dem sie *vor* Beginn des Unterrichts spielen können, endlich einmal pflichtenfrei sind. Saroj hat immer ein Stück Kreide in der Tasche, damit malt sie Kästen auf, um das Hüpfspiel Himmel und Hölle zu spielen. Sonu spielt gerne Abklatschspiele und Monica, die immer lacht, weiß, wie man Fäden zu Kunstwerken um die Finger wickelt.

Lehrerin Kishan Kanwa, die *von* der Dorfgemeinschaft und den Kindern zur Lehrerin gewählt wurde und dann eine dreimonatige Ausbildung erhielt, hat es selten eilig, mit dem Unterricht anzufangen. Keine Schulglocke mahnt die Kinder, kein Lehrergeschimpfe setzt ihrem Hüpfen ein Ende. Auch Spiel ist Entwicklung, sagt Kanwa. Jeder Unterricht beginnt mit einem gesungenen Gebet, und dann mit allgemeinen Dingen. Sonu, ganz strenge Ministerin, berichtet, dass das Kinderparlament in einem Fall aktiv wurde, in dem Gewalt in der Familie herrscht.

Dem magischen Abendlicht, das zu Beginn der Schulzeit um 19 Uhr noch auf die Kinder scheint, folgt schnell tiefe Dunkelheit. Kishan Kanwa stellt zwei Solarleuchten auf, eine für die Gruppe der Kleinen, eine für die der größeren Kinder. Ein paar streunende Hunde laufen herum und

Riva di Garda, 28. August 1982:

eines der Mädchen hat seinen Babybruder dabei und wiegt ihn in den Armen.

In den Anfängen der Barfußbewegung erlebte Roy, wie die Ausbildung, die die Leute erhielten, dazu führte, dass sie ihre Dörfer verließen. Die Landflucht ist sowieso ziemlich groß. Wer durch Chirr wandert, sieht viele Kinder, viele ältere Leute, aber kaum junge Erwachsene. Deren Träume von einem besseren Leben verpuffen in den Städten zwar schnell, aber die Rückkehr ins Dorf wäre das Eingeständnis eines Versagens und so bleiben sie in den Großstädten, ohne Arbeit, ohne Zukunft, oft ein ärmliches Dasein.

Deren Kinder haben dann keinerlei Chance mehr auf Aufstieg und sie bleiben ihr Leben lang Paria und verdammt zu den allerschlimmsten Arbeiten, bis sie vor lauter Kraftloigkeit in Erbärmlichkeit sterben.

Die Night Schools auf dem Land wollen diese Flucht verhindern. Sie sind keine Kaderschmiede, sondern nur ein Sprungbrett aus der tiefsten Not. Besonders für die Mädchen, die dort Selbstwert lernen und das Sich-Behaupten. Auch gegenüber den Eltern. Mehr als die Hälfte der Night School Kinder, sagt Roy, schaffe anschließend die Aufnahme an einer staatlichen Schule und werde dort auch hingeschickt.

Auch Sarojs ältere Geschwister gingen nach der Night school noch für zwei Jahre auf eine staatliche Schule und machten einen Abschluss. Dass Sarojs Vater Panja alle seine Kinder, auch die Mädchen, zur Schule schickt, ist auf dem Lande nicht selbstverständlich. Panja war vor 35 Jahren selber ein Night School Schüler, einer der ersten in seinem Dorf. Er lernte Lesen und Basismathematik, zwei Jahre lang

Riva di Garda, 28. August 1982:

war er Vaters treuer Diener, und jetzt als alter Mann muss er als Maurer arbeiten.

Trotzdem muss Saroj immer dann zu Hause bleiben, wenn es viel zu tun gibt und nur selten schafft sie es, neben der Arbeit auch noch die Hausaufgaben zu erledigen. Die Tochter protestiert dagegen, aber der Vater bleibt meist hart: "Die Pflichten zuerst", sagt er. Trotzdem fehlt es ihm finanziellen Mitteln, seine Mädchen auf höhere Schulen zu schicken, seit seine Frau vor zwei Jahren bei einem schweren Unfall gestorben ist. Sein einziger Sohn, Sarojs Zwillingsbruder und mein Stiefbruder, besucht zwar ein College, aber für seine Töchter ist dieser Weg bis jetzt nicht vorgesehen.

Als die Akkus der Solarleuchten leer sind und Lehrerin Kishan Kanwa ein Schlussgebet spricht, hat der Himmel längst all seine Sterne aufgespannt. Saroj gähnt in ihr Hindi-Lehrbuch. Am Nachmittag hat sie noch gesagt, dass sie oft viel zu müde für die Schule ist, aber dass sie trotzdem immer hingeht. "Weil die anderen ja auch gehen."

Als sie nach Hause kommt, raucht Panja seine Abendzigarette vor der Tür und Prem stopft die Löcher in den Jutesäcken für die Mungobohnen-Ernte. Die Schwestern nähen im einzigen Raum des Hauses noch an ihren Taschen, und vier Freundinnen kommen zusammen, um das neue Projekt zu besprechen.

Jedes Haus und jede Familie soll zuerst einmal eine eigene Toilette und eine gescheite Wasserversorgung bekommen. Was für eine Erleichterung für die Frauen, die ihr Geschäft auf dem Feld verrichten, und damit sie niemand sah, konnten sie nur ganz früh morgens oder nachts gehen. Eine

Riva di Garda, 28. August 1982:

Qual für alle, denn richtig schlimm wurde es, wenn sie mal außer der Reihe mussten. Dann passierte es manchmal in rückständigen Dörfern, dass die wehrlosen Frauen dann vergewaltigt werden. Und es ist dann ihre eigene Schuld, wird dann interpretiert. Nein, damit muss nun endlich Schluss sein, Frauen sind kein Freiwild.

Es ist schon nach Mitternacht, Saroj kriecht zu Vinod, ihrem Zwillingsbruder in das selbstgebaute Holzbett, das im Hof steht, wo immer ein kühler Nachtwind weht. Acht Stunden kann sie nun schlafen. Wird noch im Dunkel wieder aufstehen, Wasser holen und losziehen mit den Tieren. Morgen und wie jeden Tag.

Auch ich schlüpfe in meinen Schlafsack, den ich unter einem riesigen Baum aufgerollt hatte. Morgen werde ich endlich mit Panja über die Zukunft reden, über die Urne mit Papas Asche und über den großen Geldbetrag, mit dem auch Saroj demnächst in die Tagschule in der Stadt fahren kann.

Ach Papa, mein lieber Papa, es hätte dich sicher sehr gefreut, dass deine Laura in ein nepalesisches Dorf fährt und dort mit dem geerbten Geld viel Gutes anstellen wird. Gute Nacht, Papa, morgen werde ich dir alles andere erzählen.

Ich hatte das Gefühl, gerade erst eingeschlafen zu sein, als ich von einem Geräusch wach wurde. Was war das? Es war doch noch vollkommen dunkel, nur der Horizont färbte sich bereits hellgelb. Neben mir stand eine kleine Gestalt in der Dunkelheit, die „morning" murmelte. Sofort stand ich neben ihr, ich lief einfach mit ihr mit, um Wasser zu holen, und wortlos reichte mir Saroj einen Kanister. „Come"

Riva di Garda, 28. August 1982:

flüsterte sie leise, und nach einigen Metern standen wir an der in Stein gefassten Quelle, in der das Wasser munter plätscherte.

Geschickt füllte sie die Kanister, stellte sie ab und zeigte mir, dass sie die Hände eintauchte und ihr Gesicht nässte, um sich zu waschen. Das Wasser war eiskalt, und ich trank ein paar Schlucke, es war herrlich kühl, Wasser aus den Bergen. Mein voller Kanister war bleischwer, als wir wieder zurück zum Haus gingen, fand die Morgentoilette hinter einem dürren Busch auf dem Acker statt. Unterwegs trafen wir auf einige andere Mädchen, die auch zur Quelle unterwegs waren. Ein paar leise Rufe, lachende Antworten, und in der Luft lag eine leise prickelnde Freude.

Als wir am Haus ankamen, rochen wir schon von weitem die frisch gebackenen Chapatis, Fladenbrote, die mit gebackenem Ziegen-Frischkäse und Aprikosenmarmelade gefüllt und zusammengerollt gegessen wurden. Der Tee wurde in Metallbechern ausgeschenkt und die Teekanne stand direkt mitten im Feuer und summte vor sich hin.

Heute war ein Festtag für das Dorf, denn heute wurde die Ankunft des Gastes aus dem fernen Germania gefeiert. Zuerst mussten zwei Schafe ihr Leben lassen, ein großes Feuer wurde mitten auf dem Hof angezündet und der Duft gegrillten Fleisches, der langsam aufstieg, ließ uns allen jetzt schon das Wasser im Mund zusammenlaufen. Alle zogen ihre Festgewänder an und nach und nach versammelten sich alle auf dem Hof vor Panjas Haus.

Nur die beiden Alten, die mir gestern das frische Wasser gebracht hatten, kämpften noch mit dem Einfangen einiger Hühner, die andauernd quer über den Hof liefen. Als

Riva di Garda, 28. August 1982:

endlich Ruhe eingekehrt war und jeder seinen Platz gefunden hatte, begann Panja mit einer langen Rede, von der ich natürlich kein einziges Wort verstand. Er berichtete von der Erbschaft, die er seinen Kindern zugedacht hatte, und von der Urne, in der die Asche meines Vaters, seines Sahibs, der vor langer, langer Zeit hier bei ihnen angekommen sei und dem er zwei Jahre treu gedient hatte.

Mit dem vielen Geld könnte das Dorf sich nun einen eigenen Brunnen bauen, damit die Mädchen nicht mehr Wasser schleppen müssen. Sie könnten ein neues Strom-Aggregat und einen Pickup kaufen, die Schule wieder aufbauen und vor allen Dingen sollte jedes Haus eine eigene Toilette erhalten. Und ein mobiles Wlan-System soll angeschafft werden.

Seine Tochter Saroj soll später keine Tiere mehr hüten, sondern schon im nächsten Jahr auf eine staatliche Schule gehen und dann auch ein Handwerk lernen. Sie ist ein sehr kluges und selbstbewusstes Mädchen geworden, auf die sein Vater sehr stolz ist. Saroj braucht neue Vorbilder. Sie will nur deshalb im Augenblick Hirtin werden, weil sie bis jetzt nichts anderes kennt. Jetzt will sie unbedingt Lehrerin werden, und das wird sie ganz bestimmt auch schaffen.

Für seine älteren Töchter Pinky und Poonam muss Panja demnächst Ehemänner suchen, sie werden jetzt eine stattliche Mitgift bekommen, damit werden sie zu sehr begehrten Partien. Beide Mädchen können gut nähen, und verkaufen ihre Ware im Dorf. In einer westlichen Gesellschaft könnten sie damit vielleicht auf eigenen Beinen stehen, im ländlichen Nepal ist das ein undenkbares Lebensmodell.

Riva di Garda, 28. August 1982:

Die traditionellen und hierarchischen Strukturen verbieten die Idee, dass eine Frau unverheiratet bleiben könnte, die dann als Single ein erfülltes Leben führen würde. Dienst an der Familie, Kinder gebären, dem Mann zur Seite stehen, das sind Vorstellungen eines weiblichen Lebens - und diese sind auf den Dörfern bis heute sehr starr.

"Aber wenn sie Geld verdienen, wird der Mann sie mehr achten", sagt Saroj nachdenklich, „aber so einen tollen und lieben Ehemann wie ihren Papu erst mal zu finden, das ist gar nicht so einfach." Über dieses unerwartete Lob kichern alle Mädchen und Panja wird darüber ganz verlegen, als er es mir auch noch übersetzen soll.

„Ja, mein Papa war für mich auch immer der beste, der liebste und der klügste gewesen," antwortete ich, „und du hast vollkommen recht, dir genauso einen lieben und klugen Ehemann zu suchen.

Da erhob sich Panja zu einer Rede und erklärte weitschweifig den Gästen, wer ich sei und woher und warum ich gekommen war. Ich holte aus meinem Rucksack ein paar Fotos meines Papas und sie gingen reihum, aber außer Panja kannte niemand den schönen Sahib aus Germania, und sie verglichen das Foto mit seiner schöne fremde Tochter, ja, die sahen sich wirklich sehr ähnlich.

Außerdem hätte ich eine Urne mit der Asche meines Papas mitgebracht, mit der sie jetzt gleich zum Hausberg hinaufsteigen wollten, um dort oben dann gemeinsam mit den wandernden Bettelmönchen Papas Asche in den Wind zu streuen, eine hohe Ehre für den fremden Sahib, der immer wie ein guter Freund zu Panja gewesen war. Und schließlich war er auch der Vater der Zwillinge gewesen,

Riva di Garda, 28. August 1982:

und darum wollte er auch ein Foto von ihm am Hausaltar befestigen.

Panja nahm die Urne feierlich in Empfang und küsste sie ehrfürchtig. Saroj und Vinod nahmen mich an die Hand und gemeinsam stiegen wir mit Panja hinauf auf den Hausberg. Dort warteten schon vier Bettelmönche im pfeifenden Wind, mit vielen Verbeugungen und Gebeten öffneten sie den Deckel der Urne und hielten sie hoch über ihre Köpfe in den Wind, ein kurzer Ascheregen wehte wie eine Gebetsfahne heraus. Die leere Urne wurde in einer Ritze im Berg verankert, dort würde sie wie ein Grabstein für immer dem Wetter ausgesetzt sein, bis auch sie zu Asche zerfiel. Würdevoll zogen sie ihre Gewänder an sich und wir alle gingen bis zur Wegkreuzung, wo wir bunte Bänder in einen sehr krummen Baum knüpften, der an der Felsenkante klebte.

Die Tränen liefen mir nur so über das Gesicht, „Papa, mein lieber Papa," flüsterte ich immer wieder. Sofort nahm mich Soraj liebevoll in den Arm, Panja drückte mir nur ernst die Hand, Vinod folgte ihm, sie drehten sich um und stiegen ganz langsam wieder den Berg hinunter.

Asche, nur Asche, tschüs, mein lieber Papa, hier ist deine letzte Ruhe auf deiner langen Reise. Nun bist du endlich dort angekommen, wo immer dein Herz geschlagen hatte, aber meine Reise ist hiermit zu Ende. Wo später mal mein Zuhause sein wird, das weiß ich jetzt noch nicht, aber hier in den Bergen in Nepal wird es ganz bestimmt nicht sein.

Ein starker Windstoß trieb mich vom Plateau, und ich fühlte genau, dass nun genug Abschied genommen war, und dass mein lieber Papa für immer in meinem Herzen

Riva di Garda, 28. August 1982:

sein wird. Und was ist schon Asche im Wind? Sie verweht und wird wieder zu Staub. Da fiel mir folgendes Gedicht von Goethe ein:

Alles vergängliche, ist nur ein Gleichnis,

das unzulängliche, hier wird's Ereignis,

Das unbeschreibliche, hier wird's getan.

das ewig Weibliche zieht uns hinan.

Als ich wieder in Chirr angekommen war, feierten schon alle, die beiden Schafe vom Grill waren schon fast aufgegessen, und von irgendwoher wurde ein großer Kanister Wein gebracht. Alkohol war einem frommen Hindu zwar verboten, aber schließlich mussten sie alle einen fremden Herren ins Paradies bringen, und da war ihnen alles erlaubt.

Alle schreiben einen letzten Gruß in Papas Tagebuch, zuerst waren Saroj und Vinod dran, dann mühte sich Panja eine Seite ab, und am Schluss durfte jeder, der schreiben konnte, einen Text für meinen Papa verfassen. Ein kleines Mädchen zeichnete am Schluss eine schöne blaue Blume, und sie hatte sich dabei wirklich sehr viel Mühe gegeben.

Von so viel freundlicher Liebe und Zuwendung war ich sehr gerührt, und ich versprach allen, dass ich ihnen schreiben würde, wenn auch in meiner lateinischen Schrift. Saroj würde sofort das Alphabet und auch Deutsch lernen wollen. Vielleicht könnte ich ihr eine junge Lehrerin oder Praktikantin schicken, die sie dabei mindestens für ein Jahr unterstützen können.

Riva di Garda, 28. August 1982:

Meinen Vater kannten sie nur als Onkel Martin, dass er auch ihr Vater war, hatte Panja ihnen nicht erzählt. Nun waren wir also alle Brüder und Schwestern, und wir würden für immer Kontakt halten, versprochen ist versprochen. Und wenn sie wollten, könnten sie mich sogar in Köln besuchen, ich würde ihnen sofort ein Ticket schicken.

Morgen werde ich wieder nach Hause fliegen, aber dieses Mal würde ich in Delhi zwischenlanden und erst 8 Stunden später würde eine Maschine direkt nach Köln fliegen. Dann kann ich endlich auch den Ganges sehen, den heiligen Fluss.

Irgendwie freute ich mich sogar wieder auf zu Hause in Köln, denn jeder Mensch braucht schließlich ein eigenes Zuhause.

Ach, mein lieber Papa, du wirst immer und überall bei mir sein, du musst mich ja schließlich bewachen, dass mir nichts böses in der Welt passiert. Für mich wirst du immer zuerst in Köln zu Hause sein. Und was ist schon Asche? Die hat längst der Wind verweht, aber meine Erinnerung an dich, die wird immer bleiben.

Der Abschied von meiner neuen Familie war mir wirklich sehr schwer gefallen, und alle zusammen hatten mich mit Panjas uraltem Pickup zum Flughafen gebracht. Dort hatte ich fünf Stunden Zeit, die mir aber sehr kurz geworden war. Ich war fest eingeschlafen, und der Aufruf zum Einsteigen weckte mich. Viele Passagiere waren nicht in der Maschine, und die Flugbegleiter hatten wenig zu tun.

Zwei Reihen vor mir saß ein großer, ruhiger und sehr freundlich blickender Mann, der von den Flugbegleitern

Riva di Garda, 28. August 1982:

besonders freundlich behandelt wurde. „Wer ist das?" fragte ich leise und die Stewardess flüsterte zurück: Aber das ist doch Kailash Satyarthi, ein indischer Kinderrechts-Aktivist. Er bekam am 10. Oktober 2014 den Friedensnobelpreis, zusammen mit dem pakistanischen Mädchen Mahala."

„Ja, von Mahala habe ich gehört, das Schulkind hatte man doch in den Kopf geschossen, und sie wurde in London wiederhergestellt. Kann es denn so etwas wirklich geben, dass man ein Mädchen erschießt, nur, weil es zur Schule gehen will?"

„Na klar, viele Männer fürchten die neue Freiheit der Frauen, sie kommen damit nicht zurecht. Aber es steht nirgendwo im Islam, dass Frauen unterdrückt, gequält und vergewaltigt werden dürfen. Am Ende sind doch alle Opfer, sie wurden nur zu blindem Hass erzogen. Liebe haben sie niemals kennengelernt.

Die Botschaft der Taliban lautet immer und überall: „Wir werden wiederkommen, und dann hilft euch niemand mehr. Das sind eiskalte, brutale Mörder, die mit der Gleichberechtigung der Mädchen und Frauen nicht zurechtkommen.

Aber ihre Menschenverachtung richtet sich inzwischen auch auf alles Fremde, sie werden brutal geköpft, das wird gefilmt und ins Netz gestellt. Kulturgüter wie Palmyra werden massenhaft und unwiderbringlich zerstört. Eigentlich sollten wir gar nicht über solche politischen Dinge reden, aber manchmal kann man doch ausrasten, gerade, weil man selbst ganz anders erzogen worden ist."

Riva di Garda, 28. August 1982:

„Das ist wirklich ganz furchtbar. Und wo ist er geboren worden?"

„In Delhi, und ich lebte genau wie er in einer sehr wohlhabenden Familie, genau wie wie Kailash Satyarthi. Er ist ein sehr freundlicher Mann, und ich kenne ihn schon sehr lange. Gandhi ist sein großes Vorbild. Im Jahr 1998 brach Kailash Satyarthi zum "globalen Marsch gegen Kinderarbeit" auf. Dieser führte 80 000 Kilometer weit, durch mehr als hundert Länder, und machte den Inder zum wichtigsten Vorkämpfer gegen Kinderarbeit.

Er war der erste in Indien geborene Nobelpreisträger, und nicht mal Gandhi hat den Preis bekommen, obwohl er ihn viel mehr als ich verdient hat. Er war mehrmals nominiert. Zum ersten Mal bekommen jetzt die Ärmsten der Armen, die vernachlässigten, an den Rand gedrängten Kinder Anerkennung. Das ist die wichtigste Botschaft dieses Nobelpreises, denn "Globale Menschlichkeit beginnt mit dem Wissen, nicht alleine zu sein".

Wir müssen endlich menschliches Mitgefühl für die große Zahl der Kinderarbeiter haben, es gibt fast 260 Millionen solcher Kinder in der ganzen Welt. Aber selbst, wenn nur ein einziges Kind in Gefahr wäre, dann Ist die ganze Menschheit in Gefahr. Darum müssen wir sie alle beschützen, und es gibt noch so viel zu tun.

„Und wie hat der Nobelpreis seinen Kampf gegen Kinderarbeit verändert?"

„Er hat natürlich viel Interesse in der ganzen Welt geweckt, er hat die Kinderrechte ins Rampenlicht geholt. Aber er hatte auch einige unerwünschte Nebenwirkungen."

Riva di Garda, 28. August 1982:

„Welche denn?"

„Alle denken seitdem, die Organisation würde im Geld schwimmen. Die haben sich gefragt: Warum sollen wir Kailash für sein Projekt 20 000 oder 30 000 Euro geben, wenn er doch als Nobelpreisträger jetzt reich und berühmt ist.

„Und was geschah mit dem Preisgeld? Immerhin mehr als 400 000 Euro."

„Das liegt immer noch beim Nobelpreiskomitee. Sie werden noch entscheiden, wem es endgültig zugute kommen soll. Das wird auf jeden Fall ein Projekt für Kinder sein. Er ist ein Aktivist, und er wird es bleiben, bis seine Mission erfüllt ist. Und das wird erst dann der Fall sein, wenn die Welt frei von Kinderarbeit ist.

Das Problem ist, dass diese Konvention damals von den meisten Staaten nicht ratifiziert wurde. Sie blieb ein Stück Papier. 1998, als wir den Global March gegen Kinderarbeit starteten, da forderten sie auch eine neue Konvention. Dadurch wuchs auch die Sensibilität für Kinderarbeit. Ein Jahr später verabschiedete die ILO die Konvention gegen die schlimmsten Formen der Kinderarbeit, und dann wurde auch die Konvention von 1973 ratifiziert, durch 168 Staaten.

Ohne den Widerstand der Zivilgesellschaft wäre das alles nicht passiert, aber wie sieht die Realität denn heute aus? Immer noch konsumieren viele Deutsche auf Kosten von Kindern Billigprodukte, zum Beispiel beim Kauf von Teppichen, T-Shirts, Kleidung, Elektronik, an denen Kinderhände gearbeitet haben. Dabei haben doch die Konsumenten riesige Macht, und ich habe großes Zutrauen in diese Macht.

Riva di Garda, 28. August 1982:

Bei der Teppichindustrie haben sie es geschafft, das Mitgefühl einzelner in eine Aktion vieler umzuwandeln. Es ging darum, den Kindern eine Stimme zu geben: Bewusste Käufer müssten zum Beispiel automatsch danach verlangen, Teppiche ohne Kinderarbeit zu kaufen.

Aber es geht ja gar nicht um Boykotte, denn die lösen die Probleme nicht endgültig. Wir müssen Alternativen finden und die Gewohnheiten von Verbrauchern berücksichtigen. Wir müssen Mitgefühl, Moral und Ethik in eine Verhaltensänderung der Industrie übersetzen. Darum geht es. Trotzdem gibt es immer noch schwarze Schafe, die die Richtlinien unterlaufen wollen. Im Zweifel sind die Kinder eben dann beim Subunternehmer vom Subunternehmer beschäftigt.

Die Tage, in denen sich ein Unternehmen mit sozialen Errungenschaften schmücken konnte, insgeheim aber Kinder beschäftigte, sind vorbei. Die Presse ist zu wachsam, und die sozialen Medien haben ihre Augen überall. Gleichzeitig stehen die Unternehmen aber unter immer stärkerem Wettbewerbsdruck, allein schon durch die Globalisierung.

Wenn Konsumenten aber nur auf den Preis achten, wird es schwierig in der Globalisierung. Dann haben diejenigen Vorteile, die mit Kinder- oder Sklavenarbeit billige Produkte herstellen. Die Globalisierung hat für die Kinder kein Herz, keine Seele und kein Mitgefühl. Darum haben wir 1995 das Rugmark-Siegel eingeführt, und das ist dann in anderen Bereichen genauso möglich. Wenn alle Konsumenten nur Artikel frei von Kinderarbeit kaufen wollen, dann kann sich keine Industrie dem entziehen, dann würden auch sie endlich handeln.

Riva di Garda, 28. August 1982:

Das ist die sichtbare Seite der Globalisierung, aber was ist mit den Millionen kleiner Arbeitssklaven, die überall auf der Welt ausgebeutet werden? In Nepal ist zum Beispiel ist die Leibeigenschaft seit 2000 gesetzlich verboten. Trotzdem werden jedes Jahr tausende minderjährige Mädchen meist ab ihrem fünften, manche sogar ab dem vierten bis zum 15. Lebensjahr verkauft, um in Häusern reicher Grundbesitzer als sogenannte Kamalaris völlig rechtlos und ohne jeden Schutz bis zu 16 Stunden täglich alle möglichen Arbeiten zu verrichten. 10 Prozent von ihnen würden von ihren *Besitzern* auch sexuell missbraucht. Das ist in allen armen Ländern so, auch in Afrika.

Aber es trifft auch die kleinen Jungen. Besonders im Norden Afghanistans wird noch heute die jahrhundertealte Tradition der sogenannten *„Baccha Baazi"* (wörtlich Knabenspiel) praktiziert. Bei dieser afghanischen Form der Kinderprostitution tanzt ein als Frau verkleideter Junge *(Bacchá)* erst vor Männern und muss diese zumeist auch anschließend sexuell befriedigen.

Diese *Tanzjungen* sind zwischen 8 und etwa 14 Jahren alt, sie werden oft armen Familien abgekauft, teilweise entführt oder manchmal sind es sogar Waisenkinder von der Straße. Sie werden zu Tänzern solcher Sexpartys ausgebildet, aber spätestens nach Einsetzen des Bartwuchses von ihren „Besitzern" gegen jüngere Knaben ausgetauscht und verstoßen. Nicht wenige *„Baccha Baazis"* sind ermordet worden, nachdem sie zu ihrer *attraktiven* Zeit versucht hatten, ihren „Herren" zu entfliehen.

Und das alles, obwohl nach aktuellem Gesetz in Afghanistan Geschlechtsverkehr mit Jungen unter 18 Jahren

Riva di Garda, 28. August 1982:

und mit Mädchen unter 16 Jahren verboten ist und auch ein Großteil der afghanischen Männer Homosexualität in alltäglich öffentlichen Gesprächen als widerwärtig und abstoßend ablehnen. Obwohl nach Auslegung des Koran in der vierten Sure die Bestrafung von gleichgeschlechtlichen sexuellen Handlungen fordert: ....*Und diejenigen, die es von euch [Männern] begehen, strafet beide. Und so sie bereuen und sich bessern, so lasset ab von ihnen. Siehe, Allah ist vergebend und barmherzig* (Sure 4, Vers 16).

Und dann gibt es noch die ganzen Bumsbomber voller Touristen, von denen viele oft abwegig sexuell tätig unterwegs sind, und die sich andauernd in Thailand und den vielen Urlaubsparadiesen austoben. Diese Kinder und jungen Frauen haben ihr ganzes Leben lang nichts anderes als dreckigen Sex in ihrem Leben kennengelernt. Keine Liebe, keine unbeschwerte Kindheit, nur Diskriminierung wegen ihrer hellen Haut.

Aber wie oder wogegen sollte sich denn ein Sechsjähriger heute einsetzen, die sind doch viel zu klein dazu, oder? Wie wissen denn Kinder am besten, was gut für sie ist?

Dazu sind sie ganz bestimmt nicht zu klein, sie sollten sich bemühen, möglichst viel über das Leben anderer Kinder zu erfahren. Eine globale Menschlichkeit beginnt mit dem Wissen, nicht alleine zu sein: Du bist kein spezieller Typ, weil du in Deutschland oder Amerika oder sonst wo geboren bist. Du bist ein Teil vom Rest der Kinder der Welt. Und einige deiner Schwestern und Brüder hatten nicht genug Glück, um in deiner Situation geboren zu werden. Aber trotzdem gehört ihnen der Planet genauso so sehr wie dir. Dieses Wissen, diese Verantwortung ist der Schlüssel zur Zukunft.

Riva di Garda, 28. August 1982:

Kinder brauchen Bildung, Schulen, Ausbildung, sie brauchen ein liebevolles zuhause. Und wenn das nicht möglich ist, verkümmern sie, werden also Organspender verbraucht, sie sterben oft viel zu früh und landen dann im Abfall, sie sind dann nur noch menschlicher Müll.

Waren das ausreichende Informationen, junges Fräulein? Ich würde mich natürlich sehr freuen, wenn Sie sich der Kinderrechts-Bewegung anschließen würden, wir brauchen jeden Menschen, egal, aus welchem Land, alle werden gebraucht. Hier ist meine Karte und die Homepage und die Mailadresse, ich würde mich sehr freuen, wieder von Ihnen zu hören."

„Vielen Dank, wir werden uns sicher noch öfter sehen, denn wir haben ja noch einen langen

Flug vor uns."

Am frühen Morgen weckte mich lächelnd die Flugbegleiterin, sie hatte mich mit einer Wolldecke eingemummelt. Ich machte große Augen, als sie mir eine Tasse starken Tee brachte. Da war schon die Ansage des Piloten, dass wir uns anschnallen sollen, die Maschine würde gleich landen. Es wären 28 Grad draußen und der Tag verspricht, bis zu 35 heiß zu werden.

Die Maschine setzt auf dem riesigen Airport von Delhi auf, die Passagiere drängeln alle zum Ausgang hin, sie sind wie die Schafe. Darum lasse ich mir auch sehr viel Zeit beim Aussteigen.

Wenn man genau hinguckt, sehen alle Flughäfen dieser Welt gleich aus – Glas – Beton – blinkende Aluminum-Armaturen – Ansagen auf Englisch und zwischen den

Riva di Garda, 28. August 1982:

wimmelnden Menschenmassen ein babylonisches Sprachgewirr.

Eigentlich hasse ich solche Menschenmengen. Zum Glück muss ich hier nicht übernachten, und mein Koffer wurden glücklicherweise schon in die Anschlussmaschine für Köln verfrachtet. So hatte ich jetzt genau acht Stunden Zeit, diese riesige Stadt zu besichtigen. Eigentlich aber hatte ich gar keine Lust dazu, denn ich war überhaupt nicht auf so eine riesige Stadt vorbereitet. Nepal war mir eigentlich genug, und nun auch noch Indien?

Draußen wimmelt es nur so vor Taxis und Ritschkas. Die Fahrer drängeln sich nur so um die wenigen Touristen. „Hello, Madam, do you want sightseeing". Cheap, very cheap. I am an professional leader. Only five dollars." Ein sehr junger, schlanker Mann mit weißem Hemd und riesengroßen braunen Augen strahlt mich an. „Only five dollars. England? Amerika? Ah, Germany, great. Please, sit down. My name ist Nureddi, and yours?" Sagt er und putzt eifrig den alten, dunkelroten Ledersitz mit den goldenen Knöpfen mit einem weißen Tuch herum.

„Laura".

„Ah Laura bionda, wonderful name." Mit seinem Charme hat er mich sofort eingewickelt, und ich klettere neugierig auf das schaukelnde Gefährt. Er schlägt das Schutzdach halb hoch, kontrolliert, ob ich auch schattig genug sitze. Als er mir mit einem Schwung hereinhelfen will, lehne ich natürlich ab. Dazu lacht er nur herzlich.

Und los geht's mit dem Fahrradtaxi. Jetzt strampelt vorne fröhlich singend ein junger Mann, der mir die Stadt zeigen wird. Er hatte über den Preis „only five dollars" gesagt.

Riva di Garda, 28. August 1982:

Und wenn er mich verschleppen oder um die Ecke bringen würde? Ach was, ich vertraue ihm voll, denn er ist ungefähr in meinem Alter, und da bescheißt man sich doch nicht, oder?

Gerade geht die Sonne auf, aber sie wirft keinen Schimmer im Morgenlicht, die ganze Stadt liegt unter einem milchigen Braungrau. Träge wälzt sich der Ganges das Flussbett entlang. Scharen von Pilgern wuseln über die Tempeltreppen. Mutter Ganga ist immer da. Tag und Nacht schlagen ihre Wellen an die brüchigen Gemäuer von Delhi. Dieser Fluss ist wie die Ewigkeit. „Holy Ganga, mother Ganga, for all Hindus." Er redet immer weiter, und so erfahre ich durch ihn eine ganze Menge über den Ganges, den heiligen Fluss.

Aber trotzdem: Der heilige Ganges stinkt zum Himmel, er ist Indiens wichtigste Lebensader, 500 Millionen Menschen hängen an seinem Tropf. Und so hat er sich im Lauf der Jahrtausende tief in die religiösen Vorstellungen eingegraben. Das Wasser des Ganges verspricht Reinigung und Erlösung, vor allem hier in Delhi.

Nach Delhi zieht es alle, die nach Erlösung - Moksha - suchen. Wer an diesem Ort stirbt und verbrannt wird, kann nach dem Glauben der Hindus dem Kreislauf der Wiedergeburt entkommen. Und darum ist dies nicht nur eine Stadt der Pilger, sondern auch der Toten. Überall zwischen den Tempeln des Gottes Shiva gibt es Sterbehäuser. Und an den Ufertreppen, den sogenannten Ghats, lodern Feuer. Die Asche der Toten landet im Ganges.

So beten die Hindus also die heiligen Fluten an. Aber die Menschen muten ihrem Fluss auch viel zu auf seinem 2500

Riva di Garda, 28. August 1982:

Kilometer langen Weg von den Gletschern des Himalaja bis hinunter in die Bucht von Bengalen. Jeden Tag entleeren 118 indische Städte mehr als 3,6 Milliarden Liter Abwasser in den Ganges. Nur etwa ein Drittel durchläuft ein Klärwerk. Das hält der heiligste Fluss nicht aus. Jeden Tag entleeren 3,6 Milliarden Liter Abwasser aus dem heiligsten Fluss. Zwei Drittel des städtischen Abwassers laufen immer noch ungeklärt in den Fluss. Man denkt wieder an die große schwarzen Mutter unten am Fluss.

Ganga, die Unsterbliche. Sie leidet. Man sieht es und man riecht es. Überall dümpelt der Müll herum. Dosen, Plastikcontainer, Tüten, Flaschen. "Eine Schande", sagt mein Fahrer. "Es fehlt die Erziehung", jeder schmeißt hier alles rein und denkt sich nichts dabei."

Von den fehlenden Kläranlagen will Mallah gar nicht sprechen, auch nicht von den Gerbereien flussaufwärts, die ihre Abwässer nach dem Gesetz zwar reinigen müssten, es häufig aber nicht tun. Die stehen nur auf dem Papier. Alle finden irgendwelche Mittel und Wege, um ihren Dreck loszuwerden.

Und anders als Plastikmüll sieht man natürlich die giftigen Chemikalien und Schwermetalle im Wasser nicht. Ein gläubiger Hindu müsste eigentlich täglich im heiligen Wasser eintauchen, um sich zu reinigen? Für meinen Fahrer ist ein Bad im Ganges absolut indiskutabel.

Doch nun gibt es einen neuen Premier-Minister, Narendra Modi. Er hat die Kampagne "Clean India" ins Leben gerufen. Sauberes Indien. Und "Clean Ganga" gleich dazu. Bis 2019, wenn die Welt den 150. Geburtstag Mahatma Gandhis feiert, will Modi den heiligen Fluss gereinigt

Riva di Garda, 28. August 1982:

haben. Mit diesem Versprechen ist er vor zehn Monaten angetreten. Und nicht nur das: Im ganzen Land will er die Hygiene verbessern, Müllberge beseitigen. Aber dafür mussten auch alle mitmachen, das sagt er wieder und wieder.

Wer dem Schmutz in Indien auf die Spur kommen will, muss meistens nicht lange suchen. Oft sticht er von alleine ins Auge. Oder betäubt die Sinne. So ist das auch in den Gassen von Delhi, wo zu jeder Zeit ein fürchterliches Geschiebe und Gedränge herrscht, wo kaum noch Luft zum Atmen bleibt. Benzindunst mischt sich mit dem Geruch des Mülls, der sich an den Ecken aufhäuft.

Autos hupen, Rikschafahrer klingeln, und mittendrin schiebt sich an diesem Sonntagabend eine lärmende Hochzeitsgesellschaft durch die Menge. Es ist, als käme sie von einem anderen Stern. Frauen in glitzernden Saris, Farben tanzen durch die schmutzigen Straßen. Strahlender geht es nicht. Jetzt aber hüpfen sie von einer Seite zur anderen, damit sie sich in der Gosse nicht schmutzig machen.

Wie das alles zusammenpasst? In ihren Häusern achten die Inder auf gründliche Reinlichkeit. Alles wird andauernd gefegt, gewischt, poliert. Aber was jenseits der eigenen vier Wände geschieht, ist eine andere Geschichte. Und eine frustrierende, wie viele Inder erzählen. Da kann man doch froh sein, dass ihr Premier das alles nun anpackt.

Sein Bruder ist Arzt, und jeden Tag landen bei ihm Patienten, die sich krümmen und winden und kaum mehr stehen können. Übelste Magen - Darm - Infektionen schleppen sie an. "Nenn mir irgendein Bakterium, und du kannst darauf wetten: Ganga hat es in sich!" Darum wird es

Riva di Garda, 28. August 1982:

auch immer schwieriger, Medikamente für diese Keime aus dem Fluss zu finden. Resistenzen machen sich breit. Es ist bedrohlich.

Zählungen der fäkalen Coli-Bakterien bringen gruselige Ergebnisse hervor: 500 pro 100 Milliliter gelten in Indien fürs Baden noch als unbedenklich. In Delhi wird dieser Wert teilweise um das 3000-fache ☐überschritten. Und zu den Bakterien kommt das Gift. Das Krebsrisiko schnellt nach oben. Nirgendwo ist es in Indien höher als an den Ufern des Ganges, wie Experten herausgefunden haben. Schuld sind die industriellen Abwässer.

Das alles hält die Massen nicht ab. Jeden Tag tauchen Zehntausende Pilger in den Ganges ein, um sich von ihren Sünden reinzuwaschen. Und manche haben so starkes Gottvertrauen, dass sie auch auf den Schluck Flusswasser nicht verzichten. Und viele Kinder springen lachend zur Abkühlung in die dreckigen Fluten.

Was es Delhi schwer macht, ist vor allem das chaotische Wachstum. Mehrere große Flüchtlingswellen in der indischen Geschichte haben die Stadt rapide anschwellen lassen, ohne dass die Politik darauf eine stadtplanerische Antwort gefunden hätte. Und auch der Ansturm von Millionen Pilgern hat seinen Preis.

Andererseits fragen sich die Leute: Was wäre Delhi ohne diesen Menschenstrom? Vielen fällt es schwer, sich vorzustellen, wie man Delhi erneuern könnte, ohne den eigentümlichen Charakter der Tempelstadt zu zerstören. Dafür sind sie zu stolz auf die eigene und viele Jahrtausende alte Geschichte. Im Prinzip finden den neuen Weg alle gut.

Riva di Garda, 28. August 1982:

Klärwerke fertigbauen und die Kanalisation in Ordnung bringen: Das finden alle gut. Wenn sie dann aber auf ihre Straßen blicken, kommt schnell der Frust hoch. Überall haben Bagger den Boden aufgerissen, große Rohre versperren den Weg und machen das Verkehrschaos nur noch schlimmer.

Damit könnten sie leben, wenn es Hoffnung gäbe, dass alles irgendwann vorbei ist. Aber nichts geht voran, die Rohre seien damals eher planlos verlegt worden und am Ende sei alles umsonst gewesen. Und wer hat das verbockt? "Die Bürokratie!", ruft Mohale. Nicht seine eigene natürlich, sondern die der anderen, des Bundesstaates Uttar Pradesh, der ja zuständig sei. Und auch der Apparat der Zentralregierung in Delhi.

Aber ein sauberer Fluss bis 2019? Da sind doch viele skeptisch, die den Ganges studiert haben. Wenn sie zum Beispiel nach Deutschland und England blicken, auf Rhein und Themse, dann sehen sie, wie viele Jahre dort verstrichen sind, bis endlich etwas voranging. Und ist der Ganges, der ein Land mit 1,3 Milliarden Menschen durchfließt, nicht noch einmal von ganz anderer Dimension? In jedem Fall blicken alle mit Spannung auf Modi. Und was er stemmen wird bis 2019. Trotzdem wissen alle, dass die Regierung mit ihren neuen Plänen den Fluss auch in 200 Jahren noch nicht gereinigt haben dürfte.

Nureddi hält kurz in einer Nebenstraße bei dem Straßenfeger Kallu, er säubert jeden Tag die Tempeltreppen. Früher lebte er unter einem selbst gezimmerten Verschlag mit Plane, nun durfte er immerhin in eine alte Umkleidekabine einziehen, die früher die Pilger benutzten.

Riva di Garda, 28. August 1982:

Seine drei kleinen Kinder stehen schweigend um ihn herum, eigentlich müssten sie an diesem Morgen in der Schule sein. Aber dafür fehle das Geld, sagt Kallu, der nur einen Namen trägt. Mit seinem Besen verdient der Mann 100 Rupien am Tag: ein Euro und fünfzig Cent.

Strom haben sie hier nicht. Zum Waschen gehen sie in den Fluss. Und wer auf die Toilette muss, hat weit zu laufen. Aber immerhin: Es gibt sie. 600 Millionen Inder haben diese Möglichkeit nicht. Jeder Zweite im Land hat ein Handy. Aber kein Klo.

Nach über einer Stunde Rischkafahrt geht es durch die Felder aufs Land: Der Senf steht hoch, ein gelbes Meer, nicht weit von den braunen Fluten des Ganges entfernt. Frauen legen Kuhfladen in der Sonne zum Trocknen aus. Dazwischen fliegen Plastiktüten herum. Hier draußen leben Kaushalya, 60, und Seerna, 35, zwei typisch indische Frauen.

„Hat denn früher schon einmal jemand versucht, hier Toiletten zu bauen?" frage ich sie neugierig. Und sie antworten ganz bereitwillig: „Nicht, dass sie wüssten."

Sie müssen sie jeden Tag mindestens einen Kilometer laufen, ihre Toilette sind ein paar Büsche in einem entlegenen Feld. So geht das hier, so sind wir aufgewachsen. Es ist eine Qual, aber sie hat bis jetzt noch niemanden interessiert. Nachts gehen sie gar nicht hinaus, das ist viel zu gefährlich. Also gehen sie, so lange es hell ist. Aber wir müssen aufpassen, dass uns der Besitzer dann nicht entdeckt. Dann geht es ihnen schlecht, weil er sie mit Schimpftiraden über die Felder scheucht, sie werden verhöhnt, verlacht, verflucht.

Riva di Garda, 28. August 1982:

Und sie werden oft von Männern vergewaltigt, die auf Frauensuche sind. Eine Frau ist nichts wert, eine Ware, ein Verbrauchsartikel. Mutter Teresa hat die Mädchen zu hunderten aus den Müllcontainern herausgeholt und gerettet, sehr oft werden weibliche Föten abgetrieben, nachdem ihr Geschlecht im Mutterleib festgestellt worden ist. Ein Mädchen ist ein Unglück, wenn es geboren wird. Die Familien wollten Söhne, sie sorgen für den Wohlstand der Familie, wenn sie heiraten, erhalten sie eine oft üppige Mitgift von den Eltern der Braut und nach hinduistischem Brauch können nur die Söhne den Vater beerdigen.

Denn obgleich die Frauen es als große Last und Qual empfinden, so gibt es doch viele Gründe, weshalb sich das nicht schon längst geändert hat. Heilige Texte nennen es gut und richtig, sich weit weg vom Haus zu erleichtern, um die rituelle Reinheit zu wahren. Und im Kastenwesen, das längst nicht überwunden ist, kümmern sich traditionell nur die untersten Schichten darum, die Latrinen zu reinigen. Es ist ein großes Tabu.

Wir müssen unsere Einstellung ändern. Das hatte auch schon Mahatma Gandhi gefordert. Er befand, dass gute Hygiene sogar viel wichtiger sei als die Unabhängigkeit von den Briten. Offenbar war es aber leichter, die Imperialisten loszuwerden, als sich von alten und privaten Gewohnheiten zu trennen.

Wir fahren wieder zum Stadtrand. Die Rischka stoppt am Straßenrand, mein Fahrer springt heraus und umarmt einen sehr alten, dürren Mann, der ein ehemals weißes Gewand trägt. Ich werde gebeten, auszusteigen, der Alte reicht mir den Arm und bittet mich, in eine schiefe Blechhütte einzutreten. Es ist eine winzige Garküche, in der in vielen

Riva di Garda, 28. August 1982:

Töpfen tausend Kleinigkeiten mit exotischen Gewürzen und viel Reis mit Gemüse bruzzeln. Ich muss alles probieren und Unmengen von Ingwerteee trinken. Mein Guide kann endlich mal Pause machen, er schläft eine Runde unter einem riesigen Ombubaum, und ich kann eine kleine Schlafpause ebenfalls gebrauchen.

Am späten Nachmittag hat sich der Dunst über der Ebene verzogen, und wer zurück an den Fluss fährt, sieht ihn jetzt jedoch ein wenig schillern. Das ist eine gute Zeit, um noch mal ins Boot und an den Tempeln vorbei zu rudern. Wer in einem Boot auf den heiligen Wogen schaukelt und zum Ufer blickt, erkennt die Menschen nur noch als bunte Punkte.

Möwen segeln kreischend um das Boot, drüben am Ufer steigen immer noch die Rauchsäulen in den Himmel, ein Feuer neben dem anderen. Das hier ist Indiens größtes Krematorium, es scheint niemals zu ruhen. Der Steuermann will gerade etwas näher heranfahren, da stößt er mit der Bordwand gegen ein kleines, dunkles Bündel. Wie ein eingewickelter Körper sieht er aus, vielleicht 50 cm lang. Aber was ist das für ein Bündel, das hier im Wasser ans Boot stößt?

Nicht alle Toten enden im Feuer und werden zu Asche, die über dem Fluss verweht: Manche glauben, dass die Seelen kleiner Kinder das reinigende Feuer nach dem Tod noch gar nicht brauchen. So kann es schon mal passieren, dass ihre Familien sie, mit einem Stein beschwert, im Fluss versenken. Wenn das Gewicht nicht hält, dann treiben sie nach oben.

Riva di Garda, 28. August 1982:

Die Regierung hat es zwar verboten, einen Körper auf diese Weise dem Fluss zu übergeben." Sagt der Bootsmann. Aber manchmal ist der Glaube stärker als das Gesetz. Und so treibt das kleine Bündel nun langsam den heiligen Fluss hinab in Richtung Meer.

Nun geht es also wieder zurück zum Flughafen. Ich bezahle nach dem Essen meinen Ritschkafahrer mit einem 20 Dollar-Schein, den hat er sich als Reiseführer wirklich verdient. Er dankt mir überschwänglich, und zeigt mir zum Abschied die Fotos seiner Frau, seiner zwei Kinder und seiner Großmutter. Alle leben von seinem Verdienst, und durch die heutige Fahrt ist er richtig reich geworden. Bald kann er sich ein winziges Häuschen am Stadtrand bauen, seine Zukunft ist gesichert.

Und wenn ich nochmals in Delhi sein sollte, sollte ich ihm ruhig eine Mail schicken, sagte er mit Grandezaa und überreichte mir seine Visitenkarte, auf der sein Name und seine E-Mail-Adresse steht. Ich krame von irgendwo auch noch eine alte Visitenkarte heraus.

Da stand ich nun wieder in einer anderen Welt, der Flughafen erschien mir jetzt wie ein vollkommen deplazierter und seelenloser, eiskalter Ort trotz der einschmeichelnden Schlafzimmerstimmen der Ansagerinnen.

Warum lernt man eigentlich in der Schule nicht genug über Weltreligionen? Und was ist mit dem Dalai Lama in Tibet? Was hat es mit dem auf sich? Der predigt doch auch Armut und Gewaltlosigeit. Ach, damit müsste ich mich auch mal intensiver befassen.

So, mein Plan reift immer weiter, ich werde zu Hause eine Begegnungsstätte für Weltreligionen einrichten, ein

Riva di Garda, 28. August 1982:

Kulturzentrum oder irgend etwas ähnliches. Platz hatte ich in meinem Haus ja mehr als genug.

Da ist endlich der Aufruf, die Maschine von Delhi nach Köln fliegt jetzt von Gate 12. Alle Passagiere sollen ihre Tickets bitte bereithalten. Mann, ich bin total müde, und freue mich schon auf einen guten Flugschlaf unterwegs. Wenn alles gut geht, werde ich morgen ganz früh um acht Uhr wieder in Köln landen.

Zum Glück sind nur wenige Passagiere im Flieger, ich habe also viel Platz, den Sitz ganz flach zu stellen und mir ein Bett zu bauen. Die Flugbegleiter verteilen Decken und kleine Kissen, das scheint ein ruhiger Flug zu werden. Die Deckenlichter sind gelöscht. Jetzt aber erst mal „Gute Nacht" und morgen ist noch ganz weit weg.

Die Maschine hatte drei Stunden Verspätung, in Köln waren es 18 Grad, es regnete, sagte der Pilot in seinem gemütlichen Englisch, kurz bevor er zur Landung ansetzte.

Als ich endlich wieder zu Hause war, brannte ich vor Arbeitseifer, denn ich hatte mir eine Menge vorgenommen. Nach dieser Reise sah ich mein Zuhause jetzt mit ganz anderen Augen an. Badezimmer, Toilette, Waschmaschine und auch die Küche sind eigentlich richtiger Luxus für nepalesische Verhältnisse auf dem Dorf.

Das ganze Haus ist vollgestopft mit vollen Schränken und Regalen voller Bücher. In Vaters Bibliothek reichen die Bücher vom Boden sogar bis an die Decke. Mann, wenn ich die alle verkaufen könnte, bekäme ich eine ganze Menge Geld zusammen. Dann würde ich Schulbücher für Saroj und ihre Freundinnen kaufen, für jedes Kind einen Jogging-Anzug, für die Jungen Fußballschuhe und Trikots, alles,

Riva di Garda, 28. August 1982:

was Kinder so gebrauchen können, das würde mir viel Spaß machen.

Das Archäologische Institut der Universität zeigte kein besonderes Interesse an den ganzen Fachbüchern, sie waren an wissenschaftlichen Nachlässen nicht interessiert, und schon gar nicht, wenn sie Geld kosten sollten. Verschenken wollte ich sie nicht, denn ich brauchte ja Bargeld für meine Idee. Also rief ich diverse Antiquariate an, um einen Termin mit einem Aufkäufer zu machen.

Erst der fünfte Anruf war erfolgreich, und der Mann wollte zum Glück sofort kommen. Schon nach einer halben Stunde klingelt es, ein mittelalter, sehr freundlicher Mann schüttelt mir mit einem festen Griff die Hand und stellt sich mit „Schlupper – Antiquariat Husterknupp" vor.

Er erklärt sofort, dass er sich für nur für Archäologische Fachliteratur interessieren würde, Fachmännisch taxierte er die Reihen der Archäologischen Korrespondenzblätter, die Massen an Archäologischer Welt, massenhaft Fachbroschüren und den riesigen, vollständigen „Neuen Pauly", dem Fachlexikon, dass in der Anschaffung damals mindestens 3000 Euro gekostet hatte.

„Für den Pauly kann ich maximal 180 Euro zahlen, mehr ist nicht drin," sagt er endgültig, und als er meinen enttäuschten Blick auffängt, sagt er versöhnlich, „na 200, für die restliche archäologische Literatur vielleicht noch mal 100 – 150 Euro. Alles andere ist für Spezialisten praktisch wertlos, den Rest Bücher könnte man noch nicht mal mehr im Internet verkaufen, und die anderen würden sie nur noch zum Kilopreis für Papier abnehmen. Er würde mir wirklich mit 380 Euro einen guten und fairen Preis zahlen.

Riva di Garda, 28. August 1982:

Wenn ich ihm nicht glauben würde, könnte ich ja noch weitere Antiquariate konsultieren, damit hätte er gar keine Probleme.

Nein, verramschen wollte ich die Bücher nicht, dann soll Papas Literatur ruhig dort stehen bleiben, wo sie die ganze Zeit gestanden hatten, sie ist ja auch ziemlich dekorativ, aber auch ziemlich bleischwer. Vielleicht würde ich doch noch selber irgendwann Archäologie studieren?

Enttäuscht zog er von dannen und ließ mich etwas ärgerlich zurück, aber ich kann doch nichts dafür, dass Bücher heutzutage nicht mehr geachtet werden. Papa, nun sag doch auch, dass ich eine richtige Entscheidung getroffen habe.

Bums, da fällt doch glatt ein dickes Buch aus dem obersten Regal und erschlägt mich beinahe. Danke, Papa, für die schnelle Antwort, du stimmst mir also zu. Und was wolltest du mir da eigentlich an den Kopf werfen? Vielleicht ist das ein besonderes Zeichen?

Ah, das waren die Klassischen Sagen des griechischen Altertums, die Kinder-Ausgabe. Die hattest du mir doch immer unterwegs vorgelesen. Dem Poseidon hatte ich auf Seite 34 das Pimmelchen grün ausgemalt, das hatte dich anfangs total schockiert, aber ich fand das ganz spannend, dass auch die anderen Götter nichts an hatten. Du hattest eben eine sehr kreative Tochter, oder etwa nicht?

Zuerst organisierte ich einen neuen Internet-Anschluss mit Skype, dann konnte ich auch per Bildschirm mit Vinod kommunizieren, die hatten nämlich an ihrer Schule einen Anschluss, er würde mich dann immer mit den neuesten Nachrichten aus Nepal versorgen.

Riva di Garda, 28. August 1982:

Und dann müsste ich zuallererst Nepali ☐☐☐☐☐☐
sprechen lernen. Bei Wikipedia las ich folgendes: Diese Sprache gehört zum indoarischen Zweig der indoiranischen Untergruppe der indogermanischen Sprachen. Insgesamt wird es von mindestens 17 Millionen Menschen als Muttersprache gesprochen, wo es Amtssprache ist. Die Universität bietet keine nepalischen Sprachkurse, also müssen die anderen eben Englisch sprechen. Etwa 80 % der Bevölkerung Nepals sind Angehörige des Hinduismus.

Das Haus müsste auch mal wieder geputzt werden, der Garten war mal wieder struppig und verwildert, der hätte ja wohl noch etwas Zeit, oder? Die Waschmaschine läuft schon, die Wäsche werde ich morgen aufhängen.

Auf meinem Anrufbeantworter waren über 110 Nachrichten angekommen, mein Emailprogramm hatte sich abgeschaltet, weil es mehr als 250 Mails nicht speichern kann. Morgen, alles für morgen.

Wo sollte ich dann anfangen? Ach was, zuerst mal hatte ich einen Riesen-Hunger. Ich erinnerte mich an den Vesvio-Pizzadienst, ein Pizza tutto completto, zwei Kölsch, und heute abend würde ich mit einem Fläschchen Merlots aus Papas Keller den Jetlag besiegen.

Na, also dann guten Hunger und anschließend gute Nacht, herrlich, so ein Zuhause.

Ich wollte mir gerade meinen Frühstückstee aufbrühen, als es heftig an der Haustür schellt, wer kann das denn sein, und dann noch zu dieser ungewöhnlichen Zeit? Ich habe doch gar nichts bestellt. Oder ist das etwa die Nachbarin, die ist nämlich furchtbar neugierig, und hatte schon öfter

Riva di Garda, 28. August 1982:

an der Haustür geklingelt, aber ich hatte ihr nie aufgemacht.

Mann, da ist aber einer sehr ungeduldig, ich komme ja schon. Ich reiße die Haustür auf, und vor mir steht ein unendlich langer fremd aussehender dunkelbrauner Typ mit einem langen schwarzen Pferdeschwanz vor der Tür. „Tag Laura," sagt er freundlich lachend, dass seine weißen Zähne nur so blitzen.

„Wer bist du denn, was willst du und wieso kennst du mich überhaupt?" sage ich ziemlich unfreundlich, denn dieser Typ ist mir wirklich total unbekannt. Indisch oder nepalesisch sieht der nicht aus.

„Hast du was dagegen, wenn ich dich duze? Deine Freundin Laureen meinte, dass ich dich mal fragen sollte, ob du nicht an meinem Projekt mitmachen möchtest. Oder ob du vielleicht eine Idee für mich hättest? Unterwegs war gerade kein Blumenladen, daher komme ich ohne, das macht dir doch nichts aus, oder?"

„Nein, danke, Blumensträuße mag ich sowieso nicht. Aber wieso ist denn Laureen in Köln und nicht bei ihrer Mutter und ihrem Sohn in Irland? Wer bist du überhaupt? Ich kenne dich doch gar nicht."

„Pardon, ich heiße Otto Addo, ich bin Ethnologie-Student im 5. Semester, und ich studiere seit drei Monaten hier in Köln. Ich komme aus Eretria, und ich bin einer der Überlebenden der 159 echten überlebenden Osterinsulaner.

Mein Dissertationsthema lautet: „Die Ernährungsweise von Mitteleuropäern, speziell bei der Kölner Bevölkerung im 20. Jahrhundert, und den daraus entstehenden Zivilisationser-

Riva di Garda, 28. August 1982:

krankungen übertragen auf die Ernährungssituation in der 3. Welt".

Wie du siehst, ist das ein sehr seriöses Thema und, du wirst es nicht glauben, ich habe sogar ein Stipendium vom Deutsch-akademischen Austauschdienst für zwei Jahre bekommen. Kann ich nicht mal reinkommen, es steht sich so ungemütlich hier draußen. Außerdem schleicht da die ganze Zeit so eine alte Frau hinter dem Zaun, und die guckt schon so komisch."

„Na, dann komm besser rein, aber ich habe nicht aufgeräumt. Wir können uns in Vaters Arbeitszimmer unterhalten. Möchtest du vielleicht etwas trinken?"

„Hast du Tee? Schwarzer Tee mit Honig wäre mir am liebsten."

„Na, dann setzen wir uns doch lieber gleich in die Küche, hier geht's lang."

„Mann, du wohnst aber luxuriös, ist deine Familie gerade ausgeflogen?"

„Nee, ich wohne zurzeit allein hier, mein Vater ist gerade gestorben, und dies ist mein Elternhaus. Mein Vater war Archäologie-Professor an der Uni, wieso hat dir das Laureen nicht erzählt? Diesen Kasten im Hahnwald hatten wir vor vielen Jahren von einer Tante geerbt."

„Das tut mir aber sehr leid mit deinem Vater, aber hast du denn gar keine Angst, hier so allein zu wohnen?"

„Nö, dies ist doch immer schon mein Zuhause gewesen, wovor soll ich mich denn fürchten? Außerdem habe ich

Riva di Garda, 28. August 1982:

schon mit 14 Jahren ein Karate-Training gemacht, und das hat mir bei bösen Jungs immer sehr geholfen."

„Nee, ich meinte ja nicht, dass du Angst vor mir haben sollst, denn ich bin ein zivilisierter Mensch, obwohl ich ziemlich dunkel im Gesicht bin, aber ein Menschenfresser bin ich nicht." Sagt er lachend und lässt sich krachend auf einen Küchenstuhl fallen, weil er mit seinen langen Beinen am Tischbein hängengeblieben war. „Entschuldigung, hoffentlich ist nichts kaputt gegangen, aber ich bin manchmal etwas ungeschickt. Das Teewasser kocht, soll ich dir irgendwie helfen? Wo ist denn der Honig? Vielleicht hast du noch ein paar Kekse im Küchenschrank?"

„In der Keksdose da oben im Schrank müssen noch ein paar alte Weihnachtsplätzchen sein, die sind aber bestimmt steinhart geworden. Und der Honigtopf steht direkt daneben."

„Das macht doch gar nichts, denn ich tunke sie sowieso in den Tee. Zeig mal her, was hast du denn für Teesorten? Weißt du, diesen ganzen Mädchen-Teekram mit Jasmin-Tee und Roiboos-Tee mit Rosenblättern kann ich nicht ausstehen, ich liebe richtig guten schwarzen Tee, oder starken Pfefferminztee, den mag ich auch sehr gern. Bah, ich meine doch nicht den Tee aus den Beuteln, das ist doch alles Abfall."

„Da bin ich komischerweise mal deiner Meinung, hier ist dein Tee, Russische Mischung, der leichte Tee für den Nachmittag, der hat wenig Gerbsäure. „Brauchst du vielleicht sonst noch irgendwas anderes außer Quatscherei und Zeit? Dieses larmoyante Gelabere kannst du dir doch

Riva di Garda, 28. August 1982:

sparen, also rede jetzt vernünftig mit mir, Mann, das ist doch ganz einfach. So, wie dir der Schnabel gewachsen ist."

„Mann, bist du immer so direkt, wir können doch erst mal freundlich miteinander plaudern, du hast doch sicher ein halbes Stündchen Zeit für mich, und das ist doch für mich das beste Geschenk," sagt er lachend, und nun bin ich langsam vollkommen verwirrt.

„Mann, du bist vielleicht ein harter Brocken. Ich bin von zu Hause aus gut erzogen worden, denn ich komme schließlich nicht aus dem Busch. Außerdem finde es einfach ganz toll, einmal in einer ruhigen Küche zu sitzen und Tee zu trinken.

Das ist doch viel besser, als in einem überfüllten Studentenwohnheim mit meinen beiden Schwestern und ihren brüllenden Babies zu verbringen. Otto hier, Otto da, Otto bring mir mal, Otto halt doch mal, Otto, ich brauche Haushaltsgeld, das Baby hat Hunger, und dabei soll man auch noch studieren und irgendwie weiterkommen.

Ich bin so sauer auf die Weiber, das glaubst du ja gar nicht. Dauernd kommen Mahnbescheide von Inkasso-Unternehmen, meine Schwester Gontour hatte einfach so einen Riesen-Flachbildschirm für 1500 Euro bei Neckermann bestellt und gerade mal erst zwei Raten abgezahlt, und dann gar nichts mehr. Außerdem hatte sie aus purer Unwissenheit vier dämliche Handy-Verträge abgeschlossen, die alle erst in einem Jahr ablaufen.

Meine kleine Schwester Mevren war schon vier Mal schwarz gefahren, und wer das bezahlen soll, ist fraglich, sie jedenfalls nicht. Und dann leben die alle von Hartz IV, darum bekommen sie auch kein Kindergeld für die beiden

Riva di Garda, 28. August 1982:

Kinder, alles wird angerechnet, sogar von meinem Stipendium muss ich etwas abgeben. Stell dir mal vor, da bleiben uns gerade mal 8 Euro pro Tag für essen und trinken. Versuch mal, damit fünf Personen satt zu machen, die einem die Haare vom Kopf fressen, die jeden Tag auf Schnäppchensuche im Supermarkt rumrennen."

„Wie kann man davon nur halbwegs vernünftig leben?"

Wir begreifen Lebensmittel nur noch als Waren, und wir haben keinen Bezug mehr dazu, wie mühsam es ist, sie herzustellen. Das Essen verliert sich zum „NebenbeiDing."

Wenn wir weniger wegwerfen, freut sich nicht nur unser Geldbeutel. Wir tragen nämlich unseren Teil dazu bei, den Hunger in der Welt zu lindern, denn je mehr wir wegwerfen, desto höher sind die Preise auf dem Weltmarkt, zum Beispiel für Getreide. Sinkt die Nachfrage nach Getreide durch einen achtsameren Umgang damit in den reichen Ländern, so können sich die Ärmsten der Armen mehr Brot kaufen. Die Händler tun doch nur das, was der Markt fordert, denn mit sämtlichen Lebensmittelabfällen aus Europa und Nordamerika könnte man alle Hungernden dieser Welt mehr als satt machen.

In dem ganzen System der Verschwendung gibt es aber nicht nur einen Bösewicht, denn nun taucht der nächste Feind der Hungernden auf, zockende Banken, die Getreide an der Börse kaufen und verkaufen, nur, um Geld damit zu machen, und damit treiben sie die Preise exorbitant in die Höhe. Wir machen aus Lebensmitteln Benzin für die Reichen. Die hungernden Menschen haben kein Geld mehr für Lebensmittel, da alles künstlich so verteuert wurde, das ist doch eine Riesen-Sauerei."

Riva di Garda, 28. August 1982:

„Da bin ich wirklich erschüttert, vielen Dank für deine Tipps, nun werde ich wirklich viel achtsamer mit den gekauften Lebensmitteln umgehen."

„Möchtest du dir vielleicht mal den Science-fiction-Film „Soylet green" ansehen? Er ist zwar schon etwas älter, aber er ist immer noch hochaktuell. Hast du vielleicht ein Videogerät in deiner Wohnung? Wenn nicht, kann man sich auch die dvd auf meinem Computer ansehen."

„Ach, ich mag eigentlich jetzt gerade gar keine Filme gucken, und auf dem PC ist das Bild doch so klein. Du kann mir doch auch so erzählen, um was es da geht."

„Soylent Green" ist ein US-amerikanischer Science-Fiction-Film aus den siebziger Jahren. Die Geschichte spielt im Jahr 2022, die Stadt New York ist mit 40 Millionen Menschen hoffnungslos überbevölkert. Es fehlt an Wasser, Nahrung und Wohnraum. Der Hunger treibt tausende Menschen auf die Straßen, die verzweifelt die offiziellen Verteilungsstellen der Nahrungsmittelstellen stürmten. Es gab bürgerkriegsähnliche Zustände, denn die Stadtregierung schlug mit totalitären Mitteln zurück. Nur einige Politiker und wenige reiche Bürger können sich sauberes Wasser und natürliche Lebensmittel leisten, und die leben im Luxus.

Mitten in diesem Chaos sollten zwei Polizisten den Mord an reichen Mann untersuchen. Bei ihren Ermittlungen lernten sie die Welt der Superreichen kennen, die sich nicht nur Konkubinen, sondern auch echtes Fleisch leisten konnten. Sie erfuhren, dass der Tote für Soylent arbeitete.

Dieses Unternehmen - der Name ist eine Kombination aus Soy (Soja) und Lent(il) (Linse) - kontrollierte die komplette Lebensmittelversorgung der halben Welt und vertrieb die

Riva di Garda, 28. August 1982:

künstlich hergestellten Nahrungsmittel Soylent Red und Soylent Yellow. Soylent green war viel schmack- und nahrhafter, angeblich war es ein Konzentrat aus Plankton, das reißenden Absatz fand. Am "Soylent-Green-Tag", kam es immer wieder zu Ausschreitungen der hungrigen Massen.

Im Film kann man ganz genau sehen, wie riesige Schaufellader in die Massen der Protestierenden hineinfahren und die zappelnden Menschenmengen zusammenschaufeln, und die Schaufeln kippten sie danach in das Mahlwerk einer riesigen Fabrik, und hinten fallen dann die grünen Würfel Soylent-green raus.

Die gruseligste Szene in dem Film ist eine Sterbehilfeorganisation, sie versprach älteren Menschen eine letzte Lusterfüllung und ein harmonisches Hinübergleiten in eine bessere Welt, wenn sie sich den Endzeitritualen der Organisation anvertrauten. Und so erlebt man förmlich mit, wie ein alter Mann, der sich für diese Lösung entschieden hatte, in einem Illusionsdom aufgebahrt und zum "Erwachen" aus Beethovens Pastorale vor einem Rundumpanorama kitschig schöner Naturfilmbilder eingeschläfert wird, um sofort nach dem Abschalten der äsenden Hirsche im aufgerissenen Rachen einer Maschine zu verschwinden.

„Bah, das war ja wirklich widerlich, da kann man sich nur schütteln, die Zukunft unserer Ernährung wird der grüne Menschenfleisch-Würfel sein. Lass uns lieber über etwas anderes reden, mir ist schon ganz schlecht davon."

„Eigentlich wollte ich dich mal einladen, mit zu den Mülltauchern zu gehen. Du ahnst ja gar nicht, was in den

Riva di Garda, 28. August 1982:

Supermärkten alles weggeschmissen wird. Kannst du dir vorstellen, dass in Deutschland jedes Jahr 500.000 Tonnen Brot weggeworfen werden?

Sieh mal, wenn in so einer Großbäckerei das Brotbacklaufband angeworfen wird, sind die ersten Dutzend Exemplare nicht perfekt genug fürs Auge, Brot für die Augenwelt also, und die landen sofort im Container, mit Verstand hat das nichts zu tun. Manche Bäckereien verkaufen ihre Ware vom Vortag im zum halben Preis, aber bei der Kölner Kette Merzenich werben die mit Brötchen, die nicht älter als eine Stunde sein dürfen. Und was ist mit den alten Brötchen? Die kriegen die Schweine", sagte mir dazu eine Verkäuferin.

Aber eine Frage ich trotzdem noch: Bekommt man von dieser Ernährungsweise mit Müll keine Magen-Darm-Beschwerden? Ich weiß eigentlich gar nicht richtig, was eigentlich ein Mindesthaltbarkeitsdatum und was ein Verbrauchsdatum ist, ist das nicht dasselbe?"

„Oh nein, das Verbrauchsdatum steht auf allen schnell verderblichen Waren wie Hackfleisch, frischem Geflügel oder Fisch, und das Datum muss unbedingt eingehalten werden, weil es echten Verderb signalisiert. Das muss man sofort am selben Tag verzehren.

Das Mindesthaltbarkeitsdatum (MHD) hat überhaupt nichts mit einer Gesundheitsgefährdung zu tun. Ich esse darum einen Joghurt auch noch zwei Wochen nach Ablauf des MHD, und viele Nahrungsmittel sind oft weit über das MHD hinaus genießbar. Sogar eine seit drei Jahren abgelaufene Flasche Bier lässt sich noch gefahrlos austrinken,

Riva di Garda, 28. August 1982:

dabei entwickelt es geschmacklich sogar eine leichte Sherrynote.

Und das MHD gilt sowieso nur für originalverpackte Produkte bei sachgemäßer Lagerung, denn sobald man die Packung öffnet, ist es vorbei mit dem MHD. Darum sollte man sich also nicht nur blind auf das aufgedruckte Datum, sondern sich lieber auf die eigenen Sinne verlassen, nämlich schauen, riechen und schmecken. Andererseits können Waren mit gültigem MHD schon verdorben sein, wenn sie durch Verpackungsmängel oder einen Ausfall in der Kühlkette beschädigt worden sind.

Um Lebensmittel haltbar zu machen, hatte man früher gepökelt, eingekocht, oder mit chemischen Konservierungsmitteln hantiert. Heutzutage verlängern die Produzenten die Haltbarkeit mit Hightech-Methoden. Sie verhindern das Wachstum von Bakterien und Schimmelpilzen auf Käse. Schinken und geschnittenes Brot werden in Kunststoffverpackungen mit einem Schutzgas gefüllt, meistens mit Stickstoff."

„Ich weiß nur eins, dass ich furchtbar müde bin. Du kannst hier auf dem Sofa schlafen, hier ist der Lichtschalter, mach es dir gemütlich. Ich schlafe oben. Also gute Nacht, und wenn was ist, dann schreist du eben."

„Gute Nacht, Laura, und den Rucksack werden wir morgen früh zusammen auspacken, bist du damit einverstanden? Und danke für alles, ich werde dich so lange schlafen lassen, bis du wach bist. Ich werde das Frühstück machen."

„Na klar, gute Nacht, Otto."

Riva di Garda, 28. August 1982:

Mit allerletzter Kraft schleppe ich mich in mein Bett und auf der Stelle war ich wie ein Stein eingeschlafen.

Frühmorgens weckt mich ein intensiver Kaffeeduft, und sofort fällt mir mein Teppichschläfer ein. Otto Addo wuselt durch die Küche, der Frühstückstisch ist gedeckt, das Radio bebt vor Reggae-Musik, die Spülmaschine ist eingeräumt und schlabbert vor sich hin, und die Waschmaschine brummt im zweiten Spülgang. „Guten Morgen Laura, Frühstück ist fertig. Hoffentlich habe ich alles richtig gemacht. Setz dich doch, brauchst du noch etwas?"

„Nein, danke, ich bin total sprachlos. Hey, du bist ja der absolute Hausmann, vielen Dank fürs Aufräumen und fürs Frühstück. Aber geh ruhig erst an dein Handy, es klingelt ja schon die ganze Zeit."

„Och, das sind bloß meine Schwestern, sie hatten schon viermal angerufen, weil sie sich schon Sorgen über mein Wegbleiben gemacht haben. Na, das ist doch selbstverständlich mit dem Frühstück, und irgendwie muss ich mich doch auch bei dir revanchieren. Ich habe nur ein kleines Problem, mein T-Shirt ist gestern total dreckig geworden, und das hier hatte ich im Keller gefunden, das ist doch ein uraltes von deinem Vater, oder? Ich brauche es nur so lange, bis mein altes aus der Waschmaschine sauber und getrocknet ist." Sagt er und grinst schuldbewusst über das ganze Gesicht.

„Wieso nimmst du dir einfach Sachen von meinem Vater. Spinnst du denn total? Aber wenn ich mir das so angucke, das ist doch noch viel dreckiger als deines, das hatte er immer beim Kelleraufräumen an. Zieh das aus, das stinkt doch total nach Öl. Ich gebe dir lieber ein frisches aus dem

Riva di Garda, 28. August 1982:

Schrank, und wenn es dir nichts ausmacht, von einem Menschen, der gerade tot ist, etwas anzuziehen, dann kannst du von mir aus den ganzen Kleiderschrank leermachen, ich brauche die Sachen sowieso nicht mehr. Vielleicht kennst du jemanden, der sie dringend brauchen kann?"

„Oh ja, ich kenne eine ganze Menge Leute, aber sie können dir nichts dafür geben außer einem Dankeschön und einer Einladung zum Essen. Diese Hemden sind aber viel zu klein, die gehen mir ja gerade bis zum Bauchnabel. Nee, da ziehe ich lieber wieder das ölige Hemd an.

Aber nun frühstücke doch erst mal, es gibt aufgebackene Brötchen von gestern aus dem Container, dazu Leberpastete, Italienische Wildschweinsalami, Robiola, das ist italienischer Frischkäse, alles nur vom feinsten. Du brauchst wirklich keine Angst zu haben, ich habe alles kontrolliert. Und vor allem musst du mal diese Sanddornmarmelade probieren, ich sage dir, das ist ein Geschmackserlebnis allererster Güte. Soll ich dir so ein Brötchen schmieren?"

„Ach, weißt du, ich lasse mich gern verwöhnen, mach mal ruhig hinterher die Schränke leer. Aber ein, zwei Teile möchte ich auch zur Erinnerung selbst behalten. Danke für das geschmierte Brötchen."

„Mann, da machst du mich aber sehr froh, ich bin schon ganz aufgeregt. Kann ich kurz mal meine Kollegen anrufen? Die sind bestimmt ganz happy drüber."

„Warte noch ein bisschen, ich brauche erst noch ein zweites Brötchen, mit Salami und Frischkäse. Der Kaffee ist zwar ziemlich stark, aber mit etwas mehr Dosenmilch ist er

Riva di Garda, 28. August 1982:

genießbar, gib mir noch ein Tässchen. Eigentlich mag ich viel lieber Tee trinken, das hatte ich mir in Indien so angewöhnt. Ich werde demnächst mal ein paar Pakete Tee schicken lassen."

„Oh, die Frühstückseier habe ich total vergessen, sie stehen noch auf dem Herd. Die sind jetzt bestimmt steinhart geworden."

„Macht doch nichts, dann kann man sie doch viel besser aufs Brötchen legen. Mann, da muss ich sofort wieder an das Camping-Frühstück mit meinem Papa denken. Als wir in Griechenland unterwegs waren, musste ich immer die Eier kochen, und es sollten genau vier-Minuten-Eier werden, aber das hatte ich nie geschafft, immer wieder waren sie hart geworden. Guck mal, hier ist ein Foto von meinem Papa, das war vor 12 Jahren gewesen. Ach, und nun ist er tot, ich kann es immer noch nicht glauben."

„Sei doch nicht traurig, bei uns sagt man: „immer wenn du von ihm sprichst, dann denkt er auch da oben an dich, und der wird dich immer beschützen, egal wo du bist und was du machst. Mann, nun weine doch nicht gleich, ich fange sonst auch noch an zu heulen an. Dein Papa wird schon gut auf dich aufpassen, das spüre ich direkt."

„Na, dann lass uns lieber gleich ein paar Menschen mit seinen Sachen glücklich machen. Wen willst du denn alles anrufen, um Papas Klamotten abzuholen?"

„Jedenfalls nur meine besten Freunde, die damit nicht handeln und die alles nur für sich persönlich und ihre Familie brauchen. Verlass dich ruhig auf mich, ich werde schon die richtigen Leute aussuchen."

Riva di Garda, 28. August 1982:

Dann telefonierte er mindestens eine halbe Stunde, kicherte, lachte und schäkerte herum. Ach, endlich hatte ich mal wieder genug Zeit, meine Post aufzuarbeiten. Zwanzig Minuten später traute ich meinen Augen nicht, als ich aus dem Fenster guckte. Der ganze Fußweg vor unserem Haus wurde von dunklen Menschen belagert, überall Männer, Frauen und spielende Kinder.

„Oh Mann Otto, was hast du denn da angestellt, hast du etwa alle deine Facebook-Freunde eingeladen? Sind das nicht ein paar zuviel? So viele Sachen haben wir doch gar nicht zu verschenken."

„Lass mich das mal machen, ich habe nämlich Erfahrung mit Spendenverteilen. Ich gehe erst mal raus, damit sie mal eine ordentliche Schlange bilden, jeder bekommt nur ein Teil zum Mitnehmen und tauschen können sie untereinander hinterher immer noch. Aber guck mal aus dem Küchenfenster. Was machen eure Nachbarn nur? Sie schleichen rum und glotzen durch die Hecke, als ob hier gleich ein Raubüberfall stattfinden würde."

„Hahaha, das ist lustig. Ich muss mir mal etwas überlegen, wie ich diese Typen ärgern kann, die sind ja so furchtbar neugierig, die gehen mir wirklich auf die Nerven. Lass uns gleich mal einen Indianertanz oder etwas ähnliches veranstalten, dann steht gleich die Presse da und wir kommen im Stadtanzeiger auf die Seite 1."

„Tanzende Indianer kann ich dir leider nicht anbieten, aber wir könnten einen afrikanischen Kriegstanz aufführen, mit einer aufgespießten Voodoo-Puppe und einem kleinen Lagerfeuer. Das wird eine richtige Gaudi, sag ich dir. Auf geht's zur Verteilung."

Riva di Garda, 28. August 1982:

Die Schlange wurde zügig abgefertigt, zuerst kam der Inhalt aus Papas Kleiderschränken dran, danach die Kellerschränke und Regale, sogar alle Konserven und die uralten Weckgläser nahmen sie mit, dazu gab es sogar noch zwei Kartons voller Spielsachen von mir. Alles fand dankbare Abnehmer, und ich war mit der Aktion sehr zufrieden. Wieder mal hatte ich ein Problem elegant gelöst und dabei noch etwas Gutes getan. Nur Otto hatte nichts Passendes gefunden, ihm war alles viel zu klein, und sogar Papas größtes T-Shirt hing ihm ganz knapp über dem Bauchnabel, das sah zu lustig aus.

Aber irgendetwas hat der doch noch vor. Plötzlich entstand draußen ein kreischender Tumult, vier riesige Farbige tanzten mit Baströcken und blankem Oberkörper martialisch um den Grill, auf dem eine große Flamme brannte, einige Frauen klatschten im Takt dazu, und viele Kinder rannten wild durcheinander. Die gesamte Nachbarschaft stand gaffend direkt hinter der Hecke und zerriss sich das Maul. Ich sah von oben zu, machte einige Fotos und wollte mich über das Tohuwabohu kaputtlachen.

Es dauerte mal gerade 10 Minuten, als ein Polizeiauto vorfuhr und zwei Polizisten ausstiegen. „Was wird das denn hier, wenn es mal fertig ist?" fragte streng der erste Polizist.

„Och, wir beratschlagen gerade, welchen Nachbarn wir zuerst auf den Grill legen werden, aber die meisten sind zu alt, zu zäh, und viel zu fettig," lachte ich ihn freundlich an.

Zuerst verstand er keinen Spaß, aber als ich ihm fröhlich erklärte, dass wir doch nur unsere aufdringlich glotzenden Nachbarn verulken wollten. Und warum sollte ich nicht mit

Riva di Garda, 28. August 1982:

dunkelfarbigen Menschen in meinem eigenen Garten tagsüber feiern dürfen? Die Voodoo-Puppe ist ein altes Kopfkissen mit Klamotten, gleich werden die Federn fliegen. Und den brennenden Grill würden wir sowieso direkt löschen, der wäre doch nur zur Dekoration gewesen, da musste er auch grinsen.

„Mein Gott, hat das lange gedauert, bis Sie endlich mal da sind. Na, jetzt tun Sie endlich mal was, diese Wilden sind doch gemeingefährlich, wozu haben wir denn die Polizei?" kreischte die Nachbarin und martialisch mit einem Spaten bewaffnet, traute sie sich Schritt für Schritt weiter auf den Rasen vor, um die Wilden zu vertreiben.

Als dann aber Otto plötzlich auf sie zusprang, und dramatisch Bububu schrie, warf sie den Spaten kreischend weg, drehte sich um und lief mit wehender Schürze auf ihre Terrasse in Sicherheit auf ihr Grundstück. Dann knallte sie die Balkontür zu, dass das Fensterglas nur so schepperte, riss die Vorhänge vor und anschließend sah man den Schatten ihres Kopfes, wie sie durch die Ritzen spähte.

„Gewonnen, hurra, wir haben gewonnen," lachten wir alle durcheinander, der Polizist klopfte Otto grinsend auf die Schulter und sagte: „Mann, die hatte aber eine Angst vor dir. Jungs, macht ruhig weiter, das ist wirklich ein Riesenspaß gewesen. Außerdem schmecken Bratwürstchen auf dem Grill viel besser als so eine dürre Nachbarin.

Dann stiegen sie gemütlich in ihren Streifenwagen ein, fuhren langsam wieder weg und wir feierten den Sieg über unsere Nachbarn lange bis in die Nacht und niemand wagte es mehr, uns dabei zu stören.

Riva di Garda, 28. August 1982:

Am nächsten Morgen weckte mich wieder der Kaffeeduft, und es roch verführerisch nach frischen Brötchen. „Guten Morgen Laura, hast du gut geschlafen? Das war doch gestern eine tolle Party gewesen, oder? Ich habe schon alles aufgeräumt, alles ist blitzesauber, sogar den Rasen habe ich schon gemäht, obwohl ihr so einen alten klapprigen Rasenmäher habt. Hast du nichts gehört?"

„Guten Morgen, Otto. Ja, das Grillfest war gestern wirklich klasse gewesen. Wann bist du denn heute morgen aufgestanden, wenn du das alles schon erledigt hast?"

„Och, so gegen fünf Uhr, mich hatte so ein schwarzer Vogel wachgesungen, wunderschön. Ich habe gerade auch schon eine Stunde lang telefoniert. Also, ich soll dich von allen grüßen, sie hatten sich für die schönen Sachen bedankt und jetzt wollen sie dich zu einem Riesenessen einladen, denn du gehörst jetzt zu unserer Community. Freust du dich auf das Frühstück? Soll ich dir vielleicht wieder wie gestern ein Sanddorn-Brötchen schmieren? Heute morgen gibt es zur Abwechslung mal frische Brötchen vom Bäcker."

„Vielen Dank, Otto, das ist alles zwar wunderbar, aber das hier soll keine Dauer-Einrichtung werden, du kannst nicht jeden Tag hier wohnen und schlafen und mir auch noch Frühstück machen. Das will ich einfach nicht, das ist mein Haus. Und ich habe noch so viel vor, ich will eine deutsch-indisch-nepalesische Begegnungsstätte im Esszimmer einrichten."

„Aber warum denn nicht? Ich kann dir doch dabei helfen, außerdem ist es so schön hier. Sieh mal, du hast so viel Platz, und den brauchst du doch gar nicht nur für dich allein. Und ich kann mich doch überall nützlich machen,

Riva di Garda, 28. August 1982:

sogar als Hausmeister oder Butler, wenn du willst. Schau mal, du Arme hast noch nicht mal eine Familie, die immer für dich da ist. Und ich würde dir immer Gesellschaft leisten. Wäre das nichts?"

„Ach ja, und wenn ich dann „mit zur großen Familie gehöre", dann kann ich zu gar nichts mehr nein sagen. Wenn dann morgen deine Schwestern dastehen, ziehen sie eben mal hier mit ihren Kindern ein, und dann kommt der nächste Student, arm, schüchtern und ohne Zuhause, und wir beherbergen den auch noch nur für ein paar Tage, das kenne ich doch. Nein, ich möchte lieber selbst entscheiden, was hier in diesem Haus passieren soll und meine persönliche Freiheit ist mir das allerwichtigste."

„Na, wie du willst, dann hast du eben keine Freunde und keine richtige Familie mehr, aber ich hatte es doch nur gut gemeint, denn wenn wir alle etwas davon hätten........"

„Otto, du brauchst jetzt gar nicht beleidigt zu sein, aber vielleicht kennst du den Ausspruch: „Mit der Wurst nach dem Schinken schmeißen." Du bist außerdem noch ein kleiner Macho, du siehst dich hier schnell hier als Chef, du machst dann alles nötige, aber dann hast du auch das sagen, so ist es doch?"

„Mann Laura, du bist wirklich eine Spielverderberin, ich hatte mir alles schon so schön vorgestellt..." maulte Otto und räkelte sich in seinem Stuhl. Da hatte ich mal wieder mit meiner Mutmaßung völlig ins Schwarze getroffen, denn genau das hatte er sich so schön vorgestellt.

„Siehst du, genau das hatte ich gemeint. Nun sei nicht böse, lach mal wieder, außerdem hätte ich jetzt gern ein Schinkenbrötchen und hinterher noch ein Mettbrötchen, ich habe

Riva di Garda, 28. August 1982:

nämlich einen Bärenhunger. Und meine Zeitung, wo ist die, die lese ich immer zum Frühstück. Hoffentlich liegt die jetzt nicht auf dem Klo wie gestern. Die hast du doch auch bestimmt schon vor mir gelesen."

„Nur die Fußballergebnisse, sonst ist sie noch jungfräulich und komplett. Hier, die kannst du gerne haben, die liegt direkt neben deinen Brötchen."

„Vielen Dank, aber jetzt guck doch nicht so beleidigt. Wir können doch trotzdem gute Freunde sein, auch wenn du nicht dauernd hier wohnst und hier der Chef werden willst. Also, sag schon, was wolltest du heute unternehmen? Wieso hast du schon Pläne für heute gemacht, ohne mich zu fragen?"

„Wieso weißt du denn das schon wieder? Sergej hat nämlich heute früh um 6 Uhr angerufen und ich hatte ihm eben erst endgültig zugesagt, dass wir ihn besuchen kommen."

„Oh, dabei hatte ich dich doch nur zufällig gefragt, was du heute vorhast. Also, wer ist Sergej? Ein guter Freund von dir?"

„Ach, der Typ wohnt draußen in Langel, der hat ein großes Haus mit einem wunderbaren Garten, der ist mein nächster Proband für eine Lebensweise der Menschen in der Zukunft. Die Selbstversorgung muss demnächst wieder mehr in den Vordergrund treten, um ganze Familienverbände zu ernähren. Die Familie von früher mit Mama, Papa und zwei Kindern gibt es doch sowieso nicht mehr.

Um uns zukünftig ernähren zu wollen, müssen wir weg von der konventionellen Landwirtschaft, die nur die Natur,

Riva di Garda, 28. August 1982:

die Landschaft und die Äcker ruiniert und unfruchtbar macht. Weg von Monsanto und den ganzen Giften, die nur den großen Konzernen nützen und die restlichen Menschen arm und abhängig machen."

„Und darum sollen wir diesen Sergej heute mal besuchen? Wie sollen wir denn hinkommen, und wann soll es losgehen?"

„Nach dem Frühstück dachte ich. Kannst du mir eventuell heute Papas Klapprad ausleihen?"

„Wieso hast du das im Keller entdeckt? Ach, weißt du was, ich schenke es dir, denn du kannst es viel besser als ich gebrauchen. Du müsstest mir nur noch mal richtig die Reifen an meinem Fahrrad aufpumpen."

„Kein Problem, vielen Dank, ich werde mich bestimmt dafür bald revanchieren. Es ist gar nicht weit, wir fahren immer am Rhein entlang. Du wirst sehen, dieser Sergej ist ein Klasse-Typ, ein richtig guter Kumpel. Er kann mir so viele Informationen über Guerilla-Gardening geben, er hat Beispiele und viele Adressen in Detroit, die in stillgelegten, nicht mehr gebrauchten Industrieanlagen Obst und Gemüse zur Selbstversorgung so brauchen."

„Ach, und sowas gibt es auch hier in Köln? Das wusste ich ja noch gar nicht."

„Na klar, du musst nur die richtigen Leute finden und deren Standorte kennenlernen, dann kannst du auch mitmachen. Das ist viel besser als Schrebergärten, wo genau festgelegt ist, wieviel Rasen und wieviel Nutzfläche du in deinem Garten bearbeiten kannst. Außerdem kostet es Geld, und das haben die meisten Leute einfach nicht.

Riva di Garda, 28. August 1982:

Also nehmen sie sich das Brachland, das im Moment niemand nutzt, und machen etwas draus. Manchen Leuten reicht sogar so ein dämlicher Kreisverkehr, auf dem jemand sogar eine Bananenstaude mit Stoffäffchen platziert hat. Die wird jeden Tag gegossen."

„Mann, Otto, du bist die reinste Wundertüte, das klingt ja alles total spannend. Da will ich auch mal mitmachen."

„Stell dir das bloß nicht so einfach vor. Du weißt ja gar nicht, dass Gartenarbeit ganz schön anstrengend sein kann. Ich habe schon im Netz geguckt, der Weg zu Sergej ist ganz einfach. Wir fahren am besten mit dem Fahrrad hin. Zuerst runter zum Rhein, dann geht es nach links an allen Rheinbrücken vorbei, dann durch die Ford-Werke, wieder rauf auf den Deich bis Langel, dort ist eine Anlegestelle für eine kleine Autofähre, und direkt daneben ein Cafe mit einer großen verglasten Terrasse."

„Ja, die kenne ich, da war ich auch schon mal mit meinem Papa. Na, dann also los."

Der Weg war tatsächlich ganz einfach, das Wetter war schön, und auf dem Deich pfiff uns ein ganz schöner Wind entgegen. Otto strampelte mit dem kleinen Rädchen mit einem Affenzahn voran, so dass ich kaum hinterher kommen konnte. „Ist es denn noch sehr weit?"

„Nein, nur noch 10 Minuten, sieh mal, wir fahren jetzt auf den Deich immer weiter am Rhein entlang, rum um die Ford-Fabrik, dann über die großen Parkplätze wieder runter zum Rhein, und auf dem Deich entlang geht ein schöner Fahrradweg. So, jetzt geht es nur noch um die Ecke rum, und dann sind wir gleich da.

Riva di Garda, 28. August 1982:

Sieh mal, da ist schon die Grasjungfrau, die Loreley von Langel. Sergej hat sie vor zwei Jahren gestaltet, sie besteht nur aus Steinen und Pflanzen, die wie echte Menschenhaare aussehen.

Da, sieh mal, das ist der Vogelmensch, an dem wir uns orientieren sollen, er grüßt uns schon von weitem und winkt uns zu, gleich sind wir da. Sieht der nicht schön aus gegen die Sonne? Aber jetzt komm erst mal weiter, die alte Jutschka wird bestimmt schon am Gartentürchen auf uns warten, siehst du, da kommt sie schon angedackelt. Komm, lass dich mal begrüßen."

Jutschka war ein uralter hinkender schwarzweißer Hund, der sich vor lauter Willkommensfreude nicht mehr einkriegen konnte. Er hatte ein lustiges schwarzweiß geteiltes Gesicht und zwei unterschiedliche Augen, eins war himmelblau und das andere war braun. „Wusstest du eigentlich, dass der Name Jutschka russisch ist und Bärchen heißt?"

„Bärchen, der Name passt aber genau zu dem Hund, der ist ja wirklich sehr freundlich. Mann, ist das schön hier, das ist ja eine riesige Streuobstwiese. Und das wunderschöne alte Haus."

„Da kommt schon Sergej. Hallo, ich bin Otto, wir hatten miteinander telefoniert und das ist Laura, ich interessiere mich sehr für modernen Gartenbau, nur habe ich bis jetzt leider überhaupt keine Ahnung davon. Ich habe dir ja schon alles über mich und mein Projekt erzählt, denn ich promoviere ja über Ernährungsgewohnheiten westeuropäischer Menschen und den daraus entstehenden Zivilisationskrankheiten. Du bietest Alternativen dazu, habe ich

Riva di Garda, 28. August 1982:

gehört. Schön hast du es hier draußen, das ist ja ein richtiges Paradies."

„Willkommen. Dann ruht euch erst mal etwas aus, bevor ich euch etwas über mein Projekt „Terra incognita" zeige, außerdem blüht der Garten gerade wunderschön. In dem Krug auf dem Tisch steht selbstgemachter Apfelsaft von den Streuobstwiesen, der ist sehr erfrischend. Ein Glas müsst ihr euch leider teilen, oder ein zweites frisches aus dem Haus holen."

„Vielen Dank, der schmeckt ja herrlich. Hast du auch etwas kaltes Sprudelwasser, dann ist es nicht so konzentriert und schmeckt bestimmt noch viel besser."

„Den musst du dir in der Küche aus dem Kühlschrank holen, immer geradeaus, und drinnen direkt nach links. Dann kannst du gleich auch zwei neue Wassergläser mitbringen."

„Laura, vielleicht kannst du…."

„Nee, mein lieber Otto, ich bin nicht dein Dienstmädchen, du wolltest doch Sprudelwasser trinken, dann musst du es dir auch selber holen. Siehst du, genau das meinte ich nämlich heute Morgen mit meiner Freiheit. Du bist nicht mein Chef und erteilst die Befehle. Nee, so läuft das nicht bei mir."

„Sergej, weißt du, Laura stellt sich immer……"

„Spar dir deine Erklärungen, du meintest doch, dass ich etwas zickig bin. Weißt du Sergej, er wollte sich nämlich ganz gemütlich bei mir zu Hause breitmachen, nach dem Motto „Du hast doch sowieso viel zuviel Platz und ich habe keinen…." „Und, „wenn du schon mal stehst, dann….."

Riva di Garda, 28. August 1982:

Nein, ich möchte meine Freiheit behalten und selbst entscheiden, was ich tue, und das soll auch in Zukunft so bleiben."

Sergej lachte nur kurz auf, dann stand er auf und sagte: „Na, solchen Stress habe ich glücklicherweise nicht, ich lebe hier mit meiner Jutschka ganz allein. So, jetzt werde ich euch erst mal meinen Garten zeigen. Seht mal, hier wächst einfach alles, was ich so zum täglichen Leben brauche, Erbsen, Möhren, Bohnen sind schon aufgegangen, und bald werde ich auch noch Lauch und Salat dorthin pflanzen. Auf dem Kartoffelacker sieht man noch nicht allzuviel, denn die Pflanzen brauchen mindestens noch zwei Monate, bis sie geblüht haben und bis man sie aus der Erde holen kann. Damit habe ich bis zum nächsten Frühjahr meine eigenen Kartoffeln, ich brauche also keine dazuzukaufen.

„Sergej, wusstest du eigentlich, dass die Kartoffeln von den Inkas in Südamerikas stammen? Dort gibt es unendlich viele verschiedene Sorten, die hier vollkommen unbekannt sind. Der große Fritz hat sie damit erst mal in Deutschland anbauen lassen, damit seine Bevölkerung nicht verhungert, aber die wussten zuerst gar nichts damit anzufangen."

„Gab es da nicht einen uralten Sketch von Jürgen von Manger aus den frühen 70-iger Jahren? Den habe ich vor kurzem noch in einem „Oldies-Fernsehprogramm" gesehen. Wie sagte er man noch? Ah ja, „Wir wussten ja nit, wat dat für en Jewächs war, da haben wir zuerst der Omma Spinat von den Blättern gemacht, aber den mochte sie nicht, und der war ja jiftich. Darum hatten se vor lauter Wut den ganzen Acker abgebrannt und dann roch dat so lecker us de Eerd, sie aßen die gebackene Kartoffeln vom Feld selber, denn die Omma wollte kein Versuchskaninchen mehr sein.

Riva di Garda, 28. August 1982:

Und seitdem aßen alle Leute viele Kartoffeln, vor allen Dingen brauchten sie nicht mehr zu verhungern."

„Genau wie die Tomaten und die Paprikaschoten, alles wurde schon von den Inkas aus Südamerika."

„Ach es gibt viele hundert Kartoffelsorten, im Supermarkt weiß ich einfach nie, welche ich kaufen soll. Und alle sehen gleich groß, gut gewaschen und alle sind gleich teuer, und die meisten schmecken genau wie die Tomaten nach Wasser und sonst nach gar nichts."

„Da hast du wirklich recht, Laura, aber es gibt wirklich sehr gut schmeckende Kartoffelsorten direkt aus meinem eigenen Garten. Am allerbesten schmecken die Bamberger Hörnle oder aus Frankreich La Ratte Kartoffeln. Ziemlich gut sind auch die Laura-Kartoffeln, die heißen tatsächlich so wie du. Sie haben eine rotblaue Schale und intensives gelbes Fruchtfleisch.

Meine bunten wilden Tomaten zum Beispiel schmecken ganz anders als diese roten schnittfesten Wassergewächse aus dem Supermarkt. Wartet mal, bis alles im September reif ist, dann werdet ihr staunen, wie die schmecken. Im Herbst trockne ich mir die Samen einiger Früchte, damit ich sie im nächsten Februar auf der Fensterbank aussäen kann.

Es gibt inzwischen auch Tauschbörsen für Sämereien, und die besten stammen sowieso aus Russland. Anfang Mai werden die Pflanzen dann ins Freiland gesetzt. Du siehst, hinter jeder Pflanze steckt ein durchdachter Plan, und genauso hat es schon meine Oma in ihrer Datscha sei ewigen Zeiten gemacht.

Riva di Garda, 28. August 1982:

Man kann sich gar nicht vorstellen, wie viele alte Gemüsepflanzen einfach jedes Jahr vom Erdboden verschwinden. Früher gab es hunderte alter Sorten, die sind jetzt beinahe alle durch die EG-Richtlinien ausgerottet worden, die ganze Arten-Vielfalt geht zum Teufel, wenn nur noch genormte patentierte Obst- und Gemüsesorten auf den Markt kommen. Die armen Bäuerlein, die etwas für die Umwelt oder ihre Heimat tun, bekommen immer weniger Geld für ihre Erzeugnisse, die Diskonter wie die Aldis pressen auch den letzten Cent aus Milch und Schweinefleisch, und einige Großkonzerne wie Südzucker und RWE kassieren die EU-Subventionen.

Außerdem gibt es Konzerne wie Bayer, die uns in ihren ganzen Werbekampagnen verkaufen wollen, dass die zukünftige Versorgung der Menschheit nur mit dem Einsatz von Chemie wie Glyphosat, einem Unkrautvernichtungsmittel und Gentechnologie möglich sein wird. Sie verkaufen sich als Wohltäter der Menschheit, die den Hunger in der Welt besiegen will. Dabei verschleiern sie ihre wahren Gründe, das tun sie doch nur aus reiner Profitgier, denn sie wollen jetzt neuerdings auch noch das entschlüsselte Erbgut für Tiere und Pflanzen nur für sich patentieren lassen und dann alle Lebensmittel teuer an andere verkaufen können.

Letzte Woche las ich einen Artikel über indische Bauern, die Monsanto-Saatgut gekauft und verwendet haben. Sie sind pleite, weil sich die genetisch präparierten Samen nicht wie normales Saatgut vermehren lassen, sondern sie müssen jedes Jahr neues teures Saatgut kaufen, was für eine perfide Geschäftsidee. Viele begehen vor lauter Verzweiflung reihenweise Selbstmord, denn wie sollen die

Riva di Garda, 28. August 1982:

dann ihre Familien ernähren, wenn sie dauernd immer wieder neues Saatgetreide kaufen müssen?

Früher hatten alle Bauern auf der Welt 10% des Getreides nicht aufgegessen, sondern für die Aussaat im nächsten Frühjahr aufbewahrt, obwohl in den Fachzeitungen steht, dass angeblich diese veränderte Aussaat bessere Erträge bringt, aber das sind alles Lügen und Beutelschneiderei. Aber hier geht es ja leider nicht nur um Monsanto, sondern auch die BASF mit ihrer Genkartoffel Amflora, und viele andere Züchter melden überall auf der Welt solche teuflischen Patente an. Das muss unbedingt irgendwie gestoppt werden.

Monsanto wollte tatsächlich sogar Schweineschnitzel patentieren lassen, die genetisch verändertes Monsanto-Futter gefressen haben. Sie hatten schon bei der Weltpatentbehörde in Genf Lizenzansprüche auf Schnitzel und Schinken angemeldet. Dahinter steckte das strategische Interesse, dieses so erzeugte Fleisch als Erfindung für sich zu beanspruchen und für das so entstandene Schnitzel Patentgebühren zu kassieren.

Und das wollen sie nicht nur für Pflanzen, sondern demnächst auch für Fische in Aquakulturen anwenden. Monsanto hatte nämlich nachgewiesen, dass diese gentechnisch veränderten Fische mehr Omegea-3-Fettsäuren haben, daher sollen sie auch weltweit patentiert und als Monsanto-Erfindung teuer mit Lizenzgebühren belegt werden. Und diese Mehrkosten werden dann auf die Verbraucher umgelegt.

Wenn die Großkonzerne so weitermachen, werden sie schon bald die gesamte Kette der Lebensmittelproduktion

Riva di Garda, 28. August 1982:

unter ihrer Kontrolle haben, und das werden sie ganz bestimmt nicht zum Wohle der Menschheit anwenden. Dann wird die menschliche Zivilisation mit ihrer grenzenlosen Gier nach Profit ausgespielt haben, diese dummen Menschen zerstören die Natur und bald wird die ganze Welt von ihnen endgültig verwüstet sein. Die Globalisierung frisst ihre Kinder. Dabei weiß doch jeder, dass man Geld nicht essen kann."

„Da hast du wirklich recht. Wenn man sich doch nur nicht so hilflos ausgeliefert fühlen würde, was kann der Einzelne denn dagegen tun?"

„Eigentlich kann man eine ganze Menge machen, und dazu braucht man keinen ideologischen Überbau. Es geht auch mit natürlichen Mitteln, man muss nur genug über seine Pflanzen im Garten wissen. Aber auch im Garten gibt es einiges zu beachten. Jeder denkt, alles steht hier so friedlich mit- und nebeneinander.

Aber stellt euch mal vor, auch in meinem Garten herrscht Krieg. Sieh mal, dieser Walnussbaum schreckt nicht einmal vor Mord zurück. Sein Opfer sind junge Pflänzchen in seiner Nähe. Die Tatwaffe: Gift, er lagert in seinen Blättern Hydrojuglon ein. Fallen sie herunter, verwandeln Bakterien in der Erde diesen harmlosen Stoff in eine giftige Substanz. Die verhindert, dass andere Keimlinge dort gedeihen.

Auch vor den stacheligen, schnellwuchernden Trieben der Brombeerhecke sind Blumen nicht sicher, genau wie der Efeu ersticken sie alles in kürzester Zeit, was ihnen unter die Äste kommt.

Die Tomate dagegen tötet Blattläuse und hält Mücken und andere Schadinsekten fern. Die Drüsenhaare auf ihren

Riva di Garda, 28. August 1982:

Blättern sondern ein Sekret ab, an dem die Tiere festkleben und verhungern. Und gegen die Schnecken pflanze ich immer eine Reihe Knoblauch zwischen die Salat- und Gemüsebeete, die können nämlich den Geruch nicht vertragen.

Man soll außerdem nicht immer wieder dasselbe auf den Böden pflanzen, eine Fruchtfolge ist wichtig, der Boden wird zum Beispiel bei Mais furchtbar ausgelaugt, und ein Jahr lang soll der Boden nach fünf Jahren Ernten wieder ausruhen dürfen. Ja, so ein Wissen ist jahrhundertealt und wird immer wieder von Generation zu Generation weitergegeben.

Außerdem kann man sich im Netz reichlich informieren, es gibt so viele Möglichkeiten. Man kann bei Greenpeace oder einer anderen Organisation mitmachen oder einfach spenden. Es reicht ja schon, wenn man sein eigenes Maß im Kopf hat und keinem schadet, vor allen Dingen nicht der Natur.

Ich bin sogar unter die Imker gegangen, aber dazu gehört auch viel Wissen. Bei meinem Nachbarn Paul stehen fünf Bienenstöcke, er ist der Chef und ich bin der Lehrling. Und dieser Honig schmeckt wunderbar und je nach Jahreszeit und Blüten ganz verschieden."

„Ja, ich erinnere mich noch an den letzten Griechenland-Urlaub mit meinem Vater, dort hatten wir unterwegs im Gebirge viele Gläser mit Honig gekauft, Akazienhonig, Waldhonig und Gebirgskräuterhonig. Der war aber ziemlich dünnflüssig gewesen, und im Vorratsschrank war eins in unserem Klausi umgekippt, das war vielleicht eine Sauerei."

Riva di Garda, 28. August 1982:

„Und was ist bitteschön ein Klausi?"

„Der Klausi war ein selbst gebautes und eingerichtetes Reisemobil meines Vaters gewesen, mit dem wir jedes Jahr Exkursionen mit Archäologie-Studenten durchgeführt hatten. Und ich durfte jedes Jahr mit dabei sein, seit ich sieben Jahre alt war. Ja, das war eine tolle Zeit und ich habe so viel gesehen und gelernt, das reicht für ein ganzes Leben."

„Das glaube ich dir gern, aber ich kann hier leider gar nicht weg, außerdem habe ich das ganze Jahr Urlaub und den verbringe ich in meinem Garten. Stellt euch mal vor, ich kann das Gelände sogar bis runter zum Rhein nutzen. Außerdem gibt es auch noch meinen Nachbarn Uwe, der hat ein Altersheim für Tiere gegründet, und da gibt es auch ganz schön viel zu tun.

Ganz besonders stolz bin ich natürlich auf meinen kleinen Kräutergarten, den habe ich nach einer alten Schrift von Hildegard von Bingen angelegt. Mit diesen Kräutern kann ich die meisten Krankheiten auf natürliche Weise heilen, du glaubst einfach nicht, was die Menschen im Mittelalter schon alles gewusst hatten.

Die Obstbäume haben gut geblüht und haben schon eine Menge Früchte angesetzt. Sieh mal, hier wächst sogar ein Quittenbaum, der ist total selten, den habe ich mir über die Internet-Tauschbörse der Arche besorgt. Diese Organisation kümmert sich um den Erhalt alter Kulturpflanzen und Bäume.

So, ich habe jetzt aber nicht mehr viel Zeit für euch. Ich muss heute unbedingt in meinen Garten, im Sommer ist alles knochentrocken, ich muss also gießen, die Bohnen

Riva di Garda, 28. August 1982:

hochbinden, die letzten Erdbeeren ernten, Unkraut jäten und die Kartoffeln häufeln. Vielleicht wollt ihr mir ein bisschen dabei helfen?"

„Du weißt ja, ich habe überhaupt keine Ahnung von Pflanzen und Gartenarbeit, also musst du mir alles erst mal ganz genau zeigen."

„Na, Laura, dann komm mal mit, am besten nimmst du dir zuerst Gartenhandschuhe, ich habe irgendwo noch ein paar alte im Keller. Da ist die Hacke, damit kannst du die Kartoffeln häufeln und gleichzeitig dabei das Unkraut entfernen. Guck mal, das ist eine Kartoffelpflanze, die lässt du stehen, sie muss gehäufelt werden, und das ist Unkraut, das musst du einfach aushacken. Und wenn dir der Rücken zu sehr wehtut, dann hörst du einfach auf. Ich komme sowieso zwischendurch immer mal vorbei, um nach dir zu sehen. Ich bin da hinten, dort werde ich erst mal die Bohnen hochbinden, die Stangen hatte ich zum Glück schon letzte Woche eingesetzt. Bist du damit einverstanden?"

„Ja, das werde ich bestimmt schaffen." So begann ich still vor mich hin zu hacken, aber die Kartoffelreihen wurden lang und immer länger, die Sonne stieg hoch zum Himmel und es mussten wohl schon fast zwei Stunden vergangen sein, als ich endlich damit fertig war. Mein Rücken tat mir schrecklich weh und trotz der Gartenhandschuhe spürte ich die ersten Blasen in den Handflächen.

Ich brauchte also dringend eine Pause. Als ich langsam zum Haus zurückging, kam mir schon von weitem ein verführerischer Duft entgegengeweht. Als ich direkt vor der Küche stand, hörte ich einen brummigen Gesang, das

Riva di Garda, 28. August 1982:

war tatsächlich Otto, der da den Kochlöffel schwang. „Hallo, das riecht aber verdammt gut hier in der Küche, wann gibt es denn was zu essen?"

„Oh Laura, wie schön, dass du da bist, ich wollte nämlich gerade schon mal nachgucken kommen, was du so machst. Also, in dem großen Topf da brodelt ein Hühnersüppchen, und im Backrohr schmurgeln Hühnerbeinchen im Gemüsebett, und der Reis dafür ist auch gleich fertig. Danach schiebe ich das Blech mit dem Bienenstich rein, der braucht auch noch 20 Minuten. Die Haferbällchen für die Suppe darf ich auch nicht vergessen. Ich muss nur noch Sergej fragen, wann wir essen wollen, denn ich habe schon fürchterlichen Hunger. Oh, da kommt er ja schon. Na, bist du mit dem Garten endlich fertig geworden?"

„Damit wird man nie fertig, aber für heute ist es wirklich genug. Ich brauche nur noch den Schlauch reinzuholen, dann bin ich fertig. Mann, das riecht ja verdammt gut hier und ich habe einen fürchterlichen Bärenhunger. Na, Otto, was hast du denn Gutes für uns gekocht? Konntest du mit dem Huhn etwas anfangen?"

„Finger weg von den Töpfen, Sergej, aber wenn du willst, können wir gleich etwas essen, ich muss mir nur erst die Hände waschen. Das gilt auch für dich."

„Ich brauche aber erst mal ein eiskaltes Kölsch, denn ich habe fürchterlichen Durst. Laura, du willst doch auch etwas Kaltes trinken, oder etwa nicht?"

„Oh ja, ich bin vollkommen fix und fertig von der Gartenarbeit. Ich wusste ja gar nicht, dass das so anstrengend sein kann, mein Kreuz tut weh, als ob es gleich durchbrechen würde. Und ich habe Blasen in den

Riva di Garda, 28. August 1982:

Handflächen, trotz Gartenhandschuhe, und der Staub knirscht mir schon zwischen den Zähnen."

„Ach du Arme, aber für deine Blasen habe ich gleich etwas gutes aus meinem Vorrat, aber erst mal solltest du duschen, du bist nämlich ziemlich erdig geworden. Du kannst ruhig die Gartendusche nehmen, dort ist das Wasser zwar nur lauwarm, aber man braucht keinen Strom. Das kennst du doch sicher vom Camping, Laura. Nimm nur nicht zuviel Duschbad und Shampoo, denn das Duschwasser brauche ich nachher noch zur Bewässerung."

„Oh ja, genauso so einen schwarzen Sack hatten wir auch immer dabei. Man braucht ihn morgens nur mit Wasser zu füllen und in die pralle Sonne zu hängen, und es wird von ganz alleine warm. Und der Sand geht auch so ab, es geht auch einmal ohne Shampoo." Die Dusche war wunderbar und ich konnte fast gar nicht mehr aufhören. Hinterher beim Abtrocknen merkte ich aber schnell, dass ich an einigen Stellen einen dicken Sonnenbrand bekommen hatte. Da müsste mir Sergej mit seinen Mittelchen bestimmt helfen können.

„Na Laura, dann komm mal zur Behandlung auf die Terrasse, zuerst wird der Rücken mit Arnikaöl eingerieben, das kühlt und heilt zugleich. Und zeig mal deine Hände. Oh, die Blasen sind ja schon geplatzt, die muss ich verbinden, da nehme ich einfach eine Mullbinde und schmiere nichts drauf, das trocknet dann und heilt von ganz allein. Tut es sehr weh?"

„Danke Sergej, es geht schon. Mach den Verband nicht zu dick, denn ich muss gleich noch einen Löffel halten können.

Riva di Garda, 28. August 1982:

Hast du auch so einen bestialischen Hunger? Ich könnte ein ganzes Schwein aufessen."

„Na, dann leg mal los, guten Hunger."

„Vorweg gibt es ein Hühnersüppchen mit Muschelnudeln, Haferbällchen und Eierstich, danach geschmorte Hühnerbeinchen auf Gemüsebett mit Reis, und zum Nachtisch habe ich eine feine Erdbeer-Quarkspeise gezaubert. Der Tisch ist auch schon gedeckt, ihr braucht euch nur noch hinzusetzen. Na dann, guten Appetit zusammen."

„Otto, du bist ja die perfekte Hausfrau, ich engagiere dich auf der Stelle, und Laura kann auch gern bei mir einziehen, im Garten brauche ich immer Verstärkung. Was meint ihr dazu?"

„Nee, Sergej, lieber nicht, mein erster Leitspruch ist „Freiheit oder Knäckebrot", ich habe mein eigenes Zuhause, und ich habe mir ziemlich viel vorgenommen. Ich will unbedingt ein buddhistisches Begegnungszentrum einrichten, aber ich weiß nur noch nicht genau, wie das ablaufen soll."

„Aber ist das nicht was mit Tantra-Massage und Schweinkram? Sowas hätte ich dir gar nicht zugetraut, ich dachte, du wärst ein braves Mädchen." sagt Otto grinsend.

„Wie kommst du denn darauf?" frage ich ihn ziemlich empört.

„Wo drauf genau? Oh, mein Handy klingelt, ich muss mal rangehen. „Ich muss wieder zurück nach Köln, ich habe gerade eben einen Anruf von meinen Schwestern bekommen. Eins der Babies hat Asthma oder Husten

Riva di Garda, 28. August 1982:

bekommen und brüllt die ganze Zeit. Sie ist völlig mit den Nerven fertig, wenn ihr Kind krank ist. Außerdem ist Mbeko mein Patenkind, er ist gerade mal acht Monate alt, ein süßer Fratz. Morgen kann ich euch ja mal Fotos zeigen, die kann ich auf meinem Handy speichern."

„Na, dein Otto hat aber eine Menge zu tun, und ich dachte immer, dass er irgendetwas ernsthaft studieren würde."

„Das ist nicht „mein" Otto, das muss ich mal klarstellen. Der war rein zufällig zu mir gestoßen, weil ich mit ihm zusammen einen Fragebogen ausfüllen sollte, für seine Diplom-Arbeit. Aber ich habe eher das Gefühl, dass der sich nämlich bei mir zu Hause einnisten wollte, aber ohne mich. Ich werde nicht gern ausgenutzt, außerdem brauche ich meine Freiheit, und eventuelle zukünftige Mitbewohner in meinem Haus würde ich mir auch gerne selbst aussuchen. Ich wollte eigentlich eine buddhistisch-nepalesische Begegnungsstätte einrichten. Ich habe nämlich dort in Nepal eine neue Familie gefunden, ich habe neuerdings sogar einen Bruder und eine Schwester."

„Irgend so etwas ähnliches hatte Otto mir erzählt, dieses Schlitzohr. Wieso hat er denn kein eigenes Zuhause? Lebt er etwa illegal in Köln? Ist er ein Flüchtling? Woher stammt er denn genau?"

„Otto stammt aus Eretria, der hat ein Stipendium und auch eine Studentenwohnung in Köln, aber blöderweise hat er seine beiden Schwestern mit ihren Babys aufgenommen. Ob die aber legal hier sind, weiß ich nicht so genau. Nun ist dem guten Otto seine eigene Bude von 45 qm viel zu eng geworden, und er sucht sich eine neue Bleibe und er arbeitet auch dafür. Und er erzählte mir gestern eher

Riva di Garda, 28. August 1982:

zufällig, dass er dich und dein Projekt kennenlernen und dich tatkräftig unterstützen will. Ich denke, der hat dabei auch die gleichen Hintergedanken wie bei mir."

„Na ja, der Otto ist ein lieber Mensch, und so jemand ist mir immer herzlich willkommen. Ich habe hier mehr als genug Platz und mit meinem Terra- incognita-Projekt furchtbar viel zu tun. Er kann ruhig eine Weile daran mitarbeiten und dann kann er natürlich auch bei mir wohnen, so lange er will, natürlich nicht ohne Gegenleistungen.

Ich habe mit vielen verschiedenen Organisationen Kontakt in aller Welt aufgenommen, und jeden Tag entdecke ich etwas interessantes und neues und so entstehen neue Kontakte und Informationen. Gerade gestern hatte ich nämlich über Skype ein Gespräch mit Jared Diamond, der Name ist dir wahrscheinlich absolut unbekannt. Er hat ein dickes und sehr interessantes Buch geschrieben, „Kollaps", Ihm geht es darum festzustellen, warum einige menschliche Gesellschaften überleben oder andere untergehen. Ich hatte es schon vor einem Jahr gelesen und dem Autor eine Mail geschickt, und erst gestern hatte er endlich geantwortet.

„Ich würde mir zu Hause auch gern Skype installieren, damit ich mit meinen nepalesischen Freunden per Bildtelefon Kontakt aufnehmen kann."

„Wenn du willst, kann ich es dir gerne morgen gerne einrichten, es ist nämlich nicht so einfach mit dem installieren. Morgen früh werde ich euch mein Terra incognita-Projekt zeigen, aber nur, wenn es dich auch wirklich interessiert."

„Ja, gerne. Ich bin zwar nicht vom Fach, aber ich habe Ethnologie studiert, zwar nur drei Semester, und ich weiß

Riva di Garda, 28. August 1982:

gar nicht, ob ich das tatsächlich zu Ende bringe. Es fehlt mir einfach an einer zündenden Idee für meine Diplom-Arbeit. Etwas ganz Besonderes soll es sein, das mich begeistern kann, denn ich bin überhaupt kein Bücherwurm, und ein Reisestipendium gibt es erst nach dem 10. Semester."

Abends saßen wir gemütlich bei einer Rotweinflasche draußen auf der Terrasse und planten und planten. Es war noch schön warm und von irgendwoher wehte der Geruch nach frischem Heu, und nach dem Sonnenuntergang zuckten die Fledermäuse genau wie in Griechenland über den Himmel.

Es wurde ein schöner Abend, und Sergej erzählte viele Geschichten aus seiner Kindheit in Russland, und ich konnte gar nicht mehr aufhören, meine Erlebnisse in Griechenland zu erzählen. Und als ich dann von meinem Papa und seinem viel zu frühen Tod erzählte, kullerten mir die Tränen, so dass ich von Sergej getröstet werden musste.

„Laura, sei nicht traurig. Alles hat seine Zeit und seinen Sinn, den wir dummen Menschen manchmal erst hinterher begreifen. Vielleicht guckt dein Papa von oben runter und bestimmt dein Schicksal.

Sieh mal, da am Himmel saust eine Sternschnuppe, schnell, wünsch dir schnell was, aber du darfst es nicht sagen, sonst passiert es nicht. Da ist noch eine, das ist ja ein ganzer Schwarm. Es ist August, ob das wohl die Leoniden sind? Ich werde mal im Netz nachsehen, denn Astronomie interessiert mich ganz besonders. Aber von der Wissenschaft abgesehen, die vielen Sternschnuppen werden uns ganz bestimmt viel Glück bringen, du musst nur ganz fest daran glauben.

Riva di Garda, 28. August 1982:

„Gute Nacht Sergej, du bist wie ein echter Vater zu mir. Wenn du mich erträgst, dann möchte ich noch etwas bei dir bleiben. Natürlich werde ich mich mit Arbeit revanchieren."

„Na klar, du kannst kommen und gehen wie du magst. Aber wenn du etwas anfängst, dann musst du es auch zuende bringen. Jetzt gehen wir erst mal alle schlafen. Und morgen früh ist ein anderer Tag. Gute Nacht und schlaf schön."

Dieser Sergej war ein echter Glücksfall für mich, denn ich hatte noch nie so einen freundlichen, sanften und liebenswerten Menschen getroffen, mit dem ich mich auf Anhieb so gut verstand. Er war genauso tolerant und hilfsbereit wie mein Vater. Also ein Vater-Ersatz? Ach, mein lieber Papa, ich muss immer an dich denken, du bist doch immer unersetzlich, dich gab es nur ein einziges Mal.

Vielleicht könnte ich wirklich ernsthaft an dem Terra incognita-Projekt mitarbeiten? Es wäre doch ziemlich spannend, sich Gedanken über die Lebensweisen einer zukünftigen Bevölkerung und deren Ernährungsproblemen zu machen, Gemüse selber anzubauen und alternative Kooperativen und interessante Menschen kennenzulernen. Und Gartenarbeit und dreckige Hände machte ich mir sehr gerne. Mit diesen Gedanken sank ich hundemüde auf meinem provisorischen Lager und war sofort eingeschlafen.

Am frühen Morgen weckte mich Jutschka, die mir ihre kalte Hundenase direkt an den Hals stupste. „Na, guten Morgen Jutschka, willst du raus? Warte mal, ich mache dir sofort die Tür auf."

Riva di Garda, 28. August 1982:

Mit ein paar Schritten stand ich auf der Terrasse, gerade ging die Sonne über dem Rhein auf, ein verschwommener roter Ball. Ich sah auf meine Uhr, es war gerade mal sechs Uhr früh, und die anderen schliefen bestimmt noch. Ob ich noch mal hinlegen soll? Ach nee, jetzt war ich erst mal wach, dann konnte ich mir mal in Ruhe den Garten ansehen.

Überall war Tau gefallen. Im Kräutergarten roch es verführerisch nach Thymian, Rosmarien und vielen anderen Sachen. Als ich sie kurz berührte, wurde der Duft noch viel intensiver. Ich pflückte einige Lavendelblüten ab, die würde ich gleich auf den Frühstückstisch stellen. Jutschka stand plötzlich neben mir und sah mich ernst an, dann drehte er sich demonstrativ um und trottete zum Gartentor. „He Hund, meinst du damit etwa, dass ich mit dir mitgehen soll?"

Tatsächlich, er sah sich wieder um, ob ich ihm folgte, und dann blieb er vor dem Briefkasten stehen, aus dem die Zeitung herausschaute. „He, ich soll also die Zeitung holen, logisch, mache ich, und was soll ich dann machen?"

Vorsichtig zog er mir die Zeitung aus der Hand, nahm sie ins Maul und trabte zurück zur Terrasse, wo er sie genau vor der Haustür auf die Fußmatte legte. „Mann, du bist ja ein schlaues Tier, wie schade, dass du noch nicht sprechen kannst. Oh, ich muss die Lavendelblüten ins Wasser stellen, sie sehen schon ganz schlapp aus. Riech mal," demonstrativ hielt ich ihm den Strauß unter die Nase, da nieste er einmal, zweimal, und dann guckte er mich sehr vorwurfsvoll an, drehte sich weg und verschwand immer noch niesend im Garten. „Vielleicht bist du allergisch dagegen? Ich finde Lavendelgeruch ganz toll." Rief ich ihm lachend hinterher.

Riva di Garda, 28. August 1982:

„Ja, Lavendel vertreibt nicht nur die Motten, der hat auch sonst noch viele gute Eigenschaften, als Badezusatz zum Beispiel. Guten Morgen, Laura, hast du schon ausgeschlafen, oder hat dich mal wieder Jutschka geweckt? Sie sollte doch draußen schlafen, wieso ist sie denn in dein Zimmer gekommen? Ich glaub, die mag dich. Und die Zeitung habt ihr beiden auch schon geholt? Na, wenn das kein Liebesbeweis ist, denn das macht sie sonst nie mit Fremden."

„Ich freue mich schon auf ein gutes Frühstück. Hat sich Otto noch mal gemeldet?"

„Ja, der wollte nachher vorbei kommen. Und er hat auch nach dir gefragt."

„Ich habe keine Zeit für Otto. Aber wenn es dir nichts ausmacht, hast du hier schon bald einen kompletten Clan sitzen, Otto hat nämlich noch furchtbar viele Freunde. Er bekommt ein Stipendium vom Staat, die Schwestern erhalten Hartz IV, sie müssen doch langsam lernen, für sich selbst Verantwortung zu übernehmen."

„Na, du hast ja recht, ich werde sie zwar nicht sofort rauswerfen können, aber zwei, drei Tage kann ich sie immer aushalten. Sie sollen mir dafür dann im Garten und im Haus helfen, die Kleinen können draußen spielen, und Jutschka wird dann auf sie aufpassen. Komm, trink noch einen Kaffee, und die ganze Zeitung hast du auch noch nicht gelesen. Und wenn du willst, ..."

„Weißt du, Sergej, wenn ich jetzt gleich losfahre, ist es noch schön kühl. Und glaub mir, ich habe noch zu Hause eine ganze Menge zu tun. Ruf mich einfach an, wenn du mal vorbeikommen kannst, du bist immer herzlich eingeladen,

Riva di Garda, 28. August 1982:

natürlich auch für den Skype-Anschluss, und ich kann mich dann endlich mal bei dir revanchieren. Kannst du mir vielleicht vorher noch die Reifen an meinem Fahrrad aufpumpen, sie verlieren andauernd Luft."

„Wie schade, dass du schon weg willst, wenn ich ganz ehrlich bin, ich habe mich schon sehr an dich gewöhnt, und ich möchte dich eigentlich überhaupt nicht mehr weglassen. Ach, vergiss es Laura, ich bin ein alter grauköpfiger Idiot, hör einfach nicht auf das, was ich sage. Wo steht also dein Fahrrad?"

„Irgendwo da draußen auf dem Hof."

„Na, dann nichts wie los, Reisende soll man nicht aufhalten, du kannst ja inzwischen schon mal Otto und seiner Familie auf Wiedersehen sagen. Soll ich dir vielleicht noch einen Blumenstrauß zum Mitnehmen pflücken?"

„Ach, lieber nicht, die armen Blumen. Und Otto hat jetzt genug mit seiner Familie zu tun, grüß ihn von mir. Also, auf Wiedersehen, Sergej und vielen Dank für deine Gastfreundschaft, ich werde mich ganz bestimmt bald wieder bei dir melden."

Zufrieden radelte ich wieder nach Hause, nur Jutschka guckte mir am Gartentörchen ganz traurig nach. Ach, die hätte ich am liebsten sofort mitgenommen.

Und Sergej? Der hatte mich beim Abschied sogar in den Arm genommen und gedrückt, genauso väterlich wie mein Papa das immer tat. Ich glaube, ich mag ihn inzwischen ziemlich gerne. Ich habe mir seine Mail-Adresse aufgeschrieben, aber wir bleiben ja sowieso im Kontakt, der soll mich ruhig mal besuchen kommen.

Riva di Garda, 28. August 1982:

Und was ist mit Otto? Der hat lange genug bei mir gewohnt, und ich möchte endlich mal wieder allein sein und meine Ruhe haben.

Heute werde ich endlich mit dem Begegnungszentrum anfangen. Und was liegt näher, als sich zuerst genauer mit Vischnu, Karma und all den Dingen im Internet zu befassen. Bei Wikipedia und den ganzen Links dazu gab ich nach zwei Stunden entnervt auf, diese Unmengen an Göttern auseinanderzuhalten, Vishnu und Lakshmi und Kali, das ist ja alles viel zu viel. So einfach wird das nicht gehen, das ist alles viel zu kompliziert für einen Schnelldurchgang.

Vielleicht sollte ich lieber erst mal herausbekommen, wie und wo man Nepali lernen könnte. Aber das endete genauso schnell wie frustrierend. Dazu müsste ich mich als Gasthörer an der Uni einschreiben und ein paar Semester studieren, und wenn ich so darüber nachdenke, habe ich überhaupt keine Lust dazu, meine Zeit zu vergeuden.

Und wenn ich Privat-Unterricht nehmen würde? Vielleicht findet sich irgendwo ein nepalesischer Student, der hier in Köln studiert und Lust hätte, sich ein Taschengeld zu verdienen. Und der könnte mir dann die wichtigsten Dinge, die ich wissen müsste, im Crashkurs beibringen.

Und tatsächlich, drei Telefonate später mit dem Studentenwerk wurde jemand gefunden, der Student Unni Newari würde sich bei mir melden, ich sollte ruhig meine Adresse angeben, dann wäre alles klar. Na, das war ja total schnell gegangen.

Mit einer eiskalten Flasche Kölsch saß ich dann zur Entspannung auf der Terrasse in der Sonne, als es heftig an

Riva di Garda, 28. August 1982:

der Haustür klingelte, wieder und wieder. Na, da war aber ein stürmischer Briefträger an der Tür, den müsste ich schnell mal zur Ruhe bringen.

Ich riss die Haustür heftig auf und wollte gerade losschimpfen, da erstarrte ich zur Salzsäule. Vor mir stand ein wunderschöner, junger Mann, ziemlich dunkelhäutig zwar, aber mit riesig-schwarzen Augen und stahlendweißen Zähnen, der mich lächelnd und sehr freundlich ansah und die Hand ausstreckte. „Hello Laura, I am Unni, you want to learn Nepali? And why don`t you visit our new Shakra-center?"

Verdammt, das war aber ein toller Typ, mir blieb glatt die Spucke weg, und ich war von der ersten Minute an hin und weg und total begeistert. Dann saßen wir gemütlich auf der Terrasse und tranken eiskaltes Kölsch, obwohl er mir anfangs fest versicherte, niemals Alkohol zu trinken.

Für 20 Euro die Stunde würde er mir erst mal das Schreiben, und dann erst das Sprechen beibringen. Kultur und Religion würde danach kommen, wenn ich dann immer noch nicht genug hätte. Seine schwarzen Augen waren wie zwei tiefe Seen, und die Wimpern waren lang und seidig und seine schönen Hände spielten die ganze Zeit mit einem silbernen, kleinen Gegenstand herum.

Dann erzählte er mir einiges aus seinem Leben, dass er aus einer sehr einflussreichen Familie stammen würde, dass er ursprünglich Elektrotechnik studieren würde und jetzt im 3. Semester wäre, aber aus finanziellen und natürlich auch kulturellen Gründen hätte er sich ein zweites Standbein zugelegt.

Riva di Garda, 28. August 1982:

Am besten wäre es, wenn ich mir morgen mal das Shakra-Zentrum ansehen. Morgen gegen 11 Uhr sollte ich ruhig mal bei ihm vorbeikommen, dann würde er mir auch die vielen anderen Gruppenmitglieder vorstellen, die in diesem Zentrum zu Hause waren. Dort würde er immer seine Sprachkurse abhalten, und mich viel besser in die wichtigsten Dinge des Buddhismus einweisen. Sein Spezialgebiet ist die Tantra-Massage. Er hätte nämlich magische, heilende Hände. Gerade billig wäre es nicht, aber dafür würde ich eine Menge neue Erkenntnisse erwerben.

Als er sich verabschiedet hatte, ließ er mich völlig verwirrt zurück, ich war wie bezaubert, der Typ hatte mir vollkommen den Kopf verdreht. Aufgeregt suchte ich nach der Adresse im Netz. Es war zu Fuß gar nicht weit von hier, es lag auf der anderen Rheinseite in Poll am Rhein, ich brauchte also nur über die Südbrücke und danach noch ein paar Meter durch das Gelände zu laufen. Na, das würde ich bestimmt ganz leicht finden.

Vor lauter Aufregung hatte ich gar nicht gut geschlafen, und Hunger hatte ich auch keinen, ich war so aufgedreht, dass mir alle möglichen Gedanken durchs Hirn sausten.

Also wieder den Rechner angeworfen und recherchiert, aber bei Wikipedia stand aber nicht das, was ich wirklich suchte. Schiwa, das war der allgemeine Name für Gott, und das sagte erst Mal ja gar nichts.

Aber die pure Sexuallust prallte mir aus allen Tempelbildern nur so entgegen, aber ich erinnerte mich noch an meine Nepalreise und den dreisten Vorschlag meines damaligen Begleiters, mich in die diversen Liebespraktiken einzuweisen. Noch konnte ich keinen

Riva di Garda, 28. August 1982:

Zusammenhang erkennen, was das mit Unni und seinem Shakra-Zentrum zu tun haben könnte.

Ich wollte zuerst die nepalesische Sprache lernen, und alles andere könnte er mir ja dann später noch erzählen. Also, auf zu Unni. Die genaue Adresse fand ich schnell, es war ein einzeln liegender, kleiner weißer Bungalow. Am Eingang flatterte ein großes, aufgespanntes Seidentuch, auf dem Sahkra-Schiwa-Centre- „Tantra-school for beginners" stand.

„Nemaste", sagte Unni, der schon an der Tür stand und auf mich gewartet hatte. „Welcome, come in please, I was waiting for you. First we have a tea. Please sit here." Er strahlte mich entwaffnend an, und mir flatterten nur so die Schmetterlinge im Bauch, als ich mich auf ein großes Kissen setzte, vor dem ein winzig-kleines Tischchen mit Teegeschirr stand.

Im Bungalow roch es intensiv nach Patchouli, Sandelholz und anderen geheimnisvollen Dingen, die mich schon nach kurzer Zeit in einen schwebenden Zustand versetzte. Der starke Tee schmeckte nach Ingwer und irgendwelchen fremden Gewürzen, da lagen winzige Kekse, die er mir lächelnd anbot. Ich knabberte daran, und irgendwie schmeckten sie ziemlich exotisch. Langsam begann ein Kribbeln im Bauch, meine Füße fühlten sich ziemlich heiß an, und der aufsteigende Rauch weckte in mir irgendwie beunruhigende Gefühle aus.

„Look, here you learn the first courses in history of my country." Dabei zeigte er mir ein Büchlein, auf dem „Tantra für Anfänger" stand.

Auf der ersten Seite stand:

Riva di Garda, 28. August 1982:

Leitung: Rukmini und Unni . EINZEL-Preis: € 160,- / € 240,- /Ort: Shakra-Center, Poll

Seminar-Inhalt:

tantrische und spirituelle Körper- und Energiearbeit, Erde-Himmel-Herz-Initiation, Rituale und Übungen zur Öffnung & Klärung des Herz-Chakras, Herz-Lust-Atem, tantrische Begegnungen, Meditationen ...

Er klatschte drei Mal in die Hände, ernst und konzentriert. Ein Vorhang öffnete sich, und ein winziges nepalesisches Mädchen in einem roten Sari erschien. Geschmeidig setzte sie sich zu uns auf ein Kissen, schlug ihre großen, schwarzen Augen auf und sah mich eindringlich an.

„Willkommen, wie schön, dass du zu uns gefunden hast. In diesem ersten Seminar lernst du dein Bewusstsein der Kundalini-Energie zu öffnen. Sieh dir nur die wunderschöne Zeichnung auf der nächsten Seite an."

„Vielen Dank, aber ich wollte erst mal Nepali sprechen und lesen lernen, denn meine Geschwister wohnen in Nepal in einem kleinen Dorf. Ich will mit ihnen skypen und sie am besten in ihrer eigenen Sprache anreden."

„Aber das kannst du doch am besten bei uns, aber wenn du dich erst mal mit der Shakra-Kultur auseinandersetzt, wird dir alles viel leichter werden, dein Bewusstsein zu erweitern, und die Sprache kommt von ganz allein.

Wenn du das tantrische Feuer in dir spüren willst, müssen wir erst einmal deinen "Energie-Kanal" reinigen, durch den die Energie nach oben steigt. Du lernst dabei erst mal deine verschiedenen Chakren kennen und du lernst dabei, deine

Riva di Garda, 28. August 1982:

Aufmerksamkeit auf Körperbereiche zu richten, wo die Energie nicht frei fließen kann.

Denn wenn das Kundalini zu fließen beginnt, geschieht Tantra "von ganz allein". Manchmal braucht es dazu Übungen, immer braucht es dazu Entspannung ... und im Grunde braucht es nichts, außer deiner Präsenz im Herzen!"

„Aber ich will doch nur eine Sprache lernen, und zwar ohne den ganzen Schnickschnack."

„Die Sprache kommt dann ganz automatisch. Kundalini ist ein tantrisches Wort für "Lebens- und Sexual-Energie". Diese allumfassende Quelle jeglichen Lebens "ist" in uns und um uns herum seit Anbeginn aller Zeiten. Wir können sie nicht allein "erwecken" aber wir können lernen, uns ihr hinzugeben und geschehen lassen, dass sie uns transformiert und zu dem werden lässt, der wir in Wahrheit sind: vollkommene göttliche Wesen.

Entscheide Dich immer zuerst für die Liebe! Wenn Du Dich ein für alle Mal dazu entschlossen hast, wirst Du damit die ganze Welt bezwingen. Sie ist eine ungeheure Kraft. Sie ist die allergrößte Kraft, sie ist die Hinführung zum spirituellen Herzen und eine Begegnung mit der Sehnsucht aller Menschen: lieben und geliebt zu werden.

Dabei begegnen wir auch unserer Angst vor Liebe: denn unser verletztes, misstrauisches, verschlossenes Herz glaubt oft gar nicht mehr an Nähe und Erfüllung - wir nennen diesen Mangelzustand "normal" und unsere Sehnsucht "Illusion".

Riva di Garda, 28. August 1982:

„Aber ich will doch nur......" Unnis Augen strahlten mich intensiv an, langsam begannen rosa Wolken um meinen Kopf zu kreiseln, und ich fühlte tief in mir, dass ich hoffnungslos in ihn verliebt war. Ich sollte es einfach geschehen lassen....

„Tantra besteht hauptsächlich aus der Beziehung zwischen Radha und Krishna, zwischen den Suchenden und der Mutter, in der wir unsere Seele öffnen und zum Lingam und Yoni werden und das ganze Universum penetrieren. Es geht um das Bewusstsein, in dem der Mensch in tiefstem Frieden ist und in höchster Glückseligkeit zugleich, ein Zustand, wo alle menschliche Sehnsucht gestillt und jeglicher Kampf und Schmerz beendet ist.

Wir beginnen gleich mit der tantrischen Massage, mach es dir ruhig auf dieser Liege bequem, wir fangen gleich damit an. Leg dich zuerst auf den Bauch, ich gebe dir ein Kissen für den Kopf und eins für die Füße.

Hier bei uns erfährst du gleich wahre Nähe, lustvolle tantrische Begegnungen mit dir selbst und die ekstatische Freude deines offenen, vertrauensvollen Herzens!

Du sehnst dich doch nach Berührung, Berührungen, die dir nicht nur Lust machen, sondern dein Herz und Sinne, sie wird dich selig lächeln lassen. Doch die Wahrheit ist: Lust entsteht nicht durch "machen", sondern durch Zulassen des dir eigenen und immer vorhandenen Energieflusses. Dazu ist es oft erst mal nötig, die alten Panzerungen aufzulösen.

Du musst lernen, wieder auf deinen Körper zu hören: Er weiß nämlich ganz genau was er will und wie es geht ... er kennt den Weg zu deiner Lust. Es ist weder eine ausgefeilte Technik noch eine besondere Begabung nötig, sondern

Riva di Garda, 28. August 1982:

"nur" die Bereitschaft: "... *dich in dein eigentliches Wesen hineinfallen zu lassen dich und zu entspannen.* "

Irgendetwas seltsames geschah plötzlich mit mir, überall waren sanfte Hände, die mich auszogen, ich fühlte warme Öltropfen auf der Haut, ein schwerer Blütenduft hüllte mich ein. Ich fühlte mich weich und willenlos werden, rosa und gelbe Rauchwolken stiegen auf, vergingen, und wie riesige schwarze Sterne standen Unnis Augen die ganze Zeit über mir.

Die Lust wurde immer stärker, ich spürte jede Pore in meinem Körper, und dann versank ich einem tiefen, schwarzen Loch, ich fiel und fiel, ich wollte schreien, aber ich hatte keine Stimme mehr... Und dann war gar nichts mehr.

Erschrocken schlug ich die Augen auf, da hatte jemand an der Tür geklingelt. Nein, ich würde nicht öffnen, und völlig benebelt schlief ich wieder ein.

Als ich wieder wach wurde, erschrak ich, und was ich sah, konnte ich einfach nicht fassen. Ich lag in meinem Zimmer angezogen und quer auf meinem Bett, die Balkontür stand weit offen, und ein kühler Wind ließ mich frösteln. Wie war ich nur hierhergekommen, und was hatte ich für schreckliche, orgiastische Träume gehabt. Aber warum war ich in meinen Sachen ins Bett gegangen? Und wo waren meine Schuhe abgeblieben?

Langsam dämmerte in mir die Erkenntnis: Das war kein Traum, das war die Wirklichkeit gewesen. Nein, das kann doch gar nicht wahr sein, so etwas kann man doch nur träumen. Selbst in Nepal hatte ich nicht solche Erlebnisse gehabt. In meinem Kopf wirbelten wieder bunte Kreise und

Riva di Garda, 28. August 1982:

Wolken, und dann verwehten sie wieder. Ich war bestimmt high gewesen, und das noch nicht mal freiwillig, dabei verabscheute ich doch Drogenkonsum zutiefst.

Da fiel es mir wieder ein, da war doch... Unni, und da war doch ein Mädchen in einem roten Sari, aber ihr Name fiel mir nicht mehr ein. Ich musste endlich einen klaren Kopf bekommen, also ab unter die Dusche. Nach zehn Minuten war ein ganzer Körper immer noch ölig, und ein intensiver Blütenduft kam aus meinen feuchten Haaren, den ich kaum wegbekam. Wie hing denn das zusammen?

Ja, da waren Unni und ein Mädchen in einem weißen Bungalow, sie hatten mir irgendwas von Kundalini und Tantra-Seminaren und Massagen erzählt, ich lag auf einer Liege, und die schweren Düfte, Öl, aber ich weiß einfach überhaupt nichts mehr, Filmriss, alles weg. Das konnte doch gar kein Traum sein, langsam fiel mir immer mehr ein. Ingwer-Tee, komisch schmeckende Kekse, Räucherstäbchen. Aber dann war da nichts mehr, alles weg. Unnis schwarze Sternenaugen hatten mich verführt, was habt ihr bloß mit mir gemacht? Massagen? Wieso weiß ich denn gar nichts mehr davon? Außer, dass es ein unglaublich schönes Erlebnis war.

Ziemlich schwindelig wankte ich in die Küche und brühte mir einen starken Tee auf, tat drei Löffel Honig hinein und trank ganz langsam. Jetzt war mir sonnenklar, die hatten mich unter Drogen gesetzt und willenlos gemacht, das konnte doch wohl nicht wahr sein. Na, denen würde ich gleich etwas erzählen, so eine Unverschämtheit kann nicht unbesprochen bleiben.

Riva di Garda, 28. August 1982:

Aber wo war meine Geldbörse, wieso nicht in meiner Hosentasche? Ja, da war mein Rucksack, er lag verknautscht in einer Flurecke, und da drin war meine Geldbörse, aber es fehlte das gesamte Bargeld, fast 300 Euro und alle Münzen. Da hatten die Gangster, die mich hier hergebracht hatten, also auch noch beklaut. So etwas war mir unterwegs auf meinen Reisen durch Nepal und Indien noch nie passiert. Zum Glück hatten sie alle Scheckkarten drin gelassen, na, die würden gleich etwas von mir zu hören kriegen.

Ich hatte ja noch Bargeld in Papas Tresor. Ich rannte in sein Arbeitszimmer und erstarrte. Jemand hatte versucht, ihn gewaltsam zu öffnen, aber es doch nicht geschafft. Außerdem fehlten zwei kleine Götterfiguren aus Silber, die immer auf Papas Schreibtisch standen. Ob ich direkt zur Polizei gehen sollte? Nein, erst mal würde ich mit den beiden selber reden, na die würden gleich was von mir zu hören kriegen.

Kurze Zeit später stand ich wieder vor dem weißen Bungalow, aber wo war die Seidenfahne des Shakra-Zentrums geblieben? Das Gebäude war fest verschlossen, jemand hatte innen an die Fenster weißes Papier geklebt. Ich rief und rüttelte an den Türen, aber niemand öffnete, hier war keiner mehr, die Typen waren einfach verschwunden, abgehauen, einfach so. Sogar der Briefkasten war abgeschraubt worden, die Dübel hingen noch in der Wand.

Das kann doch wohl nicht wahr sein! Was nun? In meinem Magen rumorte es, und ich musste mich furchtbar übergeben, der ganze Frühstückstee war mit einem einzigen Schwall draußen. Völlig fertig setzte ich mich auf

Riva di Garda, 28. August 1982:

die Steinstufen am Rheinufer, nun wusste ich einfach nicht mehr weiter, was ich tun sollte.

Mein Handy klingelte, aber ich ging nicht ran, ich ließ es einfach im Rucksack stecken. Aber der Anrufer war unerbittlich, und so ging ich ziemlich sauer nach dem achten Klingeln ran. Es war Sergej, der ziemlich aufgeregt war. Mein Festnetz zu Hause war gestört, und er hätte sich schon Sorgen um mich gemacht, weil ich nicht, wie versprochen, angerufen hätte.

Ich fragte ihn nur ganz leise: "Wieso denn?" und seine Antwort lautete noch leiser: "Otto hatte diese Nacht einen furchtbaren Alptraum, er hatte dich in den Fängen schrecklicher Dämonen gesehen, die dich zerfleischt haben. Zuerst lachte ich ihn nur aus, aber er und seine Schwestern kamen auch ans Telefon und hatten mich ganz verrückt gemacht, denn sie behaupteten steif und fest, dass dir heute nacht etwas sehr Schlimmes zugestoßen ist, und dass wir dich sofort retten müssten. Stimmt das vielleicht?"

„Ja," sagte ich kläglich, und dann musste ich nur noch heulen, und ich konnte mich gar nicht mehr beruhigen.

„Laura, du Arme. Ich verstehe dich überhaupt nicht. Ich nehme mir sofort ein Taxi, bleib ganz ruhig sitzen, wo du bist, ich werde dich schon finden. Warte, wo bist du genau?"

„Ja, bitte komm schnell, ich kann nicht mehr. In Poll am Rheinufer stehen weiße Bungalows, man kann sie schon von weitem sehen."

„Ungefähr in einer halben Stunde bin ich bei dir, hältst du es noch so lange aus?"

Riva di Garda, 28. August 1982:

Genau nach 20 Minuten kam ein Taxi auf die weißen Bungalows zugerast, die Autotür klappte und Sergej kam über die Wiesen gerannt, drei Schritte hinter ihm sprang Otto hinterher, und schrie laut: „Laura, Laura, wenn dir irgendeiner etwas angetan hat, mache ich Matsch aus ihm. Wo sind die Verbrecher? Na, die können etwas erleben, die werde ich zerfetzen."

Sergej nahm mich in die Arme und drückte mich fest. „Laura, meine süße Kleine, was ist denn los? Was ist dir passiert?"

„Ich brauche ein Taschentuch, ich kann nicht mehr," heulte ich laut los.

„Meins ist aber nicht mehr ganz sauber," sagte Otto mitfühlend, aber dann rollte er wütend die Augen: "Los, sag schon. Wer hat dir was getan? Die bringe ich alle um!"

Schniefend und schnaubend erzählte ich die ganze Geschichte. „Was soll ich jetzt bloß machen? Soll ich etwa zur Polizei gehen und diese Leute anzeigen? Die haben mich unter Drogen gesetzt und mich hinterher zu Hause ausgeraubt. Gut, dass sie mich nicht irgendwo hier draußen liegengelassen haben."

„Wenn man nicht auf dich aufpasst. Das war ganz schön naiv gewesen, dich auf sowas einzulassen, aber du auf jeden Fall musst du zur Polizei gehen. Hat man dir denn körperlich irgendwas schlimmes angetan?"

„Ich hatte dich gewarnt, Laura, das ist Schweinkram, alles Schweinkram, und die Typen haben dich mit Drogen und K.O. Tropfen außer Gefecht gesetzt. Die bringe ich alle um, wenn sie mir in die Finger geraten."

Riva di Garda, 28. August 1982:

„Warum kann ich mich bloß an gar nichts mehr erinnern? Wahrscheinlich hat mich jemand ausgezogen, denn ich war komplett mit irgend so einem seltsam riechenden Patchouli-Öl eingerieben worden. Dann versank alles in bunten Nebeln, und ich bekam wahnsinnige Gefühle, die mir bis dahin völlig unbekannt waren, dann schreckliche Angst und Atemprobleme. Dann wurde es vollkommen schwarz und dann weiß ich überhaupt nichts mehr.

Aber wie bin ich nach Hause gekommen, ich lag halb angezogen auf meinem Bett, aber ohne Schuhe, die sind nämlich immer noch weg. Ach, Sergej, das ist mir alles ziemlich peinlich, muss ich wirklich zur Polizei, muss das wirklich sein?"

„Auf jeden Fall musst du die Bande sofort anzeigen, auch wenn es dir unangenehm ist. Die werden sonst einfach weitermachen und neue Opfer suchen. Auf jeden Fall muss die Polizei ein paar Beamte herschicken, um Spuren zu sichern."

Gemeinsam fuhren wir mit dem Taxi nach Hause, mir war so übel und ich hatte irgendwie große Angst, dass noch viel mehr passieren würde. Im Flur war nichts Auffälliges zu merken, aber als ich die Tür von Papas Arbeitszimmer öffnete, drang mir sofort ein intensiver Patchouli-Geruch entgegen. Sergej schnupperte:" Hier muss vor kurzem erst jemand gewesen sein."

„Sieh mal, und hier nebenan hat jemand die Schubladen aufgerissen und ausgeschüttet, aber Papas Tresor haben sie zum Glück nicht knacken können, Gott sei Dank."

„Vorsicht, fass lieber nicht zuviel an, sonst sind gleich überall deine Fingerabdrücke drauf," sagte Otto

Riva di Garda, 28. August 1982:

fachmännisch.

„Du hast wohl zu viele Krimis gesehen, Otto," sagte ich, schon wieder schmunzelnd.

„Der Telefon-Anschluss ist auch zerstört, kein Wunder, dass ich dich nicht erreichen konnte. Das hat bestimmt jemand mit Absicht gemacht. Wieso hast du denn keine Alarmanlage in diesem Haus?"

„Das hätte doch gar nichts genützt, sagte mein Papa immer, die würde doch nur unnötigen Krach machen und bestimmt keinen Einbrecher vertreiben."

Die Polizei wurde auf meinem Handy angerufen, und es dauerte gerade mal 10 Minuten, als der Streifenwagen vor der Tür stand. Die beiden Polizisten nahmen sofort alles auf, dann forderten sie telefonisch Verstärkung an und schon nach kurzer Zeit begannen die Ermittlungen.

„Und Ihnen ist nichts passiert? Wollen Sie nicht lieber mal zum Arzt gehen und sich gründlich untersuchen lassen? So im Drogenrausch können nämlich ganz schön viele Dinge passieren, die sich niemand vorher so vorstellen kann." Fragte mich eine ziemlich junge Polizistin mitfühlend.

„Eigentlich müssten wir Sie jetzt zur Drogenkontrolle mitnehmen, denn wenn noch Drogen im Blut sind, gelten Sie automatisch als Konsument, egal ob freiwillig oder unfreiwillig, und dann müssen wir leider das ganze Haus nach Drogen absuchen."

„Dieses Teufelszeug habe ich noch nie benutzt, das war mir immer viel zu gefährlich."

Riva di Garda, 28. August 1982:

"Diese Masche hat inzwischen Methode, in diesem Stadtteil gibt es schon drei ähnliche Fälle, aber alle Opfer waren bis jetzt ältere, alleinstehende Frauen. Alle hat man zuerst mit indischen Weisheiten gelockt, dann unter Drogen gesetzt, und im Rausch war es dann zu sexuellen Kontakten gekommen, die im Normalzustand niemals zustande gekommen wären. Es waren jeweils drei oder vier Männer zugange gewesen. Alles wurde gefilmt, wir haben eine Kamera sichergestellt und die Details möchte ich lieber verschweigen. Einer der Täter hatte seine Kamera auf der Flucht vor dem Gebäude verloren.

Wir hatten schon gestern vorsichtshalber eine Soko Krishna eingerichtet. Soviel wissen wir schon: Es handelt sich um eine gewerbsmäßig handelnde Bande. Alle Teilnehmer sind auf der Flucht, es handelt sich bis jetzt um vier Männer und zwei Frauen. Alle hatten sie ordnungsgemäße Touristen-Visa, sie gaben sich alle als Studenten aus. Wenn sie genug Beute zusammenhaben, geht es im nächsten Flieger zurück nach Indien oder Nepal, und mit den Visa reisen wieder vier Männer und zwei Frauen ein.

Aber man soll den Mut nicht aufgeben, vielleicht ist diese Bande wirklich noch hier, aber auf jeden Fall müssen wir weitere Taten verhindern. Morgen werden wir auf jeden Fall im Stadtanzeiger eine Warnung veröffentlichen."

"Jetzt hab ich aber Angst allein in diesem Haus, Sergej, kannst du nicht über Nacht bei mir bleiben? Oder Otto?"

"Nein, das geht leider gerade nicht, aber ich habe eine viel bessere Idee, pack dir ein paar Sachen ein, bei mir in Langel bist du viel sicherer aufgehoben. Lass die Polizei ruhig ihre Arbeit machen. Wer weiß, vielleicht kommen die noch mal

Riva di Garda, 28. August 1982:

wieder her, mit Brecheisen und Verstärkung, und das könnte für dich gefährlich ausgehen."

„Aber die Sachen aus dem Safe werde ich auf jeden Fall zuerst zur Bank tragen, denn dort sind sie nämlich sicherer als hier."

„Na, dann nichts wie los, alles einpacken. Und denk an feste Schuhe und wetterfeste Kleidung, es wird wahrscheinlich heute regnen."

Als die Wertsachen im Tresor der Bank lagen, hatte ich ein sicheres Gefühl, alles andere aus dem Haus konnten sie ruhig klauen, und Bücher waren viel zu schwer zum wegtragen. Und die wichtigsten persönlichen Dinge kommen in einen großen Karton, die fahren gleich mit, hatte Sergej beschlossen.

Als wir in Langel ankamen, kam uns schon Jutschka entgegen gerast, wir hätten sie beinahe mit dem Taxi überfahren. Vor lauter Freude bellte und heulte sie und konnte sich kaum noch einkriegen.

„Na, willkommen, da siehst du mal, wie sehr wir dich alle vermisst hatten. Fühl dich hier wie zu Hause, und wenn du willst, kannst du mein Schlafzimmer ruhig in Beschlag nehmen, da ist es am ruhigsten für dich und da sind ja sowieso kaum Möbel drin. Hilf mir mal, die Kommode aus dem Flur rüberzuschieben, sie ist fast leer. Du kannst dann deine Sachen dort einräumen. Bettzeug ist im Schrank und alles andere kennst du ja. Also, bis gleich."

„Danke Sergej, was täte ich bloß ohne dich, du bist ja der reinste Papa für mich." sagte ich dankbar und drückte ihn ganz fest.

Riva di Garda, 28. August 1982:

„Du zerquetscht mich ja, Mädchen. Ich bin ja so froh, dass du hier in Sicherheit bist."

„Endlich kann ich meine Sachen einräumen, ganz oben liegt Papas Bild, es ist immer unterwegs mit dabei. Na, Papa, hier bin ich erst mal in Sicherheit, hier bei Sergej kann mir nichts schlimmes mehr passieren." Denke ich zufrieden und bin plötzlich irgendwie getröstet.

Aber da rebelliert mein Magen schon wieder. Ganz knapp schaffe ich es gerade noch bis zum Klo, pfui Teufel, solche Drogen sind wirklich dreckige Geschichten, so ein fieses Zeug würde ich niemals freiwillig nehmen, never. Diese Erfahrung reicht mir für mein ganzes Leben.

Gerade, als ich mir kaltes Wasser ins Gesicht platsche, steht Jutschka neben mir und stupst mich mit ihrer kalten Hundenase in die Kniekehlen, dann guckt sie mich mit ihren großen Hundeaugen aufmerksam an. „Ja, meine Alte, so kann es gehen, sowas fieses hätte ich mir niemals vorstellen können. Willst du jetzt etwa auf mich aufpassen? Ja? Du bist ein guter Hund. Na komm, gehen wir Abendessen."

Sergej wartete schon auf mich, es gab Couscous, Salat und gegrilltes Gemüse. Und ich aß und aß und aß, bis ich fast platzte.

Es war schon weit nach 12 Uhr, als ich todmüde und abgefüllt bis zum Rand in mein Bett wankte. Jutschka wich mir nicht mehr von der Seite, sie legte sich wie ein Bettvorleger vor mein Bett, ab und zu legte sie ihre Schnauze auf meine Decke und guckte mich aufmerksam an. „Ja, meine Gute, mir geht's gut."

Riva di Garda, 28. August 1982:

Es dauerte genau zwei Stunden, bis das ganze gute Essen wieder raus wollte, ich würgte und würgte, bis ich total fertig auf dem Boden vor dem Klo saß und heulte. Wie ein guter Geist war plötzlich Sergej da, der mir mit einem kalten Waschlappen die Stirn kühlte und mich hinterher wieder in mein Bett brachte und zudeckte. Er war so gut zu mir wie ein Vater.

Wenn ich die Augen schloss, wirbelten bunte Bänder durch mein Hirn. Noch dreimal kübeln, und dann ist der Magen wieder leer. Es wurde Tag, es wurde Nacht, jemand flößte mir Kamillentee ein, der anschließend immer wieder sofort wieder raus wollte, und mir war die ganze Zeit einfach immer nur übel.

So verbrachte ich einige Tage zwischen Schlafen, Kamillentee, Kotzen und wieder einschlafen dämmerte ich dahin, außer den traurigen Hundeaugen Jutschkas gab es nichts sehenswertes. Dazwischen wirre Träume, bunte Wirbel, und irgendwann an einem grauen Morgen konnte ich endlich richtig einschlafen.

„Laura, du musst jetzt langsam mal wach werden, die Polizei war schon vier Mal vergeblich da gewesen. Ich wusste einfach nicht mehr, was ich mit dir anstellen sollten, beinahe hätte ich dich sogar ins Krankenhaus gefahren. Mann, die müssen dich mit den Drogen total abgefüllt haben, soviel steht schon mal fest."

Langsam erinnere ich mich an alles, ich bin ja bei Sergej in Sicherheit, und hier kann mir nichts mehr passieren. „Lass mich noch etwas schlafen, ja?" Damit will ich mich einfach wieder wegdrehen und weiterschlafen.

Riva di Garda, 28. August 1982:

„Laura, du hast jetzt lange genug geschlafen. Hier ist gerade ein Brief von der Polizei angekommen, ich habe ihn mit deiner Genehmigung aufgemacht. Du wirst morgen zur Stellungnahme geladen. Komm hoch, setz dich erst mal aufrecht hin, ich stütze dich dabei, und wenn dir schlecht wird, legst du dich wieder hin. Los – eins – zwei – drei." Es geht tatsächlich, ohne dass mir gleich wieder übel wird.

Anziehen, aufstehen, drei Schritte gehen, tatsächlich ich bin wieder zurück in der Welt der Lebenden. „Mein Arm tut so weh, er ist ziemlich blau, wie kommt das?"

„Der Doc musste dir ein paar Infusionen machen, und die scheinen jetzt auch gewirkt zu haben. Meine Jutschka hatte die ganze Zeit an deinem Bett Wache gehalten, ich habe ihr gerade eben frei gegeben, und nun rennt sie draußen rum und kann sich gar nicht mehr einkriegen, dass es dir wieder gut geht."

„Es ist so schön still hier. Was hast du die ganze Zeit gemacht?"

„Ich konnte endlich mal wieder in Ruhe meinen Kram aufräumen und dir etwas mehr Platz schaffen. Und damit du es genau weißt, du kannst so lange bei mir bleiben, wie du willst, ohne Hintergedanken."

„Du bist tatsächlich wie mein neuer Papa, es ist nicht zu fassen."

„Ich habe zwar noch nie eine Tochter gehabt, aber warum soll ich eigentlich nicht jetzt damit anfangen? Komm raus auf die Terrasse, das Frühstück ist fertig, ich habe schon alles gedeckt, ich brauche nur noch den Tee zu holen. Wir

Riva di Garda, 28. August 1982:

beide müssen jetzt gleich zum Polizeipräsidium fahren, um den Fall Laura endlich abzuschließen."

„Gibt es denn etwas Neues in dem Fall?"

„Nein, aber die Typen sind längst über alle Berge. Die Polizisten sagten eben am Telefon, dass die anderen Fälle schon ergebnislos abgebrochen wurden, weil außer Diebstahl und illegaler Drogenbesitz nichts schlimmes vorgefallen war. Alle Opfer waren volljährig und niemand kann nachweisen, dass das Ganze nicht freiwillig passiert war. Und der Drogenkonsum ist sowieso illegal, dafür bist du letzten Endes selbst verantwortlich."

Und genauso kam es auch, ich brauchte nur noch ein paar Papiere zu unterschreiben. Aber ein bisschen ärgerte ich mich schon, dass ich alles selber schuld sein sollte. Ich hatte ja noch nicht mal eine Liste der gestohlenen Dinge angefertigt, die Hausratversicherung würde sowieso alles zahlen. In den Augen der Polizisten war ich so reich, dass ich den Diebstahl leicht verschmerzen würde.

„Jetzt brauche ich nur noch eine lauwarme Dusche, und dann habe ich einen Bärenhunger."

Es wurde ein schöner Abend, und Sergej sah mich die ganze Zeit merkwürdig an, dann begann er zu lachen. „Laura, meine Liebe, irgendwas sehe ich in deinem Gesicht, in deinen Augen ist so ein ganz besonderes Strahlen. Du hast doch was-"

„Was meinst du denn genau? Mir ist zufällig heute mal nicht schlecht, das ist alles, und ein Tag ohne Kotzerei wirkt bei mir wahre Wunder."

Riva di Garda, 28. August 1982:

„Nein, nein, das ist es nicht, deine Augen haben einen ganz besonderen Glanz. Jetzt weiß ich es, du bekommst ein Baby, du bist schwanger."

„Wie bitte? Schwanger? Ich? Wie kommst du denn darauf? Wie soll das denn gegangen sein? Nee, da irrst du dich gewaltig, das kann gar nicht sein."

„Eigentlich irre ich mich selten."

„Na, wenn du unbedingt meinst, dann kann ich ja demnächst mal einen Schwangerschaftstest machen. Aber ich kann ja mal wetten, wer Recht hat. Ich heiße doch nicht Maria Immaculata," lache ich.

„Aber dir würde etwas frische Luft guttun, du siehst irgendwie so blass aus. Geht es dir jetzt wieder besser?"

„Jetzt sagst du schon wieder sowas komisches, nein, ich bin nicht schwanger, ich bekomme kein Baby, und ich brauche auch keinen Schwangerschaftstest. Nein, das kann doch gar nicht sein."

„Und was ist, wenn doch? Mal indiskret gefragt: „Nimmst du vielleicht die Pille?"

„Nee, wozu, ich habe doch zur Zeit gar keinen Freund, und an Parthogenese leide ich auch nicht."

„Du musst es ja am besten wissen. Aber vergiss nicht deine Drogenorgie, was ist, wenn dich da jemand….."

„Das wäre die einzige Möglichkeit, aber das war doch kriminell, meinst du denn wirklich…?"

„Komm, räumen wir erst mal das Geschirr weg. Wir können später spülen und aufräumen, jetzt laufen wir erst

Riva di Garda, 28. August 1982:

mal am Deich entlang, damit wir einen klaren Kopf bekommen."

„Mann, Sergej, ich mache mir richtig Sorgen um mein Elternhaus, irgendwie habe ich Angst, nach dem Einbruch und den ganzen bösen Ereignissen mag ich dort nicht mehr heimisch werden. Ich bin jetzt heimatlos geworden, und nun weiß ich nicht, was ich machen soll und wo ich mich wirklich niederlassen möchte. Denn so eine Schuhkarton-Wohnung in einem Wohnblock in der Stadt würde mir die Luft abschnüren. Was soll ich bloß tun?"

„Willst du vielleicht das Haus vermieten oder sogar ganz verkaufen? Es ist doch sowieso viel zu groß für dich allein, und wenn man es vermietet, kann man bestimmt 3.000 Euro monatlich bekommen, das ist ein sehr guter Verdienst auf lange Zeit. Aber so ein Mieter macht auch viel Ärger und Arbeit, und die ganze Instanthaltung kostet auch einiges. Aber eins musst du wissen, so ein Haus leidet nämlich, wenn es lange unbewohnt bleibt.

Und wenn du es verkaufst, bringt es dir bestimmt zwei bis drei Mio. mindestens. Aber was machst du dann mit dem ganzen Geld. Anlegen vielleicht? Sparen würde gar nichts bringen, auf den Banken gibt es inzwischen sogar nur Negativzinsen. Nein, es müsste schon etwas sinnvolleres dafür geben, eine Stiftung oder ähnliches vielleicht."

„Es ist kurios, aber an so etwas habe ich auch schon gedacht. Es ist ja schon ziemlich schön, in seinem Eigentum zu wohnen, dann kann man alles genauso machen, wie man will. Aber Papas ganze Fachliteratur, und die alten Eichenmöbel, so etwas erstickt mich irgendwie. 280 qm Wohnung sauber zu halten sind mir ein Graus. Und dann

Riva di Garda, 28. August 1982:

immer die Angst, dass wieder bei mir eingebrochen wird. Und eine Alarmanlage würde mich höchstens aufregen, aber nicht beruhigen.

Nee, das alles will ich nicht mehr, ich sollte lieber einen kompletten Neuanfang machen. Zwei große, helle Räume würden mir persönlich schon zum Wohnen und Arbeiten reichen, ein neues Bad, eine Toilette und eine große Terrasse, mehr will ich ja gar nicht."

Außerdem könnte man mit dem Geld eine Stiftung machen, aber wie das genau geht und was da zu beachten ist, weiß ich noch nicht, ich weiß nur, dass es ziemlich kompliziert ist. Ich habe schon genug Menschen kennengelernt, die da mitmachen würden. Eigentlich will ich nur Kindern in Nepal helfen, zur Schule zu gehen und sie von diesem furchtbaren Kastenwesen befreien, das die kleinen Mädchen manchmal schon zwingt, mit 9 Jahren heiraten zu müssen.

„Ich glaube, ich habe da eine wunderbare Idee. Komm mal mit nach nebenan, direkt neben meinem Arbeitszimmer ist eine alte Waschküche. Ich benutze diese Räume nie, aber sieh mal, der erste Raum hat ein schönes großes Fenster mit einem direkten Blick in den Garten. In dem kleinen Raum dahinter wollte ich irgendwann mal ein Bad einbauen, dann hätte ich eine richtige Gästewohnung, wie findest du die Idee? Wäre das was für dich?"

„Oh, das ist ja wirklich toll, aber hier brauchst du doch gar nicht so viel umzubauen, und die schönen alten Fenster musst du unbedingt drinnen lassen. Diese Räume finde ich sehr urig."

Riva di Garda, 28. August 1982:

„Da bin ich aber wirklich sehr froh, dass es dir gefällt. Machst du also mit beim Umbau, und wann willst du genau einziehen?"

„Wie bitte, machst du vielleicht Witze, ich soll wirklich hier bei dir einziehen? Das wäre ja grandios, aber das kommt sehr überraschend, darüber muss ich erst mal in Ruhe nachdenken, denn wir kennen uns doch noch gar nicht so lange. Hast du es dir auch ganz genau überlegt? Rücke ich dir damit nicht viel zu nahe auf die Pelle? Ich kann nämlich manchmal sehr egoistisch und rücksichtslos sein."

„Aber wieso denn, dann hast du doch deinen eigenen Eingang und deine eigene abgeschlossene Wohnung, und nur, wenn du auch wirklich Lust dazu hast, kommst du rüber zu mir und abends können wir ab und zu einen gemütlichen Abend verbringen. Komm, entscheide dich, ich knüpfe wirklich keinerlei Bedingungen daran. Ich denke, wir beide sind alt genug und außerdem kennen wir uns lange genug, um zu wissen, dass jeder seinen eigenen Freiraum braucht."

„Mensch Sergej, ich weiß doch, dass ich mich immer auf dich verlassen kann, schließlich hast du mich doch irgendwie gerettet. Du bist wie ein Vater zu mir. Das wäre einmalig, eine kleine Wohnung mit Garten, genial, davon hatte ich schon immer geträumt. Komm, sag schon, wann fangen wir an und wie viel Miete soll ich dir monatlich dafür zahlen?"

„Sagen wir mal, ich nehme 300 Euro monatlich für eine frisch renovierte Wohnung, aber mit dem Betrag werden wir gemeinsame Anschaffungen machen, dann hätten wir nämlich beide etwas Schönes davon. Strom, Heizung und

Riva di Garda, 28. August 1982:

Wasser würdest du natürlich allein bezahlen, aber das ist ja nicht so viel. Wärst du damit einverstanden? Selbstverständlich bekommst du einen richtigen Mietvertrag, dann ist alles korrekt geregelt."

„Mann, Sergej, das wäre wirklich super. Und wenn man noch einen kleinen Anbau macht, dann hätte ich auch noch ein richtiges Schlafzimmer zum Garten hin mit Blick auf die alten Nussbäume.

Und hier vorne ist noch eine Menge Platz, da könnte ich ja eine große Terrasse anlegen, und einen kleinen Teich, in dem man im Sommer mindestens drei Züge schwimmen kann. Ach, ich hätte noch so viele tolle Ideen, vielleicht eine begehbare Voliere für Wellensittiche oder Papageien, und auf dem Boden könnten Zwerghühnchen oder Enten laufen. Ach, und ein Hängebauchschweinchen wäre auch nicht schlecht."

„Alles auf einmal auf deiner Terrasse? Aber du hast ja eigentlich recht, das Gelände ist wirklich groß genug für Tiere, und ein paar Hühner wollte ich mir sowieso im nächsten Jahr anschaffen. Ich habe da nur ein Problem, wenn ich einmal so eine Berta persönlich kennen würde, dann hat sie auch eine Seele und ist für mich genau wie ein Freund, den kann man doch nicht in einen Braten verwandeln, denn wer verzehrt schon seine beste Freunde?"

„Komisch, bei einem Fisch macht es mir nichts aus, ihn ins Jenseits zu befördern und ihn auszunehmen. Eigentlich bin ich Sichtvegetarier, und am allerliebsten esse ich sowieso viel lieber Gemüse und Kartoffeln. Du glaubst ja gar nicht, was man für tolle vegetarische Gerichte zaubern kann."

Riva di Garda, 28. August 1982:

„Über irgendwelche Kosten können wir später immer noch reden. Du kannst mir später auch im Garten helfen, und wenn du willst, kannst du nächstes Jahr einen eigenen Teil Garten nur für dich übernehmen. Über alles andere werden wir uns bestimmt später einig werden. Komm, sag schon ja, damit würdest du mir wirklich eine Riesenfreude machen."

„Das schaffen wir bestimmt nicht alleine, und ich weiß auch schon, wer uns dabei helfen kann. Da ist zum Beispiel mein alter Freund Paul, der ist zwar schon pensioniert, aber er hatte früher mal eine Baufirma, und der würde sich über so einen Auftrag bestimmt sehr freuen."

„Oh Mann, können wir nicht sofort damit anfangen, ich bin schon total aufgeregt. Mit so einer Gartenwohnung wird ein Traum für mich wahr, ich kann es einfach nicht glauben. Und wenn du mich irgendwann mal nicht mehr ertragen solltest, dann werden wir bestimmt irgendeine vernünftige Lösung finden."

„Aber nur eine, die uns beiden nicht weh tun wird. Nein, meine liebe Laura, so eine liebe und nette Person wie dich hatte mir immer schon vorgeschwebt, und du wirst mir sowieso immer sympathisch bleiben. Natürlich habe ich auch meine Macken, aber ich werde mir viel Mühe geben, es dich nicht merken zu lassen. Und du sollst alle Freiheiten haben, die du brauchst und willst, und vor allen Dingen werde ich dir ganz bestimmt nicht lästig werden und auf die Pelle rücken."

„Oh ja, dann werden wir eben sofort loslegen.

„Danke, Sergej, du bist ja wie ein Vater zu mir, du hast mir eine riesengroße Freude gemacht. Ich fühle mich schon jetzt hier wie zu Hause, und eigentlich will ich auch gar nicht

Riva di Garda, 28. August 1982:

mehr weg, noch nicht mal für ein paar Stunden. Lass dich umarmen, du hast ein Küsschen verdient."

„Wie bitte, nur eins? Lass dich mal richtig drücken, meine Laura, dich lass ich jetzt nicht mehr weg."

Am nächsten Morgen ging es wirklich ganz schnell. Als ich ungeduldig zu Hause die Wohnungstür aufschloss, ging mir der muffige Geruch sofort aufs Gemüt, die dunklen, schweren Eichenmöbel drohten, wie hatte ich es nur so lange hier aushalten können? Die riesengroße Einbauküche war mindestens 20 Jahre alt, das alles wollte ich nicht mehr. Aus Papas Arbeitszimmer würde ich später ein paar Dinge auswählen, den Rest würde ich jetzt endgültig verscherbeln, oder verschenken oder wegwerfen.

Schnell packte ich meine riesige Reisetasche mit Klamotten, ganz unten in den Rucksack kam der Briefumschlag mit dem Geld, dann der Laptop, Wäsche, Wanderschuhe, ich warf die Zahnbürste und die Creme hinterher. Ich zerrte drei leere Umzugskartons aus dem Keller, verstaute darin Bettzeug, Bücher und alle möglichen Klamotten und Kleinigkeiten, die unbedingt sofort mit mussten. Alles andere muss warten.

Dann bestellte ich ein Lastentaxi, mit dem konnte ich sofort alle Umzugskartons auf einmal mitnehmen. Es kam so schnell, dass ich gerade mit dem ersten Karton aus der Haustür gestolpert kam, als das Taxi heranbrauste. „Na, junge Frau, wo soll's denn hingehen? Oh, was wird das denn hier, Flucht oder Auszug? Sind das etwa alle Sachen, oder kommt noch was dazu?" fragte er behäbig.

„Das ist alles," erklärte ich ihm lachend, gab ihm einen zwanziger vorab, das machte ihn viel freundlicher, und

Riva di Garda, 28. August 1982:

gemeinsam schleppten wir die restlichen Kartons und Taschen ins Taxi. „Bitte nach Langel, ich sage Ihnen gleich den Weg."

„Nach Langel wollen Sie, da unten am Rhein, wo kann man denn da wohnen?"

„Es ist nicht mehr weit, sehen Sie mal, da hinten ist der Vogelmensch zu sehen, auf dem schmalen Weg immer in die Richtung und daran vorbei, die Skulptur da ist die Langeler Loreley, so, und da vorne am Gartentörchen halten Sie einfach an. Vorsicht, da kommt ein Hund angelaufen, wir sind schon da. Also, was kostet die Fahrt?"

„Genau 15 Euro, aber wo soll denn das ganze Gepäck hin? Ich helfe Ihnen auch gern beim ausladen. Kann man nicht etwas näher ans Haus heranfahren, dann muss man das alles nicht so weit schleppen."

„Na, da haben Sie meine restlichen 18 Euro Trinkgeld. So, stellen Sie das Gepäck ruhig hinter das Gartentörchen, ich trage alles später selber weg, vielen Dank und auf Wiedersehen."

Als das Taxi um die Ecke verschwunden war, atmete ich erst mal befreit auf, diese himmlische Ruhe und das Vogelgezwitscher, die alte Jutschka kam angelaufen und begrüßte mich schwanzwedelnd und wollte mir vor lauter Freude die Hand lecken. „Hallo, altes Mädchen, jetzt wohne ich für immer bei euch, ist das nicht toll? Freust du dich auch genauso wie ich?"

„Laura, endlich," rief Sergej lachend, stürmte auf mich zu, küsste mich und wirbelte mich durch die Gegend.

Riva di Garda, 28. August 1982:

„Stopp, halt, ich bin doch nicht schwindelfrei, aufhören, lass mich sofort wieder runter." Schnaufte ich überglücklich und gab ihm einen dicken Kuss auf die Stirn.

„Mann Laura, du hast ganze drei Stunden gebraucht und ich hatte schon drei Mal bei dir angerufen, wo warst du nur so lange gewesen? Mann, ich habe dich schon so vermisst."

„Ich auch. Aber jetzt hast du mich erst mal auf dem Hals, ist dir das eigentlich richtig klar? Ich kann nämlich auch ganz schön zickig sein, und wenn ich ganz schlechte Laune habe, mache ich ganz laute Musik und brülle rum."

„Na und? Hurra, das wird heute Abend heftig gefeiert. Komm erst mal rein, der Bortsch ist schon lange fertig, aber ich trage dir erst mal alles rein, das ist doch viel zu schwer für dich."

„Das riecht ja himmlisch hier. Ja, du hast recht, ich habe einen fürchterlichen Hunger."

„Komm, wasch dir erst mal die Hände, und dann setzt du dich an den Tisch, wir essen heute ausnahmsweise mal in der Küche. Das ist Bortsch, da liegen Blinis und kleine Piroschkis, alle ganz frisch gebacken. Was möchtest du trinken? Ich habe sogar extra Reissdorf-Kölsch für dich gekauft, es wird im Kühlschrank wohl inzwischen kalt genug sein. Nastrowje, schütt es dir ruhig selber ein.

Also, einen Termin habe ich schon bekommen, morgen um neun kommt Paul vorbei, dann können wir genauer planen. So, und nachher wird die letzte Flasche armenischer Rotwein aus dem Keller geholt, und ab morgen werden wir wohl erst mal gemeinsam einkaufen gehen müssen."

Riva di Garda, 28. August 1982:

Das Essen war herrlich, nach dem dritten Teller Bortsch musste ich aufgeben, und die übriggebliebenen Piroschkis kann man bestimmt noch nachher abends beim Wein verzehren. Jetzt fühlte ich mich wirklich zu Hause, Sergej war wirklich ein Schatz, noch nie war ich so verwöhnt worden, und als ich es ihm sagte, freute er sich sehr darüber.

Es wurde ein lustiger Abend, an dem wir zum ersten Mal unsere gemeinsame Zukunft planten. Besonders freute er sich, dass jetzt neues Leben in seine Bude kam. „Schlaf gut, mein Mädchen, gute Nacht. Ich werde nur noch die restliche Flasche leermachen, und dann gehe ich auch in die Falle."

Jutschka weckte mich schon um sechs Uhr, sie steckte ihre kalte Hundenase in meine Hand leckte sie so lange, bis ich davon wach wurde. Als ich nicht sofort aufstand und ich mich noch mal umdrehen wollte, zog sie mir einfach die Bettdecke weg, darüber musste ich sehr lachen und kletterte sofort aus meinem warmen Bett.

Ich hatte mir gerade die Socken angezogen, als Sergej seinen Kopf durch die Wohnzimmertür steckte. „Guten Morgen, Laura, na, hast du gut geschlafen? Hat dich die gute Jutschka geweckt? Die Sonne ist schon da und das Frühstück ist auch schon fertig. Gleich wird mein Kumpel Paul kommen, und dann geht es erst richtig los. Oh, da kommt er ja schon auf den Hof gefahren, aber er ist doch viel zu früh. Na, wenn er nun schon mal da ist, dann muss er eben erst noch eine Tasse Tee mit uns trinken."

„Mojn, Sergej, komm Jung, auf geht's, wir haben nicht viel Zeit, ich will ja bald mit dem Umbau anfangen." Im

Riva di Garda, 28. August 1982:

Türrahmen steht ein knorriges dürres Männchen mit einer Riesennase im Gesicht, sein Overall war verwaschen, aber sauber, und er war ihm viel zu groß und schlotterte nur so um seinen dürren Hintern.

„Mann Paul, hast du mal auf die Uhr geguckt? Es ist gerade mal sieben Uhr früh. Komm erst mal rein und trink eine Tasse Tee mit uns, dann können wir alles in Ruhe besprechen."

„Was, erst sieben Uhr? Meine Uhr ist kaputt, und ich bin einfach so losgefahren. Ich habe schon gefrühstückt, soll ich mir nicht lieber gleich mal die Räume angucken gehen und alles ausmessen? Eine kleine Bauzeichnung muss ich anfertigen und persönlich beim Bauamt einreichen, ich habe schon mit der Dame auf dem Amt gesprochen, das wird eine Umbaugenehmigung, kein Problem. Wenn die weiterhin so nett ist, kann ich direkt mit allem anfangen. Wie du also siehst, ich bin ein Profi, ich denke an alles. Wir sollten der am Schluss aber ein paar Blümchen bringen, das macht sich immer gut."

„Na, da hast du wirklich sehr gut gemacht, paschli, dann gehen wir also gleich mal rüber. Übrigens, das ist Laura, sie ist die Chefin in dieser Sache, sie soll ja schließlich demnächst in der Wohnung wohnen und sich dort auch richtig wohlfühlen."

„Aha, die Dame hattest du mir bis jetzt verschwiegen, mein Gutester, aber da hast du einen Glücksgriff getan, das ist wirklich ein nettes Mädel. Na, nichts für ungut, hoffentlich kannst du auch gut kochen, denn beim Umbau verlange ich Vollpension und all-inclusive-Versorgung, eiskaltes Kölsch, soviel ich will, das ist doch klar, oder?" sagt er

Riva di Garda, 28. August 1982:

augenzwinkernd und verzog sein Gesicht in tausend Runzeln.

„Klar, du bist Ehrengast, so lange du hier arbeitest. Ich kann zwar kaum etwas vernünftiges kochen, aber Sergej ist hier der Kochweltmeister, aber ich werde mir bestimmt auch viel Mühe geben, dich satt zu kriegen."

„Aber zwei Sachen müssen wir vorher noch regeln, ich fange nämlich jeden Morgen früh um sechs Uhr an, und um drei ist Schicht im Schacht, das bin ich so gewöhnt, denn ich will ja schnell mit allem fertig werden. Und wenn es zuviel für mich alleine wird, habe ich noch zwei andere Kumpel, die ich bei Bedarf einsetzen könnte. Aber das müsste alles über mich laufen."

„Ja, klar, mach ruhig alles so, wie du es für richtig hältst, das Geld ist da. Und dann werde ich wirklich das Haus im Hahnwald verkaufen. Hast du dazu auch eine Idee? Kennst du vielleicht einen guten Makler, der das übernehmen würde?"

„Da kannst du eine Menge Geld sparen, denn makeln kann ich auch, das Haus müsste dann komplett aufgenommen werden, alte Baupläne hast du doch wohl noch, oder? Hahnwald, hast du gesagt? Wirklich Hahnwald, so eine dicke Villa? Wäre es nicht viel besser, sie zu vermieten?

Ich weiß auch schon was: Da habe ich vor kurzem einen jungen Professor kennengelernt, wir sind Thekenfreunde. Der ist irgend so ein IT-Fex, irgendwas mit Computern, der sucht nämlich ziemlich lange genau sowas. Aber komplett eingerichtet, mit allem Drum und Dran, Geld spielt bei dem keine Rolle. Hauptsache, es soll was Repräsentatives sein, und alles muss ziemlich authentisches sein. Der authentisch

Riva di Garda, 28. August 1982:

soll heißen, dass noch der Einkaufszettel an der Wand klebt und das gesamte, ganze Geschirr und sogar die alten Kochtöpfe sollen drin bleiben. Habt ihr zufällig eine Bibliothek im Haus?"

„Ja, von meinem Vater, aber alles Archäologische und Wissenschaftstheoretische Bücher. Und alles soll unrenoviert bleiben? Das ist ja prima, dann haben wir ja gar keine Arbeit damit. Du weißt doch, wie das mit so einem Mietvertrag funktioniert, oder?"

„Klar, das ist bei mir alles im Preis mit enthalten, ich bekomme nämlich zwei Kaltmieten Provision, nichts sonst, das ist sehr fair und eindeutig. Und ich könnte alle Hausmeister-Tätigkeiten mit übernehmen, und bei Bedarf auch die Gartenarbeiten. Da haben wir wirklich Glück. Ja, so eine Thekenfreundschaft funktioniert bei uns in Kölle ziemlich gut, ich ruf den Hans-Willy direkt mal an."

„Ja, mach das ruhig, aber wir frühstücken jetzt erst mal zu Ende. Laura, hier ist ein Johannisbeer-Gelee, das musst du unbedingt mal mit Butter probieren. Und eine Tasse Tee dazu, und danach erst legen wir los. Einverstanden?"

„Ich bin schon total aufgeregt, ich glaub, ich mag gar nichts mehr essen."

„Das geht einfach nicht, ein halbes Brötchen Minimum, sonst darfst du nicht mitmachen."

„Du bist ganz wie mein Vater, der hat mich auch immer mit dem Essen gedrängelt. Und komischerweise klappt das sogar. Also, her mit dem Brötchen."

„So, können wir mal anfangen? Oder soll ich dir Vorschläge machen?"

Riva di Garda, 28. August 1982:

„Nein, ich weiß ganz genau, was ich will. Meinst du, dass wir das schöne alte Fenster austauschen müssen? Eigentlich sieht es doch noch ganz gut aus."

„Laura, wenn wir einmal die Wände aufschlagen müssen, dann sollten wir auch direkt ein neues Fenster einbauen, denn ein neues Fenster gibt es auch im neuen Stil. Außerdem sind alte Fenster nie dicht, und da sparst du eine Menge Energie im Winter. So, und wie hattest du dir alles vorgestellt?"

„Ich hätte gern ein südliches Ambiente wie in Griechenland, lichtdurchflutet und mediterran und ein neues Badezimmer."

„Aber dann ist da noch etwas mit Finanzen, Sergej, sollten wir das nicht lieber allein besprechen, das ist mir etwas peinlich vor dem Mädchen."

„Ach was, raus mit der Sprache, ich weiß ja sowieso schon, was du meinst. Brauchst du einen Vorschuss? Wieviel?"

„Woher weißt du das, ich habe nämlich nur noch einen Tropfen Sprit in der Kiste, darum äh, ja, ja, und dann…."

„Junge, ein voller Tank ist doch selbstverständlich und gehört mit dazu, den bekommst du sowieso extra bezahlt. Du musst das ganze Baumaterial einkaufen, und andauernd hin- und herfahren, du brauchst nur etwas zu sagen, wir werden uns bestimmt einig werden."

„Mit 5000 kann ich anfangen, ein Angebot mit einem Kostenvoranschlag mache ich euch sofort fertig. Also in die Hände gespuckt und losgelegt. Sobald ich die Zeichnung fertig habe, marschiere ich sofort zum Bauamt. Ich könnte ja sagen, wir bauen einen Wintergarten, das ginge dann

Riva di Garda, 28. August 1982:

noch leichter zu genehmigen. Das Baumaterial ist auch schnell beschafft, ich habe da so meine Quellen, und einige Spezis haben sowieso noch etwas gut bei mir, die machen mir bestimmt einen guten Preis."

„So, Laura, jetzt bist du in der Pflicht, die Kohle ranzuschaffen, denn Paul will alle Lieferanten sofort cash bezahlen, das hat er mir eben gerade erst heimlich zugeflüstert, dann könnten wir nämlich eine Menge Kohle sparen."

„Dreitausend habe ich aus dem Safe meines Papas, den könnte er sofort bekommen, und den Rest bei Bedarf, geht das irgendwie?"

„Er kann den Rest ja aus den Mietkautionen mit dem Hausbesitzer verrechnen, das ist für ihn ein Klacks."

Der Herbst war da und es begann zu regnen, aber alles war fertig geworden, die Leute hatten Tag und Nacht durchgearbeitet. Dann gab es eine große Einweihungsfeier, wo alle hinterher so betrunken waren, dass sie alle auf der fertigen Baustelle schlafen mussten.

Jeden Tag gab es etwas Neues zu tun, mein neues Häuschen wurde nach und nach mit dem nötigsten versehen, und die Terrasse würden wir erst im Frühling fertigstellen. Aber das wichtigste: ich war die Königin in einem holzduftenden, hellen Holzbau, und schaute aus den neuen Fenstern in das Schietwetter draußen.

Sergej und ich verstanden uns immer besser, er war ein klasse Kumpel, von dem ich unendlich viel lernen konnte. Und wir redeten und redeten, und konnten gar nicht genug davon bekommen. Dazu köpften wir diverse Weinflaschen,

Riva di Garda, 28. August 1982:

denn der ganze Weinvorrat meines Vaters war inzwischen in Sergejs Keller eingezogen und der schien unerschöpflich zu sein.

Die ersten nassen Schneeflocken fielen, und so nach und merkte ich erst, dass die Weihnachtszeit angebrochen war. Erstaunlich, wie die Zeit vergangen war. Aber irgendetwas stimmte nicht mit mir, dauernd zwickte und rumpelte es in meinem Bauch. Übel war mir nicht mehr, nein, im Gegenteil, ich fühlte mich sauwohl. Die lästige Periode war nur sehr schwach und kurz gewesen, aber darüber machte ich mir überhaupt keine Sorgen.

„Vielleicht hast du eine Blinddarmreizung, die macht manchmal so ein Bauchgrimmen. Damit soll man nicht spaßen. Vielleicht gehst du doch mal zu einem Arzt." Meinte Sergej fürsorglich.

„Ich kenne aber gar keinen Arzt, und mein alter Kinderarzt lebt bestimmt nicht mehr. Außerdem kann ich die Weißkittel-Brüder überhaupt nicht ausstehen, die hatten mir nämlich in meiner Kindheit allzuviel angetan."

Irgendwann wurde mir mein Bauchgrimmen doch zuviel. In Worringen wohnte ein sehr netter, schon etwas älterer Arzt, zu dem ging ich hin. Im Wartezimmer war schwer was los, und ich wollte gerade wieder entnervt gehen, als ich dann endlich ins Behandlungszimmer rein gelassen wurde. Der Doktor war sehr fürsorglich, er fragte ausführlich und drückte dann auf meinem Bauch herum.

„Da ist irgendwas, die Gebärmutter fühlt sich von außen hart und verdickt an. Ah, jetzt weiß ich es, herzlichen Glückwunsch, Sie bekommen ein Baby." Sagte er strahlend.

Riva di Garda, 28. August 1982:

„Freuen Sie sich schon drauf? Na, da wird sich Sergej aber freuen."

Sofort bekam ich einen knallroten Kopf, ich antwortete bockig: „Das kann doch gar nicht sein, ich bin doch nie in die Gelegenheit gekommen, dass….."

Er aber lachte: „Ein Wunder ist geschehen, Sie sind wie die Jungfrau Maria zum Kind gekommen. Na, sei es wie es sei, am besten gehen Sie mal zu einem Gynäkologen, er wohnt hier um die Ecke, ein sehr netter Kollege, der hat die richtigen Methoden, das sofort raus zu bekommen. Ich kann ihn direkt anrufen, denn ich habe gerade eben noch mit ihm telefoniert."

Ich konnte es einfach nicht fassen, ich bekam eine Überweisung und nach 10 Minuten stand ich vor der Praxistür. Zuerst wollte ich nicht reingehen, aber dann kam mir eine Frau mit Kugelbauch entgegen, die mir auch noch freundlich die Tür aufhielt. Drinnen im Wartezimmer saßen dann vier weitere zufrieden grinsende Kugelbäuche und eine ältere, etwas schrumpelig gewordene Nonne.

Eine etwas ältere Arzthelferin rief mich freundlich in ein Labor, zum Glück nicht in den Untersuchungsraum mit dem scheußlichen Untersuchungsstuhl, den ich noch in gruseligster Erinnerung hatte.

„Na, dann wollen wir mal sehen, was da los ist," meinte sie souverän. „Wann hatten Sie denn Ihre letzte Periode? Hatten Sie schon mal vorher einen Schwangerschaftstest zu Hause gemacht? Was wurde angezeigt? War das Ergebnis eindeutig?"

Riva di Garda, 28. August 1982:

Wieder bekam ich einen knallroten Kopf, als ich verlegen sagte: „Periode ja, aber ganz schwach. Ich glaube das einfach nicht, denn ich habe überhaupt keine Ahnung, wie das zustande gekommen sein soll."

Dazu schmunzelte sie nur etwas, und sagte: „Gucken wir doch erst mal nach, und Wunder gibt es immer wieder. Machen wir erst mal den Stäbchentest. Der ist die am häufigsten angewandte Methode zum Schwangerschaftsnachweis.

Und, liebe Laura, hier sehen Sie selbst, die zwei Streifen sind deutlich zu sehen. Herzlichen Glückwunsch also, das nächste Mal können Sie dann ruhig den glücklichen Papa mitbringen. Dann setzen Sie sich bitte noch mal kurz ins Wartezimmer, der Doc hat gleich Zeit für Sie."

Vollkommen erschlagen sitze ich da, ich soll ein Kind bekommen. Von wem? Wie kann das nur möglich sein? Schlagartig fiel mir alles wieder ein, da war doch die Geschichte mit dem nepalesischen Zentrum, dort wollte ich doch nepalesisch lernen. Aber wie hieß der Typ? Unni? Sofort stand vor meinen Augen ein großer, schöner Jüngling mit unglaublich strahlenden, schwarzen Augen. Aber mehr fiel mir gar nicht ein, ich wusste gar nichts von ihm, nur, dass er jetzt verschwunden war, und das nepalesische Kulturzentrum auch. Das war ein Schock, den ich erst mal verdauen musste.

Der Arzt war sehr verständnisvoll, als ich ihm alles stockend erzählte. Ich hätte sofort nach der Polizei zu ihm kommen müssen, dann würde in solchen Fällen „die Pille danach" verabreicht, das hätte mir eigentlich nicht passieren dürfen. Und was nun? Sehen wir uns erst mal

Riva di Garda, 28. August 1982:

alles im Ultraschall an, und dann sind wir schlauer." Meinte er gütig und ich musste auf diesen verhassten Stuhl klettern.

„Da gucken Sie mal auf dem Monitor, da sieht man ein Herz schlagen, da. Oh, dahinter versteckt sich noch einer. Sie bekommen Zwillinge, und Sie sind schon mindestens im 3. Monat. Und was nun? Sind Sie gläubig? Denken Sie mal über alles nach, Sie gehen jetzt erst mal nach Hause und in drei Tagen rufe ich bei Ihnen zu Hause an, dann entscheiden wir, wie es dann weitergehen soll."

Zu Hause wartete schon Sergej, er hatte sich schon Sorgen gemacht, weil ich so lange weggewesen war. Seine erste Reaktion auf meinen Kinderschock war herzlich und sehr liebevoll: „Herzlichen Glückwunsch, mein Mädchen. Kopf hoch, Platz genug haben wir ja jetzt durch den Anbau. Und dann noch direkt Zwillinge, ein Doppeltreffer. Na, dann werden wir demnächst viel zu tun haben."

Heiligabend standen wir händchenhaltend vor der Krippe in der Kirche,

……Maria und Josef betrachten es froh,…… sangen die Kinder im Chor. Und meine Gefühle schlugen Purzelbäume, und mein Körperumfang schwoll und schwoll, ich fühlte mich wie ein riesiger Kürbis auf zwei Beinen. Es war noch ziemlich lange hin, und mitten im Sommer, am 01. Juli, sollten die Zwillinge zur Welt kommen.

Es ging alles ganz schnell. Die Schwangerschaft und die Entbindung verlief problemlos, ein Junge und ein Mädchen, zwei hellbraune Kinder mit schwarzen Augen

Riva di Garda, 28. August 1982:

und wenigen schwarzen Haaren auf dem Kopf, erblickten das Licht der Welt.

Sie wurden auf die Namen Unni und Rukmini getauft, denn das waren schließlich nepalesische Namen. Sie waren das Ergebnis des scheußlichen Drogenerlebnisses. Sämtliche neue Nachforschungen über den Vater blieben ergebnislos. Ich ließ ihn aber trotzdem beim Standesamt als Erzeuger eingetragen. „Unni" – Nepalese, alles andere unbekannt. Peinlich, aber wahr."

Drei Monate später heiratete ich Sergej, und nun waren wir eine komplette Familie geworden. Und der Familienhund war auch immer dabei: Jutschka, die Alte. Sie passte auf die Kleinen auf, wenn sie von der Decke krabbeln wollten und zog sie an den Kleidern wieder zurück. Das war ziemlich viel Arbeit, denn die beiden versuchten es immer wieder.

Die Urne mit Papas Asche hatte ich aus dem Garten wieder ausgebuddelt, jetzt liegt sie richtig begraben auf dem alten Friedhof in Worringen unter einer dicken Eiche. Hier kann er in Ruhe auf den Rhein gucken, und ich habe genau mal fünf Minuten zu Fuß, um ihm immer frische Blumen zu bringen, und um einen kleinen Klaaf zu halten. Schlaf gut, Papa. Wenn du das alles sehen könntest ....

Ja, so hatte ich mir eigentlich das ideale Leben vorgestellt. Ein toller Mann, zwei süße Kinder, ein Häuschen, und das ganze Leben steht noch vor mir.

Und wenn sie nicht gestorben sind, dann leben sie noch heute.